融媒体时代
新闻传播学丛书

政府公共关系新论

丛书主编 孟建　　姜波 于嵩昕 编著

南京师范大学出版社

图书在版编目(CIP)数据

政府公共关系新论 / 姜波,于嵩昕编著. —南京:
南京师范大学出版社,2019.12
(融媒体时代新闻传播学丛书)
ISBN 978-7-5651-4260-4

Ⅰ.①政… Ⅱ.①姜… ②于… Ⅲ.①国家行政机关—公共关系学 Ⅳ.①D035.1

中国版本图书馆 CIP 数据核字(2019)第 129498 号

丛 书 名	融媒体时代新闻传播学丛书
书 名	政府公共关系新论
编 著	姜 波 于嵩昕
责任编辑	傅 琳 于丽丽
出版发行	南京师范大学出版社
地 址	江苏省南京市玄武区后宰门西村9号(邮编:210016)
电 话	(025)83598919(总编办) 83598412(营销部) 83373872(邮购部)
网 址	http://press.njnu.edu.cn
电子信箱	nspzbb@njnu.edu.cn
照 排	南京理工大学资产经营有限公司
印 刷	盐城市华光印刷厂
开 本	787 毫米×960 毫米 1/16
印 张	16.25
字 数	283 千
版 次	2019 年 12 月第 1 版 2019 年 12 月第 1 次印刷
书 号	ISBN 978-7-5651-4260-4
定 价	48.00 元

出 版 人 彭志斌

南京师大版图书若有印装问题请与销售商调换
版权所有 侵犯必究

《融媒体时代新闻传播学丛书》编委会

编委会主任

孟　建　复旦大学教授

编　委

（排名不分先后）

童　兵　复旦大学资深教授

胡百精　中国人民大学教授

程曼丽　北京大学教授

陈昌凤　清华大学教授

隋　岩　中国传媒大学教授

喻国明　北京师范大学教授

胡惠林　上海交通大学教授

单　波　武汉大学教授

张　昆　华中科技大学教授

韦　路　浙江大学教授

张志安　中山大学教授

张红军　南京大学教授

顾理平　南京师范大学教授

总　序

当下，基于互联网的、基于社交媒体的、基于移动终端的新兴媒体、数字革命以锐不可当之势席卷世界，使得人们的思维方式、行为方式、生活方式都发生了翻天覆地的变革。这既是一场生产力的巨大变革，也是人类交往的伟大革命。在这场巨浪的冲击下，时代表征、社会环境、媒介生态、交往方式等都呈现出不同于以往任何时代的崭新特点。称其为百年之变、千年之变，亦不为过。

伴随着这场巨大信息革命的发展，新兴媒体影响越来越大，特别是出现了全程媒体、全息媒体、全员媒体、全效媒体，信息无处不在、无所不及、无人不用，导致舆论生态、媒体格局、传播方式发生深刻变化。我们必须深刻认识这一时代的挑战和机遇，推动媒体融合发展，加快构建融为一体、合而为一的全媒体传播格局。媒体融合发展是一篇大文章。传统媒体和新兴媒体不是取代关系，而是迭代关系；不是谁主谁次，而是此消彼长；不是谁强谁弱，而是优势互补。

这一切的一切，都为当前整个新闻传播运作体系，特别是新闻传播教育体系，带来了深刻的挑战。新闻传播教育界如何跟上这个媒介化社会，如何创新教育体系，如何编撰新型教材，已迫在眉睫。正是基于这样的时代特征和社会背景，经过多年努力，南京师范大学出版社推出了这套"融媒体时代新闻传播学丛书"。该套丛书的出版目的是为了适应媒体融合时代对新闻传播学新型人才所提出的全新培养需求，充分体现新闻传播领域的最新发展，以适应我国高校新闻传播学专业的课程建设与教学需要。

编撰这套丛书的逻辑起点是：全方位关注由媒介革命引发的新闻传播教育改革，编撰一套与新闻传播教育发展相适应的丛书，以服务于高等院校新闻传播专业师生和新闻传播从业人员。具体而言，这套丛书努力实现以下几个方面的突破:其一,以"大新闻、新传播"的视野,更新既有新闻传播学科的教学体系和课程体系,并以跨学科的思维贯穿教材始终;其二,整合理论与实践、单媒与全媒、海外与本土的分野,使这套丛书具有相当的"聚合"效应;其三,密切关注融媒体时代的最新发展,追踪国际新闻传播教育的最新动向,增强这套丛书的时代感。这套丛书集中了我国新闻传播界的一批中青年新锐学者从事编撰工作,他们的创新,他们的开拓,都为这套丛书增添许多亮色。

编撰这样一套"融媒体时代新闻传播学丛书",不仅需要直面当今连一线媒体从业人员都感到巨大震撼的媒介革命,而且还要着力促使其在人才培养之地生根开花,这显然是一场特殊的挑战。面对这样的挑战,是需要很大的勇气和韧劲的。好在,坚冰已经打破,我们期待着这套丛书越出越好,以进一步推动我国新闻传播教育事业的发展。

向为这套丛书付出心血的所有人致谢,致意!

孟　建

2019年10月于复旦大学新闻学院

总序作者孟建,复旦大学新闻学院教授、博导,享受国务院特殊津贴专家。现任国务院新闻办公室省部级新闻发布评估组组长、中国传播学会副会长,复旦大学文化创新研究中心主任,复旦大学新闻传播学博士后流动站站长。

前 言

西方政府公共关系的理论和实践传入中国以来,国内学界、政界、业界都给予了持续的关注和重视,众多专家、学者结合我国政府公共关系的实践从不同角度进行了深入的研究。然而,随着互联网媒介的发展和融媒体时代的到来,政府公共关系的理论和实践面临着新的挑战和发展机遇。在新形势下,如何从新的维度对政府公共关系进行再认识,如何更加有效地发挥政府公共关系在社会发展中的重要作用,如何在学术研究中推进其理论框架的发展,如何在课堂教学中让学生更加容易获得相关知识,这些都是本书要探讨的问题。

本书认为,所谓政府公共关系,是指政府借助多种传播途径面向公众开展的一种特殊类型的公共关系活动,其目标在于提升政府执政能力、协调政府与公众的关系、塑造政府的良好形象、服务社会公众、维护社会稳定并促进社会发展。这一定义明确了政府公共关系的目标、主体、对象等要素,也阐明了政府公共关系是一种特殊类型的公共关系,是公共关系理论在政府工作中的具体应用和体现,拓宽了公共关系的公共视野,实现了公共关系的服务转向。本书在对政府公共关系相关概念进行重新界定的基础上,重点关注新媒体情境下政府公共关系的新特点和新要求。全书共分为十一章。

第一章和第二章着重从历史和理论相结合的角度研究公共关系与政府公共关系概念的源起与演变。第三章至第五章分别对政府公共关系的基本要素——政府、公众和媒介逐一进行详述。第六章至第九章主要探讨互联网时代政府公共关系如何顺势而为,做出应有的创新和变革。第十章和第十一章主要探讨政府公共关系的工作技巧以及如何对政府公共关系的实践效果进行评估。

本书将政府公共关系置于融媒体时代的背景下,结合新近发生的政府公关案例,研究政府公共关系的最新进展以及面临的诸多问题。公共关系和政府公共关系的相关研究汗牛充栋,特别是自20世纪80年代西方政府公共关系理论进入中国以来,针对我国政府公共关系实践的相关研究不断深入。随着网络时代的到来及近些年公共事件的频发,我们必须在新的情境中对其进行重新审视。本书力图在以下两个方面有所突破。

第一,本书突出融媒体时代政府公共关系的新特征,关注政府公关在今天面临的新挑战和新课题。虽然传统的公关模式仍处于基础地位,但新形势的变化也使它们都发生了相应的变革,理论研究和实践的探索也需要适应当代政府公共关系的新情况。

第二,对政府公共关系的理解离不开具体的案例,特别是新的热点案例会对传统理论有拓展甚至挑战的作用。本书在引用经典政府公共关系案例的基础上,着重对新近发生的热点事件进行解读,其中马航MH370事件、"东方之星"沉船事件、上海外滩踩踏事件、"8·12"天津滨海新区爆炸事故、"7·23"动车事件等都是近些年来政府公共关系面临的重要事件。因为这些事件涵盖政府公共关系的诸多层面,因此本书力图从多个侧面加以解读,展现多元的分析视角。

在本书即将付梓之际,特别要感谢复旦大学孟建教授,没有他的帮助和指点,完成本书是不可能的。同时,要感谢南京师范大学出版社编辑老师细致和专业的审稿,促使我们不断完善书稿的内容。

理论与实践是一对生死兄弟,二者相互提携,共同发展。政府公共关系也必将在新的理论和实践的影响下,不断发展和进步。鉴于作者知识水平有限,本书可能有诸多不足,欢迎相关专家、学者及广大读者对本书提出宝贵意见。

姜波　于嵩昕
2019年3月

目 录

第一章 公共关系概述
第一节 公共关系的概念界定与发展演变 …………………………… 1
第二节 公共关系的基本要素和类别 ………………………………… 9
第三节 公共关系的原则和作用 ……………………………………… 20
第四节 公共传播视野下的公共关系 ………………………………… 25

第二章 政府公共关系概述
第一节 政府公共关系的概念界定和发展演变 ……………………… 29
第二节 公共关系与政府公共关系 …………………………………… 37
第三节 政府公共关系的基本类别 …………………………………… 41
第四节 政府公共关系的职能 ………………………………………… 47
第五节 政治传播视野下的政府公共关系 …………………………… 52

第三章 政府公共关系与政府
第一节 作为政府职能的政府公共关系 ……………………………… 59
第二节 政府公共关系的组织机构 …………………………………… 64
第三节 政府公共关系的基本原则 …………………………………… 73
第四节 政府公共关系的工作程序 …………………………………… 79

第四章 政府公共关系与公众
第一节 公众的概念界定 ……………………………………………… 89
第二节 公众在政府公共关系中的角色 ……………………………… 95
第三节 公众的主体性与政府公共关系发展 ………………………… 101

第五章　政府公共关系与媒介
第一节　媒介的概念界定与分类 …… 106
第二节　媒介在政府公共关系中的角色 …… 114
第三节　政府公共关系发展中的媒介策略 …… 119

第六章　互联网与融媒体时代的政府公共关系
第一节　互联网与融媒体时代 …… 125
第二节　互联网公共关系 …… 129
第三节　政府公共关系的变革 …… 135
第四节　政府网络公关 …… 140
第五节　完善政府网络公关的途径 …… 146

第七章　政府公共关系与新闻发布
第一节　政府新闻发布与政府新闻发布制度 …… 152
第二节　政府新闻发布的重要意义 …… 156
第三节　政府新闻发布的方式 …… 161
第四节　政府新闻发布的制度建构 …… 168

第八章　政府危机公关
第一节　政府危机公关的概念界定 …… 173
第二节　政府危机公关的原则与策略 …… 177
第三节　政府危机应急预案管理 …… 182
第四节　政府危机公关的流程 …… 187
第五节　政府网络危机公关 …… 192

第九章　政府形象与政府公共关系
第一节　政府形象的内涵 …… 199
第二节　政府形象的特征与构成要素 …… 204
第三节　政府形象塑造的现实意义 …… 208
第四节　塑造政府形象的策略 …… 212

第十章　政府公共关系的工作技巧
　　第一节　政府公共关系的着装礼仪 …………………… 216
　　第二节　政府公共关系的语言艺术 …………………… 219
　　第三节　政府公共关系的接待技巧 …………………… 226
　　第四节　政府公共关系的谈判技巧 …………………… 230

第十一章　政府公共关系的传播效果
　　第一节　政府公共关系的传播效果评估体系 ………… 236
　　第二节　政府公共关系的传播效果评估方法 ………… 240
　　第三节　如何改善政府公共关系的传播效果 ………… 244

第一章 公共关系概述

现代公共关系历经百余年的发展形成了成熟的理论知识体系和实践经验。要想更加深入地学习政府公共关系,首先需要对公共关系进行全面的了解。本章从公共关系的概念、发展历史、基本要素、分类、原则、作用以及与之相关的公共传播等方面对公共关系进行了系统的阐述,为之后的政府公共关系论述奠定基础。

第一节 公共关系的概念界定与发展演变

一、公共关系的概念界定

(一)公共关系概念的流变

自 20 世纪初现代公共关系诞生以来,国内外专家学者已经为公共关系写下了很多定义。美国的雷克斯·哈罗(Rex F. Harlow)博士曾经收集了 20 世纪初到 1976 年间关于公共关系的定义,最后发现有 472 个之多。当然,40 年后的今天,这个数字还不知道要增加多少。纵观这些定义,它们从不同侧面强调了公共关系的多维本质,从中我们不难看出公共关系内涵的丰富性和多层次性。

例如,早期的公共关系实践比较注重单向的告知、宣传与劝服,相关的定义就将公共关系界定为"诱导公众去理解某物和对之表示善意"。这一定义的影响很广,甚至在今天的很多政府和企业中还残存着"公关就是推销"的落后理念。随着公关实践的不断发展,人们对公关的作用和功能有了新的认识,逐渐形成了"职能说",即认为公共关系是组织的一项特殊的管理职能,它不仅能够帮助组织协调组织内部的人员构成、分工协作,还能帮助组织及时了解公众的意向,并相应地做出反应,达到组织与公众的双向交流。正是在此认识的基础上,斯科特·卡特里普(Scott M. Cutlip)与艾伦·森特(Allen H. Center)提出了"双向对称"模式,认为"公共关系是这样一种管理职能,它建立并维护一个组织和决定其成败的各类公众之间的互利互惠的关系"[①]。还有一种在界定公共关系定义方面比较流行的观点是"传播说"。这种观点认为公共关系是一个组织为了达到与它的公众之间相互了解的确定目标,而有计划地采用一切传播沟通方式的总和。此外,"形象说"将公共关系看作组织通过传播来塑造组织形象的行为;"咨询说"认为公共关系是向机构、公众、团体组织提供政策分析、意见咨询、后果预测等咨询服务的一门艺术和社会科学;"关系说"把公共关系的概念扩展到我们所从事的各种活动中所发生的各种关系,并将这一概念与公共关系的英文 Public Relations 相联系。"关系说"认为这里的 public 是形容词,意为公众的、公开的、公众事务的,因此,公共关系就是各类公众事务的关系的总称,这些公众事务或活动都是具有公众性的。

公共关系作为一门新兴职业和新兴学科,目前仍没有十分明确的定义。现在人们普遍比较认可的公共关系定义主要有以下几种。

美国公共关系学者哈罗给出的定义是:公共关系是一种独特的管理职能,它能帮助建立和维护一个组织与各类公众之间传播、理解、接受和合作的相互联系;参与问题或事件的管理;帮助管理层及时了解舆论并且做出反应;界定和强调管理层服务于公共利益的责任;帮助管理层及时了解和有效地利用变化,以便作为一个早期警报系统帮助预料发展趋势;并且以良好的、符合职业道德的传播技术和研究方法作为其主要手段。[②]

国际公共关系协会认为:公共关系是分析趋势、预测趋势,为组织领导提供决策咨询,执行既有利于组织又有利于公众的行动计划的艺术与社会科学。

美国公共关系理论创始人爱德华·伯内斯(Edward Bernays)将公共关系视为社会科学的一部分,他认为公共关系就是组织、引导公众对组织行为进

---

① [美]斯科特·卡特里普,艾伦·森特,格伦·布鲁姆.公共关系教程[M].明安香,译.北京:华夏出版社,2001:7.

② Rex F Harlow. Building a Public Relations Definition[J]. Public Relations Review,1976(4):36.

行了解和产生亲善的行为。①

美国著名公关学家伦纳德·萨菲尔(Leonard Saffir)认为:公共关系已经成为一门有影响力而且系统完备的成熟学科,能够通过强大而温和的手段影响人们的观念。如果使用得当,公关能发挥双向作用,既提供反馈信息,预测公关舆论,同时又制订计划,影响和引导舆论。②

国内学者也提出了很多公共关系的定义。例如,居延安认为:公共关系是一个社会组织或公众人物,在一定职业伦理规范的指引下,为谋取有关公众的理解和合作而从事的一种交流、沟通、劝说活动。③ 陈先红认为:公共关系是一门说真话、做善事、塑美形的科学和艺术。④

(二)公共关系概念的特征及界定

公共关系的定义虽然数量众多,但我们可以从中抽离出一些共同特征,例如以下几点。

第一,公共关系是组织与公众之间的一种行动。这是就公共关系的日常活动和具体实践而言的。一方面,实践是理论的来源和检验理论的可靠保障,任何理论都需与实践相结合。另一方面,虽然语言和文字是公共关系活动的组成部分,但这仅停留在让公众知晓的范围,现代公共关系主要聚焦于品牌形象的塑造。因此,公共关系必须要"走出去",用行动建立彼此的沟通协作。

第二,公共关系是有计划、目的明确的组织行为。组织在进行任何公共关系活动之前都要带着明确的目的制订行动计划,并且持之以恒地坚持实施此计划。著名学者西蒙·科特(Simmon Cottle)就将公共关系界定为"组织为追求自身利益对其公共形象和公共信息进行的有意识的管理"⑤。

第三,公共关系是一个多维度、多层次的关系结构。现代公共关系既要检测、协调、处理组织内部的舆论、意见、态度,又要注意处理组织与组织之间、组织与各类公众之间的关系。

---

① [美]斯科特·卡特里普,艾伦·森特,格伦·布鲁姆.公共关系教程[M].明安香,译.北京:华夏出版社,2001:7.
② [美]伦纳德·萨菲尔.强势公关[M].梁浤洁,段燕,译.北京:机械工业出版社,2002.
③ 居延安.公共关系学[M].上海:复旦大学出版社,2008:10.
④ 陈先红.公共关系学原理[M].武汉:武汉大学出版社,2007:17.
⑤ Simmon Cottle. News, Public Relations and Power[J]. Corporate Communications An International Journal,2003(3):136.

第四,公共关系是一种多元的交叉。这其中既包括在理论层面与其他学科的交叉,又包括在实践层面与其他活动的交叉。一方面,公共关系作为一种新兴学科,与其他社会科学、人文科学、自然科学都有所交叉。这也是人们经常将公共关系与营销学、管理学、传播学、关系学等相提并论的原因。另一方面,在现实社会活动中,公共关系与广告、新闻、竞选、问题管理等一系列行为交互存在。

除了具有以上特征之外,现代公共关系已经逐渐摒弃"管理""宣传"等单向性较强的表述,更注重组织与公众之间的良性互动与和谐相处。因此,在借鉴和吸收以往公共关系权威定义的基础上,本书结合理论和实践两个层面尝试对公共关系做出如下定义:公共关系是组织借助一定的传播途径,通过公关方案的实施与各类公众进行双向的沟通,以达到互相了解、交流,并逐渐走向共识的行为。

二、公共关系的发展演变

(一)古代的公共关系观念

不论是在国外还是在中国,公共关系的观念古而有之。虽然当时的人们还未意识到公共关系为何物,也不会运用与公共关系相关的知识开展公关活动,但潜意识的公共关系观念已经在酝酿之中。

据考古学记载,公元前1800年的伊拉克农民就从政府树立的农场公告板上获知如何种庄稼、如何灌溉、如何收获庄稼等农业常识,这与现代政府中的农业组织所发布的宣传资料十分相似。这一发现也被当作人类历史上最早的公关活动痕迹。此外,在古印度的间谍活动中就涉及"舆论"的制造,希腊的理论家们很早就开始关注"公共意志"的重要性,英格兰政府也在很多世纪以前就意识到需要第三方来协调政府与民众之间的关系。

在中国,公共关系的观念更是源远流长。《后汉书·扬震传》记载:"臣闻尧舜之时,谏鼓谤木,立之于朝。"说明早在尧时代,政府就设立"诽谤木"(又称"进善旌"或"华表")以鼓励民众向政府提意见。这可能是古时信访工作的开端。周朝时设立了"采诗"制度,就是以此来体察民情民意。《左传》中的"子产不毁乡校",体现出舆论监督作为知识分子与国家政权之间沟通桥梁的作用。商鞅变法期间的"徙木立信",其目的也在于改变政府形象、树立政府威信。三国时期的诸葛亮更是以善于协调政府、军队、民众之间的关系而被喻为"准公共关系大家"。到了汉朝,汉高祖提出著名的"约法三章",其作用不仅在于稳定社会秩序,同时也赢得了民心,树立了政府形象。

古代的公共关系观念受当时社会生产力发展水平低、商业不发达、个人活动范围小、文化发达程度低等因素限制,难免会有比较强烈的政治色彩和功利色彩,缺乏目的性和组织性,但是古人在政治领域进行的宣传、沟通以及劝服等工作已经带有些许公共关系的色彩,可以看作现代公共关系的雏形。

(二)现代公共关系的兴起

现代公共关系起源于20世纪初的美国绝非偶然。这与美国的时代背景息息相关。美国在19世纪末至20世纪初逐渐形成了垄断资本主义,企业、政府及其他社会组织与内外公众之间的冲突频发,它们都急切需要一种沟通方式来解决这种社会矛盾,由此,现代公共关系应运而生。

在现代公共关系诞生之前,公共关系实践就已经出现。这可以追溯到美国独立战争时期。其中包括革命爆发之前,贵族与资产阶级通过宣传与推销等方式筹集资金、扩大影响。革命战争期间,以塞缪尔·亚当斯及其他革命家所从事的舆论宣传工作成为政治武器的重要组成部分。甚至有人认为,我们今天的公共关系实践模式是由亚当斯和他的革命伙伴们在动员舆论的过程中创新形成的。[①] 19世纪30年代的"报刊宣传运动"(Press Agency)预示着现代公共关系的萌芽。当时的美国新闻业为了吸引读者大幅度降低报纸价格并与广告公司开展合作,形成了"凡宣传皆好事"的指导思想。一时间,运用大众传播媒介进行宣传、推销产品、塑造形象的做法蔚然成风。虽然,这种不择手段的宣传方式多为人所诟病,但已经具备了现代公共关系的某些基本要素,可以视为公共关系的萌芽。如果说"报刊宣传运动"时期人们"领教"了报刊的"扒粪"能力的话,接下来林肯总统《解放黑奴宣言》的广泛宣传,才使人们深切地感受到了正面宣传的巨大作用。1903年被誉为"公共关系之父"的艾维·李(Ivy Lee)在纽约开办了一家宣传顾问事务所,公共关系作为一种职业,由此发端。至此,现代公共关系实践的基本形态开始确立。

公共关系理论寓于公共关系实践之中,并在实践中逐步萌芽、发展和完

[①] [美]斯科特·卡特里普,艾伦·森特,格伦·布鲁姆.公共关系教程[M].明安香,译.北京:华夏出版社,2001:85.

善。随着社会公共关系实践活动的开展以及公共关系职业的发展,公共关系活动需要专业化、科学化、系统化理论的指导。在这一现实需求下,被誉为"现代公共关系理论之父"的爱德华·伯内斯创立了公共关系理论体系,并先后出版了《舆论与凝结》《舆论面面观》《公共关系学》等重要著作。他的公共关系思想可概括为"投公众所好",即以公众的价值观和态度为基础,有针对性地开展工作。伯内斯于1923年在纽约大学开设了公共关系讲座,第一次将公共关系与现代教育联系起来。伯内斯之所以被人们称为"公共关系理论之父",在于他将公共关系发展为一门独立的、系统的现代学科,为公共关系理论和实践的进一步发展奠定了基础。

(三) 公共关系的发展

两次世界大战以及战后的恢复期为公共关系的发展带来了新的契机。之前的公共关系实践多被看作化解危机的应急手段,但在两次世界大战期间,人们意识到公共关系的巨大潜力,开始主动地运用它。为了赢得民众支持,获得战争资金和更多新兵,战争各方纷纷成立公共信息委员会,聘请有才能的新闻记者、新闻代理人、学者为公共关系顾问帮助他们制定战时宣传策略。并通过可以利用的所有传播手段将战争信息、征兵信息、志愿服务信息等等以最快的速度传递到每个家庭。战争时期的有效公共关系实践一直延续到战后的恢复期,但这种战时推动生产、鼓舞士气、争取民众支持的公共关系更多地用于应对战后大规模的罢工所带来的政治冲突。同时,为了应对婴儿潮时期人口的大量增长,国家面临着兴建众多学校、医院等公共场所的危机,这些都使政府意识到公共关系咨询的重要性。随着美国经济的崛起、教育水平的提高、科学技术的不断进步,到了20世纪60年代,美国的公共关系发展到全新阶段。有数据显示,当时从事公共关系工作的人员达到10万人,职业公关公司达1 350家,75%的企业设立了公共关系部。① 同时,这一时期,公共关系内容发生了比较微妙的转变,政府事务开始超越企业事务成为公共关系的主要组成部分。在全球信息时代到来的今天,公共关系的重要性越来越明显。公共关系成为企业、政府、团体、各种组织传播观念、塑造形象、舆论宣传的重要手段。可以说,现代生活每时每刻都离不开公共关系。

---

① 寇玉琴.现代公共关系学[M].上海:立信会计出版社,2008:19.

公共关系理论从创立以来也取得了飞速发展,各种新的公共关系理论层出不穷,各家理论相互借鉴、相互补充,逐渐形成了比较系统化的公共关系学科理论。自伯内斯以后,美国著名学者斯科特·卡特里普(Scott M. Cutlip)与他的合作者艾伦·森特(Allen H. Center)合作出版了《有效的公共关系》(中译本名为《公共关系教程》)。这本书中提出了著名的"双向对称"模式,强调要在组织与公众之间建立一种和谐的关系,才能达到双向沟通。此后,杰夫金斯总结了"公共关系六部曲",马其顿提出了"RACE 公式""公共关系管理模式"和"公共关系计划",网络公共关系理论随之诞生。如果将 1923 年视为公共关系理论的发端,那么到现在已经经过了 90 多年的发展,公共关系理论逐渐在与实践的结合中趋于完善。

公共关系发轫于美国,但随着社会流动性的增强和国际交流的活跃,它在很短时间内就波及世界的各个领域。20 世纪 20 年代,公共关系传入欧洲。英国是最早践行现代公共关系的国家,其公共关系发展也十分完善。在 1948 年英国就成立了公共关系协会,协会规模逐年扩大,成为涵盖整个英联邦的公共关系网络。20 世纪 50 年代初期,法国、德国、荷兰、意大利、加拿大等国的公共关系也逐渐发展起来。亚非拉等第三世界国家由于在经济发展和地域、文化等方面的限制,公共关系起步较晚。大约在 20 世纪 50 年代以后,现代公共关系实践逐渐展开并与本国的经济发展紧密结合。

(四)公共关系在中国的发展

20 世纪 50 年代,现代意义的公共关系就已传入中国香港、台湾地区。彼时,政府设立公共关系部,一些现代化程度比较高的企业也纷纷效仿,使公共关系融入企业的经营管理过程之中。20 世纪 80 年代以来,中国实行改革开放,现代公共关系逐渐传播起来。但彼时的公关活动多以企业行为为主,主要集中于公关接待、公关宣传等等。这一时期的公共关系理论也得到了初步发展。从 1983 年开始,以厦门大学为首的一批高等院校将公共关系学纳入课程体系。各种类型的公共关系培训班或研修班陆续开办。

进入 90 年代,公共关系这一名词逐渐为人们所熟知。但限于对外来词语理解的偏差,加之公共关系的一些观念与中国人传统的"面子""关系""人情"有些许相似,这一时期人们对公共关系的理解仍局限于企业的"关系学"。公关人员更多地被简单化为礼仪人员、接待人员、陪同人员等。①"公关小姐""策划大师"等成了公关人员的代名词,社会上对公共关系的认可度很低。尽管如此,在政府层面,各种公共关系行业组织纷纷建立。继1987年中国公共关系学会成立之后,中国国际公关协会也于1991年宣告成立。另外,省、市一级的公共关系行业组织也逐步建立起来。可喜的是,在这一时期,公共关系教育取得了较大发展。正规的公共关系学历教育在各大高校相继展开。1996年暨南大学新闻专业还开设了公共关系方向的硕士层次教育。然而,公共关系理论方面的发展却没有和公共关系教育的发展相匹配。公共关系方面的理论著作有几百种之多,但质量上瑕瑜互见。由于没有坚实的理论基础,又缺乏较成功的公关实践案例做支撑,不少著作在理论建构上仍停留在对国外经典理论的表面模仿,而没有结合中国公共关系现实情况进行深入探究。

到了21世纪,随着公共关系被正式认定拥有职业资格,中国的公共关系开始走上理性的职业化道路。经济体制改革的不断深化以及中国加入WTO对中国公共关系提出了更高层次的要求。一方面,为适应全面融入国际市场的需求,企业要在加强价格和质量竞争的同时,注重品牌竞争,树立企业良好的形象。另一方面,作为经济和社会生活的管理者,政府部门需要制定和实施有关的方针、政策和措施,以保障经济、社会生活的良性发展。近年来,随着民权意识的提高,中国的民主进程不断加快,加之经济过快发展带来的不良后果逐渐显现,人民群众对政府、环境、社会安全、公共危机等方面的关注不断增强,由此所引发的一些不满情绪和问题的解决必然需要公共关系的介入。同时,公共关系教育进入了正规化阶段。国内的各大高校基本都开设了公共关系课程。国外公共关系理论方面的经典著作也被引进并翻译出版,不论是学校还是企业,每年派往国外进修的公共关系人才成倍增长。公共关系教育的发展促进了公共关系的职业化。随着公共关系人才的增多,公共关系队伍不断扩大,服务水平也不断上升,年营业规模逐年攀升。中国国际公共关系学会公布的《2014年中国公共关系业调查报告》显示,2014年中国公共

---

① 蒋楠.中国公共关系三十年发展对传媒业的影响分析[J].浙江大学学报:人文社会科学版,2012,42(4):217-224.

关系市场的年营业规模约为380亿元人民币,年增长率为11.5%。① 公共关系实践水平的提高、公共关系职业的不断规范,以及公共关系教育的迅速发展,也逐渐改变着公共关系在人们心目中的形象。据2012年的一项全国性调查数据显示,我国公众对公关的认知已经基本转为积极。② 公关已经逐步成为专业性强、职业道德认可度高、对社会主义事业有积极促进作用的现代职业。

第二节 公共关系的基本要素和类别

一、公共关系的基本要素

（一）社会组织

1. 公共关系中社会组织概念的嬗变

社会组织是公共关系的发起者和执行者。随着社会的进步和公共关系实践的发展,社会组织的界定也在不断发生着变化。总体来看,公共关系中"社会组织"一词的变化经历了由小到大、由边界清晰到模糊的变化过程。在公共关系刚刚出现的时期,社会组织的范围比较狭窄,仅限于企业(尤其是企业中的领导层),这与公共关系源于企业活动实践有直接关系。艾维·李创办的第一家收费形式的咨询公司、早期的广告公司等等,就是这类社会组织的代表。接着,政府逐渐被纳入"社会组织"的范围内。实际上,最初政府是不被包含在公共关系范围之内的。1913年,美国众议院关于政府拨款法案的吉勒特修正案中明确规定联邦政府不能将钱用于新闻宣传,除非得到美国国会的特别授权。然而,仍然有很多联邦机构在进行着实质性的新闻宣传活动,只不过采用了"公共事务""选民关系""立法信息"等其他术语来模糊新闻宣传。因此,就实质而言,政府已经成为公共关系活动的发起者、组织者和执行者。除此之外,其他的文化艺术团体、群众组织、宗教团体等也先后被归入社会组织的范围内。

随着互联网技术的发展,社会组织的边界也在不断被打破。无论是企

---

① 本刊编辑部.2014年中国公共关系业调查报告[J].国际公关,2015(3):82-84.
② 张明新,陈先红.中国公共关系认知现状的调查与分析[J].国际新闻界,2014(2):42-57.

业、政府还是团体,都是具有实物形式的现存事物,是事物内部按照一定结构与功能构成的方式和体系。而网络已经打破了组织内部在时间序列和空间组合上的静止性和绝对性。这样一来,时间和空间的观念就变成了相对的,社会组织对于管理对象的管理就不再限于固定的时间和空间。这也就是后现代组织理论所称的"过程性的演化体系",它不断朝着空间、时间或功能上的有序组织结构方向演化。这种新型社会组织概念的出现是信息化、全球化的产物。随着科技和社会的进步,社会组织的界定亦会随之发生改变。

基于以上社会组织概念的嬗变,本书将社会组织定义为在现实社会或网络空间中,按照特定目标、组织规范组建的社会群体。

2. 社会组织的特征

尽管社会组织在历史的不同发展阶段表现出不同的形式,但它们彼此之间仍然存在以下共同特征。

(1) 目标性。任何组织都是依据一定的目标组建而成。目标成为组织存在的灵魂,同时,目标将组织成员汇聚在一起。社会组织的目标是组织的愿望和外部环境共同作用的结果,受到外部环境的影响和制约。因此,社会组织的目标不是固定不变的。

(2) 协作性。社会组织是一个群体的集合,是人们在相互交往中形成的一定行为关系的总和。组织目标将组织成员汇集在一起,通过成员之间的相互协作、相互联系来实现相应的目标。

(3) 规范性。社会组织的有序运行需要一套行之有效的组织规范,以保障组织内部分工的明确,权责的清晰。组织活动的顺利开展有赖于制度化的组织结构体系。

(4) 开放性。正如上文对社会组织的概念嬗变的分析,在如今的网络社会,时间和空间界定被打破,社会组织的边界也随之变得模糊。社会组织的概念具有了动态的、发展的内涵。

3. 社会组织的分类

依据不同的分类标准,社会组织可以被分为不同类别。如从经济效益角度出发,可将社会组织分为营利性社会组织和非营利性社会组织;从社会职能角度可将社会组织分为经济组织、政治组织、文化组织等;从组织的规范性角度可将社会组织分为正式组织和非正式组织;从组织对资源的占有方面可将社会组织分为竞争性组织和独占性组织;从组织的规模方面可将社会组织分为小型、中型、大型和巨型四种。基于公共关系理念的社会组织强调组织目标与受益者之间的关系,因此,本书采纳美国著名社会学家、社会交换论代表人皮特·布劳(Peter M. Blau)对社会组织的划分方法。

(1)互利组织。互利组织的目标是使组织内部全体成员受益。此类组织包括党派团体、群众组织、宗教组织等。由于此类组织将关注点集中于组织内部成员的共同利益诉求,因此,如何构建组织内部有效的沟通机制和提高成员对组织的归属感就显得尤为重要。

(2)商业组织。商业组织的受益者是商业组织的所有者。此类组织包括我们通常所说的各种类型的企业,如工商企业、金融企业、旅游服务业等等。获取最大经济效益、为所有者赢取生存空间是这类组织的宗旨,因此会比较主动地开展各种类型的公关活动以获取公众的信任和支持。

(3)服务组织。服务组织以提供各种类型的服务为主,它的受益者是与该组织直接接触的人,即服务的对象。此类组织包括学校、医院、慈善机构等等。此类组织不以营利为目的,市场竞争压力相对较小,但由于此类组织多为国家资助或由资助者提供资金,运营是否良好亦直接关系到进一步发展的可能。因此,树立知名度和美誉度对服务组织来说具有更实际的意义。

(4)公益组织。公益组织的受益者是社会大众,不仅限于与组织直接接触的人,同时包括与组织没有接触的人。此类组织包括政府部门、公共安全部门等等。这类组织以全体社会成员为服务对象,如何保障资源的共享和平均分配,做到无差别享有是此类组织公共关系活动中的重点。

4. 社会组织的核心——最高管理层

在卡特里普等看来,公共关系源于最高管理层。作为公共关系发源地的美国,在公共关系出现的初期就组织领导层应对内部和外部的压力,从组织管理的角度处理公众事务。一个组织的公共关系活动的成败很多时候源于高层管理者的公关理念和公关活动。例如,在2008年4月至5月间掀起的抵制家乐福事件中,作为家乐福大股东的贝尔纳·阿尔诺(Bernard Arnault)以及其他高层的公关表现就十分让人失望,直接导致了抵制事件的升级。2008

年 4 月 10 日,中国互联网网站上开始大规模出现"抵制家乐福"的帖子。在接下来的几天里,网上又陆续出现家乐福支持"藏独"以及"家乐福五一促销"的谣言。一时间,群情激愤,全国主要城市的家乐福都出现了抵制性的标语和抗议活动。但直到 4 月 17 日至 20 日,家乐福的大股东和其他副总裁级别的管理人员才出来澄清谣言。家乐福高层滞后的公共意识为谣言的发酵、传播、扩散提供了时间,错过了破解谣言、控制危机的最佳时期,直接导致了后期事态的扩大。因此,公共关系的成功需要高级管理层做到:(1) 明确自己作为公共关系主要发起者和执行者所应承担的任务,并主动参与到公共关系活动中去。(2) 在制定重大决策时,融入公共关系的视角,注意平衡组织内部与外部的关系。(3) 作为最重要的公共关系形象代言人,时刻注意自己的言行,尤其是在面对媒体的时候。(4) 诚信是公共关系中非常重要的原则,高层管理者要信守"说到做到"的宗旨,做到言行一致。(5) 在充分研判和采纳组织内部公关部门意见和建议的基础上,高层管理者还有必要扩展视野,增加视角维度,进行多方的公共关系咨询。

(二) 公众

1. 公众的概念与特征

公众是公共关系的对象,公共关系活动成败的检验者。公共关系中的公众和我们通常社会学意义上的"大众""群众"有所区别。这里的公众是与组织有着某种联系的利益全体、组织或个人。所以,在公共关系的范畴中,有关"公众"的界定一定是在"组织"界定的基础上生成。而且,从数量或范围上来说,它比"大众"或"群众"要小得多。特定"组织"针对特定的"公众",由于组织性质、目标和环境的不同,其面对的公众也会有所不同,公众的范围会适当扩大或缩小甚至会有所重叠。

公共关系中的公众具有以下显著特点。

第一,公共关系中的公众是作为一个整体而存在的。这里所说的"整体"有以下两个含义。首先,公众是公共关系活动的对象,在数量上公众是庞大的,但作为公共关系活动的受益者,他们是以一个统一的整体面貌出现的,他们的利益是一致的。其次,整体性还体现在公众的内部。全体公众共享相同的利益,因此必然在行动上协调一致。任何破坏内部团结、影响利益获得的行为都会受到其他公众的谴责。

第二,公共关系中的公众是多维度的。虽然公众是一个整体,但其具体存在形式是多样的。一个政府的公众既包括分散的个人又包括其他社会组织。同时,公众是一个开放的系统,处于不断的变化之中。他们的数量、形式、范围等随着组织目标、环境等因素的变化而变化。

第三,公共关系中的公众是具有相关性的。这里的相关性包括两个层面的含义。一方面,公众是与特定组织相关的。正如上面的概念中阐述的那样,公众是具体的,与特定公共关系主体相关的。例如,特定个人是医院的公众,但可能不是监狱的公众。同一类公众不是通用于所有组织的。另一方面,相关性体现在公众与公共关系主体以及公众内部的互动关系上。公众的态度、意见、行为会对一定社会组织的生存发展产生实际或潜在的影响,形成制约;反过来,社会组织制定的政策、采取的行动,对公众也具有影响力和制约力。[①] 同时,公众内部成员间也时刻处于竞争与合作的互动中。

2. 公众的分类

公众是公共关系活动的对象。为了保证公共关系活动的有效性,对公众进行分类,有的放矢地开展活动是十分必要的。另外,从传播的角度来讲,对目标受众的划分也是制定正确的传播策略、开展传播实践、达成传播效果的必要举措。

依据现有的公共关系理论,可以将公众按照以下标准进行划分。

马里兰大学公共关系学教授格鲁尼格(J. Gruning)和亨特(T. Hunt)从组织对公众产生影响的角度出发,将公众划分为四种类型:(1) 非公众(Nonpublic)。这里所指的公众是不受组织影响,同时也不对组织产生影响的团体或个人。(2) 潜在的公众(Latent public)。所谓潜在的公众,是指组织已经对这些公众产生了影响,但他们自己还未意识到或还未对此做出反应的团体或个人。(3) 知晓的公众(Aware public)。此类公众是指组织的行为已经对他们产生了影响,他们本身也意识到了这一影响的团体或个人。(4) 行动公众(Active public)。在知晓的基础上,已经开始有意识地采取行动以应对影响的团体或个人。

按照公众与组织的隶属关系,可以将公众分为内部公众和外部公众。内

---

① 寇玉琴. 现代公共关系学[M]. 上海:立信会计出版社,2008:65.

部公众是指与组织存在隶属关系的公众,即组织内部成员。但其存在形式不只限于员工,也包括股东、其他投资者等等。外部公众则与组织无直接的隶属关系,是组织面对的对象。

按照公众的稳定程度,可以将公众分为临时公众、周期公众和稳定公众。临时公众是指因某一突发事由而临时聚集在一起的公众,例如一起参观博物馆的公众。周期公众是指按特定规律和时间聚集在一起的公众,典型的有参加礼拜日活动的教徒。稳定公众是指比较经常出现或发生联系的公众,此类公众包括企业的老客户等。

还可以按照其对组织的态度,将公众分为顺意公众、逆意公众和中立公众;按照公众的重要程度分为首要公众和次要公众等等。依据公共关系活动的性质、目的、环境的不同可以对公众进行不同的分类,以达到服务公众、提升组织形象、增加自身发展潜力的目标。

(三)传播

1. 传播的概念

传播是公共关系活动到达、影响社会公众的必要途径。很多传播界以及社会学界的学者都论述过传播对于人类社会发展的重要作用。可以说,自人类出现以来,传播就与之相伴相随。从原始社会的口耳相传,到结绳记事到木版印刷再到报纸、电视、网络,人类的每一个发展阶段都与传播息息相关。而且在很大程度上,传播技术的水平直接决定着当时社会的发展水平。

"传播"这个概念最早出现在1945年11月16日联合国教科文组织的宪章中,很快就成为一个一般化的用语。传播所对应的英文是"communication",意为"借助于语言、文字、形象来传达、交流观念和知识"或"交流信息、消息、想法或意见"。在强调传递、交流的基础上,传播还有信息的共享的含义。因此,传播可以概括为人与人之间一切信息的传递、交流和共享过程。

公共关系传播是传播的重要类型之一。依据传播的概念,我们可以将公共关系传播定义为一个组织以各种传播媒介为载体与公众进行的信息传递、交流和共享活动,以达到服务社会、塑造组织形象等目标。此定义中包括了公共关系的发起者——组织,公共关系的对象——公众,公共关系的传播媒介——各种传播媒介,公共关系的目标——服务社会、塑造组织形象等。

2. 公共关系传播的特征

公共关系传播具有传播的所有特征,例如信息的传递、交流和共享,包含传播者、接受者、信息内容、媒介和效果五大要素,传播是社会关系的反映,等等。然而,公共关系传播作为组织与公众之间信息沟通的桥梁,有以下其独有的特征。

(1) 公共关系传播注重交互性。公共关系传播作为以沟通获取支持、信任和理解为重要目标的传播,十分关注传播效果。公众对所接受信息的认同、反馈是判断公共关系活动成败的关键。因此,在评估公共关系活动的时候,公关部门都会将公众的反馈、评价作为一个重要指标。

(2) 公共关系传播注重情感性。现代的公共关系传播不再是"强买强卖",从心理上关注公众的情感需求对于公共关系传播的有效开展十分必要。例如,一个消费者,在听到"欢迎光临、谢谢光临、请慢走"等字眼的时候,其作为"上帝"的心理需求、情感需求就在某种程度上得到了满足,很可能会影响其购买行为。

(3) 公共关系传播注重目的性。这一点与公共关系传播的交互性交相辉映。组织与公众之间交互沟通的建立是为了引发公众的注意力,最终达到影响、改变公众态度的目标。

3. 公共关系传播的类别

依据不同的标准,可以将传播分为不同的类别。例如,按照传播的层次,可将传播分为垂直性传播和水平性传播;按照传播的可见度,可将传播分为隐蔽性传播和显明性传播;按照传播主体的不同,可将传播分为人际的、大众的、实物的和行为的传播;等等。遵循日常传播中最有效的分类方法,公共关系传播可以按照传播的范围分为自身传播、人际传播、组织传播和大众传播四个类型。

(1) 自身传播。自身传播又称为自我传播,公众既是信息的发出者又是信息的接受者。这种传播多见于自我教育、自我反思、自我暗示等情况。自身传播是人的自我需要,也是人的社会需要。自身传播不受时间和地点的限制,具有隐蔽性、短暂性、内动性等特点。

(2) 人际传播。相较自身传播而言,人际传播强调突破个人自身的限制,参与到与其他人的交流沟通中。人际传播是最常见也是应用最广泛的传播方式之一。可以说,我们无时无刻不在和他人发生着人际传播。其特点是双向性、情感性、双方的可沟通性等。

(3) 组织传播。美国学者戈德哈伯(Maurice Goldhaber)将组织传播定义为"由各种相互依赖关系结成的网络,为应付环境的不确定性而创造和交流信息的活动"。此定义已经准确概括出组织传播的特点和功能。组织传播将传播置于社会的整体网络环境中,注重各个网络节点间关系的处理,以达到信息交流的目的。组织传播按照传播范围可分为组织内传播和组织外传播。

(4) 大众传播。大众传播是通过大众传播媒介向大量的、不特定的社会公众进行信息传播的过程。大众传播注重传播信息的多样、传播者的多元、接受者的多维度。这也决定了其传播范围广、影响大、可信度高等特点,但相对于组织传播而言,其信息反馈速度相对较慢。

(四) 公关目标

1. 公关目标的概念及重要性

公关目标是社会组织通过一系列公关活动的策划和实施所希望达到的一种状态或目的。公关目标是全部公关活动的核心。社会组织作为公关活动的主体,在计划和实施公关活动时,必然遵循特定的工作目标,以达到有的放矢地开展活动的目的。可以说,公关目标贯穿公关活动的始终。在开展公关活动之前,社会组织要依据公关目标制定计划。活动开展期间,时刻按照公关目标安排指导和协调公关工作,以保障公关活动的进程不会偏离公关目标。公关活动结束后,要以公关目标作为标准和尺度对公关活动效果进行评估。可见,公关目标是公关工作的方向,是提高公关工作效率,实现公关活动价值的重要保证。

2. 公关目标的三个维度

关于公共关系的目标,学界有很多说法,最为大家接受的是"认知度""美誉度"和"和谐度"这三个维度的划分。三者从不同的侧面反映了组织与公众之间沟通交流的程度。"认知度"强调组织信息到达公众的深度和广度;"美誉度"侧重公众对组织的反馈,是组织信息到达公众并取得良好效果的表现;"和谐度"是组织与目标公众取得的和谐程度,是公关目标的最高层次。组织公共关系的目标必须是具体的,必须是可测量的,而"认知度""美誉度"和"和谐度"都是可测量的。①

(1) 认知度。认知度取决于公关部门所传达的信息被公众认知的广度和深度。在广度方面,组织的规模和层次在一定程度上会起到很大的制约作用。相比较而言,具有品牌形象的产品肯定在认知广度上胜过一般产品。但影响认知广度的另一个变量同样重要,那就是对各类媒体的运用。组织可以充分利用传播媒介的作用化解规模、层级等"硬伤",打造组织的"软实力"。在深度方面,普通公众很难做到深入了解。这就需要社会组织通过邀请公众参观、发放宣传册、调查问卷等形式增强公众对组织的认知深度。在肯德基面临一系列质量质疑时,肯德基总部面向消费者开展了"肯德基探秘之旅"的活动,邀请消费者到鸡场参观,了解白羽鸡的生长过程,这一举措不仅暂时化解了危机,也使公众对肯德基的产品来源等有了深入的了解。

(2) 美誉度。美誉度是指一个组织获得公众赞美的程度。相比较而言,认知度是中性的,是知识积累的结果,不存在任何道德价值判断。而美誉度则是公众情感的表达,直接体现着公众对组织的认可程度。如果把认知度看作信息的传播,那么美誉度则可理解为信息的内化和情感的共鸣。此时,社会组织进行形象塑造的目标已基本达成。

(3) 和谐度。和谐度是一个社会组织在进行公关活动过程中,获得公众态度认可、情感亲和、行为合作的程度。和谐度是美誉度在公众认知和行为方面的延伸,也就是说,这种延伸既有态度方面的,也有行为方面的。和谐度是公关目标的最高指向。与上面两个维度有所不同,和谐度所面对的公众范围较小,只限于特定的目标公众。

综合来看,认知度、美誉度、和谐度这三个维度是层层递进、由浅入深的关系。组织以唤起公众的认知为首要目标,在获得公众认可的基础上追寻和谐目标的达成。另外,对于三者的测量,在李道平、廖为建等人编写的《公共关系学》教程中有详细的介绍,这里不再赘述。总之,三个维度的划分清晰界定了公关目标的不同层次,最重要的是,它们都可以通过量化的方式来测量,具有很强的操作性和实用性。这也是其广为流传,为组织和公众所接受的原因。

---

① 陈观瑜.公共关系教程[M].广州:中山大学出版社,2005:172-174.

3. 公关目标的分类

公关目标的分类因不同的目的、要求、环境、公众等因素而有所不同。在不同的公关目标指导下,组织会对公关活动进行不同的策划和实施。因此,对公关目标进行合理、准确的划分对于公关活动的开展十分必要。按照不同的标准,可以将公关目标分为以下几类。

(1) 按时间跨度。按时间跨度,可以将公关目标分为长期目标、中期目标和短期目标。具体时间长短的划分,根据特定的公关活动以及组织的层级而定。例如,五年的公关目标对于政府来说是中期目标,但相对于小型私人企业而言,可能就是长期目标。

(2) 按目标的难易程度。按目标的难易程度,可以将公关目标分为较易实现目标、较难实现目标和理想型目标。

(3) 按目标实现的顺序。按目标实现的顺序,可以将公关目标分为信息传递、感情沟通和态度改变。这一划分是对应上面公关目标的三个维度。

(4) 按社会环境的危急程度。按社会环境的危急程度,可将公关目标分为防守型目标和进攻型目标。组织所面临的社会环境决定了组织制定公关目标的轻重缓急。日常公关目标的制定多为面面俱到的防守型,而面临危机局势,组织就要及时制定重点突破的进攻型目标。

二、公共关系的类别

公共关系活动的开展要依据不同的主体、对象、环境、目标等,因此,对公共关系的类别进行划分,针对不同的公共关系类别制定活动策划方案并开展公关活动,才能取得事半功倍的效果。目前,学界对公共关系类别的划分有不同的标准。常见的如依据公共关系主体划分,可分为企业公共关系、政府公共关系、事业团体公共关系、服务业公共关系等。这种划分方法强调公共关系的行为主体,有利于公众对公共关系类别的辨识。与之相对的还有按照对象将公共关系划分为:员工公共关系、消费者公共关系、政府公共关系、媒体公共关系、国际公共关系等。这种划分方法从公众的角度出发,体现了以"公众"为本的理念。然而,这两种划分方法存在相同的局限性。公共关系以处理和协调组织与公众之间的关系为主要内容,这两种划分方法只强调公共关系的一个侧面,不能全面地反映出双方交流互动的关系。有鉴于此,本书试从公共关系组织与公众关系的视角将公共关系划分为以下类别。

（一）交际型公共关系

交际型公共关系是公共关系活动中应用最广泛的一种公共关系类别。交际型公共关系的表现形式也十分多样。团体之间的会议、旅游、聚餐，个人之间的交谈、信件往来、拜访等都属于交际型公共关系的范围。可以说，一切通过直接和间接的情感交流以达到拉近组织与公众关系的活动，都属于交际型公共关系。交际型公共关系是一个不断积累的过程，在日常生活的点点滴滴中通过积聚人气获得公众的认可。国内知名商厦"千盛百货"经常开展交际型公共关系，不仅每年夏天免费赠送精致的折扇，而且春节期间还会把印有"千盛"标志的对联、福字送给客户。这种"润物细无声"的行为在无形中感动着消费者，有利于在组织与公众之间建立起持久的情感纽带。

（二）宣传型公共关系

宣传型公共关系是指组织通过报刊、广播电视、网络等媒介，围绕特定主题开展的宣传活动。这种类型的公共关系也包括通过企业内部的刊物、板报、公关广告、产品展销会、记者招待会等等所进行的宣传活动。宣传型的公共关系涉及企业、政府、公众人物以及其他各类社会组织或个人所进行的旨在提升自身形象、宣传自己的产品或服务的各种公共关系活动。企业的广告就可以视为一种宣传型的公共关系活动，它针对消费者这个公众全体，旨在向他们宣传企业的产品和服务，也常涉及宣传企业的品牌价值、品牌形象等方面。政府在各类媒体所进行的政策或价值理念的宣传，也是一种宣传型的公共关系活动，它针对整个社会公众，旨在传播并让公众接受政府的政策或价值理念，并争取获得公众支持。

（三）服务型公共关系

服务型公共关系是指组织以实际行动为公众提供服务的活动，其目的在于获得公众的认可和好评。服务型公共关系不只广泛存在于服务型行业中，各类型的政府、团体、宗教组织等也为提升组织形象开展多种多样的服务型公共关系活动。作为为公众服务的政府机构，是服务型公共关系的主要实施者。党的十八大报告中明确指出要转变政府职能，建设服务型政府。根据这一要求，成都市政府采取削减审批程序、公示审批目录、强化公共服务的提供、聘任市民监督员等举措推进规范化服务型政府建设。通过一年的努力，政府行政办事效率有了极大提高,市民对政府的印象有了极大改善。

(四)矫正型公共关系

矫正型公共关系也可以称为补救型公共关系,即在组织形象受损时,为挽回损失、重建其在公众心目中的形象所进行的公共关系活动。矫正型公共关系是对组织应对危机能力、社会责任感等综合素质的考验。社会生活中的各种危机加之公众自主监督意识的增强,各类有损组织形象的危机事件频发。当出现此类情况的时候,组织如何化解危机、挽救局势就变得十分重要。2011年的"海底捞勾兑门"事件可以算是矫正型公共关系的典型范例。在被媒体报道"海底捞"存在骨汤勾兑、产品不承重、偷吃等问题后,海底捞官网及官方微博立即发出《关于媒体报道事件的说明》,其声明言辞恳切,主动承担相应责任,并感谢媒体监督。海底捞掌门人张勇也于事件爆发当晚就发微博,态度诚恳,显示了企业领导的担当,人情味十足,在很大程度上化解了危机。这一事件对海底捞的声誉影响很大,但企业领导层在面对危机时积极采取有效措施,从而在短时间内挽回了企业形象。

第三节　公共关系的原则和作用

一、公共关系的原则

经过百年的演变和发展,公共关系已经"进化"成为形式多样、涉及面广泛、影响深远的现代职业和多元学科。然而,无论公共关系的形式如何变化,内在于公共关系本身的基本原则是不变的。这些基本原则指导着公共关系的实践。

(一)公开事实原则

公开事实原则起源于"公共关系之父"艾维·李在解决美国无烟煤矿工人大罢工时所发表的《原则宣言》。在这份宣言中,他强调公共关系必须公开事实真相的思想原则。[①] 这一原则逐渐成为公共关系的重要指导原则之一。

首先,对于组织而言,公开事实原则可以让公众对组织的真实形象有更

---

① 褚云茂.公共关系与现代政府[M].上海:上海大学出版社,2002:65.

好的了解,也对事态的发展有更好的研判。"非典"过程中,我国政府在疫情发生两个月后才正式公布信息,而且一度存在报喜不报忧的信息失真现象,一时间,谣言四起,政府形象面临严峻挑战。在疫情不断扩展、急需权威信息抵制谣言之际,我国政府确立了新闻发布制度,每天公布一次官方统计的疫情数字。信息透明度的增强收到了满意的效果,公众对政府的满意度不断提高。据中国人民大学舆论研究所和《北京青年报》对这一时期的民意进行的一次联合电话调查,结果显示84.8%的市民对于政府目前的表现满意。[①] 可见随着事实的公开,公众对于事态有了更准确的了解,同时也有利于组织树立良好的形象。

其次,公开事实原则有利于组织、媒介以及公众之间建立良好关系。组织依靠媒介向公众传递信息,这决定了媒介作为组织与公众之间的中间环节的重要作用和必要风险。如果组织提供给媒介虚假的、不全面的信息,媒介将这些信息传递给公众,那么,这些虚假信息会使媒介失去公众的信任,相应地,组织也就失去了媒介的信任。如果没有新闻媒介的支持,组织的发展、形象的塑造将难以完成。因此,公开事实对于组织、媒介、公众三者之间良好关系的建立起着至关重要的作用。当然,在实际操作过程中,受限于组织内部机密等原因,很难做到完全的事实公开,这就需要组织能够在权衡利弊、多方考量的基础上公开事实。

(二)公众为本原则

公众是公共关系活动的受益者和检验者。公共关系原则以满足公众需求为出发点,通过双向沟通和协调,公众的利益得到最大程度的满足,这对于增加公众对组织的满意度,提升组织形象至关重要。组织的一切行为都是以受益者的利益为基准。受益与否、受益多少是衡量公共关系活动成败的根本标准。当然,这种观点不是否定组织的利益。实际上,组织的利益和公众的利益在本质上是一致的。公众利益的满足会直接导致公众对组织的良好评价,提升组织在公众心目中的形象,从而为组织的良好发展奠定基础。

著名的家居品牌宜家在把顾客当"上帝"、时刻为公众着想方面堪称典范。宜家在全国范围内建立了完备的售后服务系统,如为顾客建立档案,跟

---

① 张君昌,郑妍.媒体舆论与全民动员[J].现代传播,2003(6):23-28.

踪顾客对产品使用的满意度,定期或不定期地与顾客联系等。通过与顾客的服务沟通,宜家赢得了顾客的信任和好感,树立了良好的品牌形象。再如在购买60天以内,顾客可以要求对购买的产品无条件退款,这种将顾客购买决策的风险承担到自己身上的做法赢得了顾客好评。若是超出这个期限,产品出现质量问题需要维修时,他们会派维修员上门进行修理或调换,处理及时,服务到位。正是一贯的以公众为本的思想保证了宜家的销售量和在社会上良好的口碑。

（三）真诚沟通原则

公共关系是处理关系的活动,必然涉及情感的卷入。无论公共关系活动的规模、对象、时间、环境因素等呈现出怎样的差异,公共关系的实施者——组织——都要以最大的热情、最真诚的态度与公众进行沟通。"公共关系理论之父"爱德华·伯内斯在1952年编纂的《公共关系学》中提出了"投公众所好"的思想。这种思想的核心就是确定公众的喜好,以公众的喜好为组织工作的指导思想。而公众喜好的确定以及如何达成公众喜好的满足,都需要真诚的情感沟通。强调与公众真诚地沟通,其目的是在公众心目中树立组织的良好形象。所以,真诚沟通既是组织工作的基本需求,也是达成组织目标的必要途径。

在2014年携程网信息泄露事件中,我们可以看到真诚沟通的重要性。作为中国领先的在线票务服务公司,携程网可以为顾客提供酒店、机票、度假预订以及商旅管理等服务,业务范围广,业内评价比较高。然而,2014年3月,国内漏洞研究机构和国内各大网络相继曝出携程网存在信息泄露问题,信用卡用户的身份证、卡号等重要信息都有被黑客任意窃取的危险。面对这一危急情势,携程网立刻通过其官方网站、官方微博、微信公众号对事件进行回应,承认错误,真诚道歉,并承诺将积极跟进处理。随即,携程网召开全体员工大会,并要求网站技术部门了解和排查事件原因;与此同时,积极与各大媒体协作,通告事情的来龙去脉,尽量说服媒体不要进行负面报道,并召开新闻发布会。公关人员通过电话、邮件等形式向受害者道歉,并提出顾客满意的解决方案,力求得到顾客的谅解。携程网的一系列举措显示出其真诚负责的态度,在危机面前不推诿、不逃避,积极与顾客沟通并寻找解决问题的办法。最终风波很快过去,携程网又推出一系列积分、优惠活动以补偿顾客损失,赢得了公众的再次信任。携程网的真诚沟通不仅帮助企业化解了危机，还为企业树立了负责任、有实力、维护顾客利益的良好形象，为企业未来的发展积累了经验和公众基础。

（四）全员公关原则

公共关系不只是组织的公共关系部门的职责，它需要组织的所有成员和部门都具有公共关系意识，并且拥有公共关系的相关知识，能够按照公共关系的原则和要求与公关部门一起进行有效的公关活动。

全员公关的原则在西方很多国家早已十分盛行。随着全球化、信息化、网络化的发展，世界的每一个角落都被连接在一起，一个组织面对一个或几个对象的时代已经一去不复返了。组织部门需要同时与国内外的消费者（公众）、工商部门、税务部门、政府部门等多个部门打交道。加之，信息社会情势瞬息万变，机会稍纵即逝，如果只依靠公关部门一己之力，恐难应对多方面的压力。同时，全员公关的理念也有利于为组织树立良好的外部形象。试想，如果一个人去政府部门办事，从门卫到办事人员甚至到打扫卫生的阿姨都能对他十分有礼貌，显示出主人翁的热情和诚恳，那么这个人肯定会对政府的工作十分满意。

全员公关原则的实施需要做到以下几点：第一，组织在资金、人员、设备上的投入。全员公关原则的贯彻和落实需要组织通过全员教育和培训来达成。这就需要组织转变一贯的将人、力、物全部投入效益生产的传统观念，加大公关课程的开设、公关人员的培训、公关氛围的营造。第二，组织管理层的公关意识对于全员公关来说十分重要。作为组织的领导者和重要议题的决策者，管理层必须具备强烈的公关意识，对本组织的公关状况、本行业的公关状况有清晰的了解。这样才能在日常的实践中支持和指导公共关系工作。第三，所谓全员公关必然需要全体员工的配合才能达成。这需要全体员工树立主人翁意识，自觉地在工作中践行公共关系理念，逐渐在组织内部形成浓厚的公关风气、公关氛围。

二、公共关系的作用

在现实生活中，依据组织目的、公众诉求、社会环境等因素的变化，公共关系发挥着不同的功用。我们可以根据公共关系职能所发挥作用的表现形态,将其分成公共关系管理职能、公共关系传播性职能和公共关系决策性职能。公共关系管理职能是指组织对于各类与公共关系相关的要素所实施的教育引导与协调沟通以及规划控制等职能;公共关系传播性职能是指组织通过媒介的传播所实施的有利于组织发展的各项职能;公共关系决策性职能是指公共关系活动中通过对重大活动的策划、管理与实施,对组织决策所能发挥的服务、指导与促进的职能。本书将侧重于从"公共关系是一种本身具有调节功能的特殊的社会关系"[①]的角度,按照其对于组织、公众、环境的不同作用将公共关系的职能做以下界定。

(一)公共关系影响组织内部决策以及组织形象的树立

对于组织内部而言,一切公共关系活动的开展,其最终目的都在于为企业的决策服务,达到按公众的意愿塑造组织形象,提高组织影响力的目的。这里的组织形象包括产品形象、组织内部员工形象、组织领导者形象、组织机构形象等等。组织形象的塑造一方面具有挑战性,即组织形象的塑造需要漫长的时间,不是一蹴而就的;另一方面,组织形象的塑造也具有一定的持久性,即组织形象一旦树立,就会在较长的时间内发挥作用。

(二)公共关系对公众的教育引导和关系协调

对于公众而言,公共关系活动的开展便于他们全面地认识组织,从而对组织有更好的了解,改变以往的"道听途说"和不真实的印象,对公众起到教育引导的作用。最重要的是,公共关系活动的开展可以拉近组织与公众的关系。在日常的公共关系活动中,组织可以与公众交流感情,创造融洽氛围;面临危机时的公共关系活动则能有效地化解冲突、调和矛盾。

(三)公共关系促进传播沟通、优化环境

对于整个社会环境而言,组织的公共关系活动起到了加快信息流动与共享,扩展组织与公众关系网络,优化政治、经济、文化环境的作用。公共关系活动是社会生活重要的一部分,组织、公众、媒介、社会其他部门等都被卷入其中。随着公共关系活动的开展,公共关系的理念、原则、工作方法等逐渐渗透到社会生活的各个角落,成为人们生活工作中不可缺少的一部分。

---

① 居延安,赵建华,等.公共关系学[M].上海:复旦大学出版社,1989:43.

第四节 公共传播视野下的公共关系

一、公共传播与公共关系的联系与区别

(一) 公共关系与公共传播的联系

英国传播学者彼得·戈尔丁(Peter Goldin)在其著作《文化、传播和政治经济学》中最早使用了"公共传播"(public communication)一词,但他的意义指向似乎仍是大众传播(mass communication)。丹尼斯·麦奎尔(Denis McQuail)在其著作《麦奎尔大众传播理论》一书中也多次提到"公共传播",认为它是在一个整合协调的现代社会所存在的庞大的传播网络,他的观点似乎认为公共传播不同于大众传播,但对二者仍未做具体区分。直到20世纪80年代,斯代佩斯(James G. Stappers)的文章《作为公共传播的大众传播》才将公共传播作为媒介研究的一个理论问题提出,并给出了公共传播的明确界定:"作为公共传播的大众传播"就是为了"探寻公众如何接近并使用媒体,公共信息和知识应该如何传播和扩散的问题"[1]。

国内对于公共传播最早进行研究并给出定义的是史安斌教授。他认为"公共传播是政府、企业及委托各类组织通过各种方式与公众进行信息传输和意见交流的过程"[2]。从这个概念中,我们可以看出,这里的"公共传播"与公共关系的定义十分相似。同时,中国的公共传播教育与公共关系教育也有很高的重合度。例如,中山大学的公共传播系,下设两个专业:公共关系学和广告学。台湾的世新大学公共传播系所开设的课程也基本都是公共关系方面的。由此可见,虽然国内外对于公共传播的定义尚未达成共识,但基本都认同公共传播与公共关系有紧密的联系。二者的相关性主要包括以下几点。

第一,在传播主体方面,二者共享主体且主体的作用相似。按照史安斌的观点,公共传播的主体与公共关系的主体基本一致,都是各类社会组织。

---

[1] James G Stappers. Mass Communication as Public Communication [J]. Journal of Communication, 1983, 33(3):141-145.
[2] 史安斌. 新闻发布机制的理论化和专业化:一个公共传播视角[J]. 对外大传播, 2004 (10):32-35.

国外学者关于公共传播的定义中虽然没有明确指出主体,但社会组织必然包括在其中,而且是主体中比较重要的一部分。同时,作为主体的组织,都承担着通过大众媒介将信息传递给公众的作用。

第二,在传播方式方面,二者都提倡双向传播。公共传播和公共关系都强调传受双方的双向交流。公共传播的一个很重要的作用就是要建立公众与公众之间、公众与政府之间的对话机制。强调双方或多方的参与、交流、共商,而非独白。公共关系发展至今,双向的互动已被认为公关活动成败的必要条件,是公关界公认的准则之一,指导着公关政策的制定与实施。

第三,在传播的功能方面,二者都注重对公众态度的影响和行为的改变。不论是公共传播还是公共关系,传递信息只是他们传播任务的第一步,其最终目的是使人数众多、成分复杂的公众接受信息,并通过信息所蕴含的观点影响和改变人们的观念和行为。

(二)公共关系与公共传播的区别

公共传播与公共关系作为两个不同的研究领域,在传播内容、传播目标、媒介种类和社会影响方面存在以下区别。

第一,传播内容不同。公共传播的内容为公共信息,即与公共利益相关的各种信息以及对这些信息的意见和态度。例如,公共安全、交通、旅游、城市建设等方面的新闻或评论等都属于公共信息。它强调对于全体民众的普适性和公益性。而公共关系的传播内容是由组织根据自己的传播意愿所指定,必然从组织的利益出发。所以,其中难免带有宣传、劝服等目的,而非简单的告知。同时,公共关系的传播内容多是针对特定受众而制定,不具有普适性。

第二,传播目标不同。公共传播的目标是为了公共利益。公共传播的内容是以服务大众为基础的公共信息,并且其传播方式也是公开的,因此,公共传播的目标就是为了全体公众的利益。而公共关系的目标是由组织根据不同的情形而制定,主要是为了组织利益而服务的。

第三,媒介种类不同。公共传播和公共关系都注重双向传播,都会利用大众媒体进行传播。然而,在媒介种类上,公共关系所利用的媒介更加多元和丰富。这些媒介不只限于报纸、电视、广播等大众媒介,也包括最原始的口头传播、集会、演讲、谈判、书信、黑板报、宣传橱窗等多种传播媒介形态。

第四，社会影响不同。公共传播通过公共事务信息的公开传播，促进多样声音的表达，让公众平等地参与社会和政治生活，是公众实现政治参与的主要方式。在民主政治层面，公共传播有利于实现社会整合、政治监督和民主推进。在文化方面，公共传播起到教育公众、培育交往理性的作用，有利于形成社会价值共同体和公民个人的社会化。公共关系的社会影响主要体现在对现代组织的构建方面，例如，打造组织形象，建立品牌战略，解决组织危机，等等。当然，公共关系活动的开展也可以在一定程度上缓解社会矛盾，促进社会和谐，更新个人观念。

二、公共关系是公共传播的重要组成部分

（一）公共关系中传递的信息是公共信息的有机组成部分

虽然公共关系传递的信息内容由组织制定、为组织的利益服务，但这些信息内容也是社会信息系统的一部分。而且，其中有很大一部分是介绍性质的信息，这些信息可以让公众对组织、对社会机构有更好的了解和认识，它们是公共信息的有机组成部分。

尤其政府部门和公益团体组织是公共信息的最大提供者。上海市红十字会自"世界急救日"确定以来，每年都会开展相应的急救普及工作。据不完全统计，上海市每年开展培训40万人次，接受红十字现场初级救护普及培训人员数达到500万人次，并建立了800余人的师资队伍。通过这种扩大应急救护知识和技能的普及，有效地推动了公众的自救互救意识和能力的提高，为最大限度地维护群众的健康和安全做出了积极的贡献。

由此可见，公共关系与公共传播密不可分。尤其是在所传播信息的属性上，有很大的重合度。公共关系中传播的信息既有树立组织形象、宣传组织理念的初衷，但同时从信息内容上看，也是公共信息的组成部分，起着普及知识、服务大众的作用。

（二）公共关系中的组织是公共信息系统的重要环节

公共关系中的组织是制定、策划、发出公共信息的基本单位，它位于公共信息处理系统的最前端。通过生产、传输公共信息，组织可以弥补社会与公众之间"信息不对称"的现象，使得公共信息系统得以正常运行。

首先，组织发布的信息质量直接决定着公众对公共信息获取的效果。组

织在制定对外传播的信息时,十分注重对公众信息需求、信息品位的考察,力争在达到宣传目的的同时,做到为公众所喜闻乐见。因此,在规划阶段,社会组织都会多方征求意见,以保证所传播的信息能够在公共信息系统中有效流动。其次,组织发布信息的频率和及时性直接决定着公共信息系统的运转效率。随着公众对"海量"信息需求的不断增加,作为公共信息处理系统的最前端,组织所传递信息的数量和及时性就显得尤为重要。近年来,各种类型的社会组织不断涌现,加之全员公关思想的不断深入以及新媒体的技术助推,社会组织传播的信息数量不断激增,及时性也有所增强,直接为公共信息系统提供"原动力",推动它的高效运转。

(三)公共关系是公共服务的一部分

在公共关系的类别划分中,有一种十分重要的类型即服务型公共关系。它强调组织为公众提供服务以获得公众的认可或好评。各种类型的政府组织、社团、公益组织等都是通过公共关系活动的开展,为公众提供公共物品和服务。实际上,这种类型的公共关系印证了公共传播公共服务的特性。

公共服务的类型分为物质形式和非物质形式。物质形式的公共服务是将抽象的公关理念与公众看得见、摸得着的公共活动结合在一起。上文提到的上海红十字会开展的急救培训就属于其中比较典型的一种。公众被邀请参与到急救培训的现场,在培训老师的指导下亲自动手操作,并在短时间内掌握了初级的急救技能。非物质形式的公共服务是指组织所传播的公共信息中所蕴含的服务特质。随着信息时代的到来,各种新兴媒体在公共关系中的广泛应用,更增加了其公共服务的非物质性。公共关系既提供非物质性的信息,又提供物质性的公关活动,不管其初衷为何,始终都带有公共服务的色彩,是公共服务不可或缺的一部分。

思考题

1. 什么是公共关系?请描述它的发展历史。
2. 列举公共关系的案例,分析公共关系的要素、原则、职能以及所涉及的相关领域。

第二章 政府公共关系概述

在第一章有关公共关系基本理论学习的基础上,本章概括介绍政府公共关系的基本理论,包括政府公共关系的界定、发展历史、公共关系与政府公共关系之间的关系、基本类别、职能以及与之相关的政治传播等。

第一节 政府公共关系的概念界定和发展演变

一、政府公共关系的概念界定

(一)政府公共关系的概念

自公共关系诞生以来,它对企业、团体、政府等组织的重要作用逐渐凸显。尤其是进入21世纪以来,全球化、信息化、数字化的发展使各个国家、地区、组织乃至个人之间的联系更加紧密,它们都无一例外地处于公共关系的网络之中。政府作为国家形象的标杆、公民利益的代表,更是如此。政府公共关系在英文中有不同表述,指涉也稍有不同。例如,government public relations[1],从字面意思看,可以译为政府公共关系,是指以政府为主体的公共关系;government public affairs[2],该概念的字面含义为政府公共事务;public relations for government[3] 指的是为政府机构服务的公共关系。以上英文表述都从不同侧面反映了政府公共关系的基本特征。结合以上相关概念,本书

---

[1] Baskin O W, Aronoff C, Lattimore D. Public relations: the profession and the practice[M]. Madison: Brown & Benchmark Publishers, 1997:397-398.

[2] Cutlip S M, Center A H, Broom G M. Effective public relations[M]. New Jersey: Prentice-hall International Inc. 1994:472-478.

[3] Fedorcio D, Heaton P, Madden K. Public relations for local government[M]. London: Longman Group UK Ltd, 1991.

认为政府公共关系是公共关系理论在政府工作中的具体应用和体现。所谓政府公共关系，是指政府借助多种传播途径面向公众开展的一种特殊类型的公共关系活动，其目标在于加强政府执政能力、协调政府与公众的关系、塑造政府的良好形象、服务社会公众、维护社会稳定和促进社会发展。对于此定义，我们可以从以下三个方面加以理解和认知。

第一，这个定义明确了政府公共关系的基本要素。按照公共关系基本要素的划分，政府公共关系的基本要素也包括四个方面，即政府、公众、媒介和目标。政府是政府公共关系活动制定、策划和实施的主体，这是政府公共关系的灵魂所在。公众是政府公共关系的客体。这里的公众既包括个人，也包括团体与组织，即政府公共关系活动所面向的对象都可以称之为公众。媒介是政府公共关系活动得以开展的必要途径。媒介的内容、形式及技巧等因素影响着政府公共关系的成败。政府公共关系的目标可以具体区分为直接目标和根本目标。其中，加强政府执政能力、协调政府与公众的关系、塑造政府的良好形象是政府公共关系的直接目标，其根本目标是为了服务社会公众、维护社会稳定和促进社会发展。

第二，这个定义凸显了政府公共关系中公众的重要性。诚然，政府是一个国家行使社会管理职能，推进社会经济、政治、文化发展，提高国际影响力的专门机构，在整个社会关系网络中处于最核心的地位。然而，政府的运作不能离开公众的支持和认可。只有依据公众的需要制定政府决策，并在与公众的双向交流中加以实施，才能获取公众的理解和支持。可以说，在很大程度上，只有政府与社会公众之间构建了融洽关系，才能保证政府公共关系活动的顺利开展，才能达到"内求团结，外求发展"的目的。

第三，这个定义阐明了政府公共关系是一种特殊类型的公共关系。在第一章的公共关系分类中，说明了政府公共关系是公共关系的一个重要类别，二者既相互联系又相互区别。一方面，政府公共关系是公共关系理论在政府工作中的具体应用。也就是说，政府公共关系活动要以公共关系的相关理论为指导原则，不能偏离公共关系的基本原则。另一方面，政府公共关系有其自身的特殊性质。例如，政府是政府公共关系的行为主体，这就决定了其在制定和实施决策时带有一定的权威性和唯一性等特点，这有别于公共关系中的其他组织。

（二）政府公共关系的特征

由于政府公共关系的行为主体是政府这一特殊的社会组织，所以表现出区别于其他社会组织的鲜明特点。根据政府公共关系的定义，我们可以从政府、公众、媒体和目标这四个基本要素对政府公共关系的基本特征进行考察。

1. 政府

政府作为政府公共关系的主体具有权威性、政治性和服务性。首先，政府是一个国家最大的社会组织，政府是唯一的，其地位是独一无二的。而且，通常情况下，现代政府多是由公民选举产生，被赋予了至高无上的权力，代表了人民的根本利益，这就从客观上形成了政府高高在上、凌驾于一切其他社会组织和个人之上的一种强大优势，因此具有很高的权威性。其次，政府是特定政党的代表，具有一定的政治倾向。政府所传递的信息多为政治信息，所制定的决策多是关系国计民生的政治性纲领。政府在上层建筑中处于核心位置，其对政治、经济、军事、外交等各种事务的处理和协调都遵循相应的政治原则。如政府在进行行政决策时，很难顾全所有人、所有利益群体，这时就需要发挥少数服从多数的民主集中制原则以保证多数人的利益。政府的权威性和政治性使政府公共关系带有强烈的权力色彩，这是保证政府公共关系活动从上到下顺利开展的需要。最后，政府的根本宗旨是为公众服务。

服务性是政府的应有之义。政府是人民利益的代表，政府的意愿就是为人民服务、赢得人民的信任和支持。因此，政府所采取的一切公共关系活动都以人民利益为出发点和归宿，通过双向沟通机制达到与人民的和谐相处。由此可见，与企业公共关系多以获取利润为目的不同，政府公共关系的根本任务是为人民服务。构建服务型政府已成为现代政府改革的基本方向。[①] 政府拥有为人民服务的资源和能力。政府掌握着大量的公共资源，这其中包括种类繁多的媒介资源、公共设施资源、国内外的关系资源等等。政府可以通过综合利用这些资源，从各个角度，反复进行信息传播以提高政府公共关系活动的效率，增强为公众服务的能力。同时，政府的权威性有利于保证政府

---

① 唐钧. 政府公共关系[M]. 北京：北京大学出版社，2009：15.

统一调度社会资源、安排资源的分配和使用,力争把公共资源的效益发挥到最大,惠及最大范围的公众。

2. 公众

政府公共关系的公众是多层次的。这里的多层次有以下三个方面的含义:首先,政府公共关系的公众的组成是多层次的。公众既包括政府内部的工作人员,也包括政府外部的公众;既包括国内的公众,也包括国外的公众;既包括当前的公众,也包括未来的潜在公众;既包括以个人为主体的公众,也包括以组织、团体为主体的公众。其次,公众的社会背景是多层次的。政府公共关系面向的对象是全体社会公众,这些公众具有不同的年龄、性别、宗教信仰、民族,分属于不同的党派、阶层和团体。而且,同一个人在不同情况下,其具体角色也有所变化。例如,一位中年女教师,她既是一位女性,又是一位知识分子、共产党员、社区管委会的主要成员、市人大代表等等。最后,公众的组成和社会背景的多层次性决定了他们利益诉求的多层次性。人的利益就是一定主体在与客体发生联系时其需要的满足和实现。①公众总是力求使自己的需要得到满足,追求利益避免伤害。然而,由于公众的复杂性,不同公众之间的利益存在差别,同一个人在不同时间、不同地点、面对不同需求时,其利益也存在一定的差别。这些纷繁复杂的利益关系构成了一个层层叠叠的公众系统。面对不同层次的公众,政府在行使公共关系职能时,就要充分考虑他们的不同需求,积极与各个层次的公众分享信息,让全体公众在了解政府的真实意图的基础上,做出自己的选择,以得到他们对政府工作的理解和支持。

3. 媒体

政府公共关系可以借助多种传播途径得以完成,本书中的媒介多限于媒体。媒体既是政府公共关系的对象,也是政府公共关系得以开展的有效途径。首先,媒体以及媒体内部的工作人员与其他社会组织一样也是政府公共关系的客体,是政府公共关系的服务对象。因为媒体尤其是现代媒体能够快速地反映舆论、代表舆论,肩负着维护公共利益的社会责任,政府作为专门的、法定的公共管理主体在进行公关活动时,必然要对代表公众舆论的媒体

---

① 王孝哲.论人的利益及利益追求[J].江汉论坛,2010(7):52-56.

做好公关工作。虽然政府拥有大量的媒体资源,但政府不能完全地支配媒体,愚弄民意,更不能把媒体放在自己的对立面。相反,政府要视媒体为普通的公众,树立为媒体服务的理念,制定有利于媒体发展的政策,为媒体创造适宜的政策空间。其次,媒体是政府公共关系活动得以顺利开展的中介和平台。在西方,媒体被看作与立法、行政、司法相并列的"第四权力"。虽然社会舆论的压力不是正式的权力,媒体仅是非权力主体[1],但其"舆论引导"和"议程设置"等功能对公众的认知具有十分明显的影响。媒体对于政府公共关系的开展起到助推器的作用。同时,媒体是连接政府与公众的纽带和桥梁。在现代社会中,政府与公众之间关系的建立越来越取决于信息沟通的畅通与否。媒体作为社会公信力的代表,是公众获取信息的主要渠道,可以承担起政府与公众之间沟通的桥梁。一方面,政府的决策、举措需要通过媒体进行发布、宣传,才能为广大公众所熟知,得到公众的支持和拥护;另一方面,媒体的作用不是单向的,公众的声音也可以通过媒体的表达为政府所知晓,政府根据媒体反映的民意适当地调整自己的执政方式。只有通过媒体达到政府与公众的良性互动,才能使政府改进管理,更好地为公众服务。

4. 目标

政府公共关系的目标是短期性与长远性的结合。正如政府公共关系的定义中所提到的那样,政府公共关系的目标是加强政府执政能力、协调政府与公众的关系、塑造政府的良好形象、服务社会公众、维护社会稳定和促进社会发展。从短期来看,政府公共关系可以增强政府公信力、执政力,塑造政府形象,以提升政府本身的管理和执政能力为中心。然而,政府公共关系的最终落脚点是要服务社会公众,维护社会稳定并促进社会发展。这是因为政府能力和形象提升的最终目标是能够更好地为社会公众和社会发展服务。因此,政府公共关系既关注短期的、直接的目标,又注重长远的、根本目标的实现。

---

[1] 叶瑜敏. 媒体在公共危机管理中的角色与功能——公共管理的视角[J]. 兰州学刊,2010(11):32-34.

二、政府公共关系的发展演变

(一) 政府公共关系的产生与发展

政府公共关系是公共关系的一种特殊形式,但其产生时间并不晚于公共关系的产生时间,可以说,二者是相伴相生的。在第一章中我们提到,早在尧时代,政府就设立"诽谤木"以鼓励民众向政府提意见,以及商鞅变法期间的"徙木立信"都是政府为在民众中树立观照民意、言而有信的形象而开展的公共关系活动。到了稍近时期,此类具有政府公共关系性质的活动更是数不胜数。西汉的和亲政策、明朝的郑和下西洋、清朝皇帝的南巡等等,都是这方面的典型案例。在国外,政府公共关系的起源同样久远。在古希腊时期,当遇到重大的公共议题需要讨论时,人们(除奴隶和妇女之外)就会聚集在广场上进行集体讨论或选举。此时期,古希腊的演讲和辩论艺术非常发达。政治家常常在元老院或露天场所发表演说宣扬自己的政治主张,影响民众的政治倾向,从而扩大自己所在政党的影响。古罗马帝国的统治者将战争中获得的大量财富用于大型娱乐表演,通过转移公众视线,粉饰太平,让民众忘记疾苦,这有利于统治者的管理。美国电影《角斗士》中万人空巷的斗技场,癫狂的民众与疯狂的呐喊,是古罗马帝国政府公共关系活动的真实写照。这些都是早期政府公共关系的具体形态。当然,由于历史条件的局限性,彼时的政府公共关系活动不能与现代意义的政府公共关系活动相提并论,但它们都具有政府公共关系的基本特征和基本要素,属于政府公共关系的早期萌芽。

正如我们在第一章中分析的那样,20世纪初的美国市场经济体制逐渐完善,民主制度取代专制制度使民主观念深入人心,文化思想不断进步加之媒介技术的发展,为现代公共关系的出现提供了充足的条件。此时,现代意义的政府公共关系已然出现,只不过没有公共关系在企业和工商界运用得那么明显而已。第一次世界大战时期,为适应战时需要,美国的政府公共关系被发挥到了极致。为争取民众支持,时任美国总统的威尔逊(Woodrow Wilson)组织成立了公共信息委员会。这是美国历史上第一个专门的政府公共关系组织机构,也是一个宣传性组织。该组织的任务是向国内外公众提供美国参战的背景资料,组织公众舆论支持战争,树立民众的自豪感,为美国政府树立良好的国家形象。随着政府公共关系在一战中的"大展身手",美国政府意识到对于政府来说开展公共关系活动的重要性。因此,在接下来的经济大萧条时期和二战时期,政府公共关系都被充分运用,并从一种应急性的政府活动逐渐变成政府部门的日常活动。到第 32 任总统富兰克林·罗斯福(Franklin Roosevelt)执政时,美国联邦政府的公共关系达到了新高峰。科技的发展为其准备了一种新的观念传播工具——广播。在罗斯福 174 个月的任期内,除举行了 988 次记者招待会,还经常以"炉边谈话"(Fireside Chat)的方式向公众解释他的政策。这些措施,都是为了争取公众的支持。[1] 二战时期建立的情报协调局、战时信息办公室、军队内部的公关机构等部门加速了公共关系的发展,公共关系开始被用于协调军队内部关系、驻外美军与所在国的关系,这为战后公共关系的发展奠定了坚实的基础。随着战争的结束,政府公共关系的战时应用逐渐被战后的恢复生产、发展经济、协调社会生活、调节政府与公共关系等职能所取代。政府公共关系在国民日常生活中的地位日益提高。公共关系部门成为政府中的一个重要的职能部门,公共关系活动也成为政府工作的重要组成部分。进入 21 世纪以来,政府公共关系的技术和手段日益增进,政府机构和人员日益专门化和职业化,政府公共关系也成为各级政府的日常工作。

政府公共关系在英国的发展也十分充分。英国交易局早在 20 世纪初就利用各类宣传活动促进贸易的发展,这被称为"英国政府公共关系的最初状态"[2]。同时,英国也是最早开设公共关系教育的国家。德国、意大利、荷兰等国的政府公共关系部门既设立专门的机构,又有丰富的公关理论。日本在二战期间受西方盟军的影响,在各级地方政府设置公共关系办公室开展公共关系活动,对现代日本的政府公共关系产生了深远的影响。

(二) 政府公共关系在中国的发展

同公共关系一样,政府公共关系的理念也是在 20 世纪 80 年代随着改革开放的步伐逐渐传入中国大陆。真正引起理论界的关注,是 1988 年新华社记者以《政府形象》为题,报道上海市开展廉政建设的一篇文章。这篇文章引起

---

[1] Steinberg C S. The information establishment: our government and the media[M]. New York: Hastings House, 1980:79-88.
[2] 廖为建. 政府公共关系[M]. 北京:中国人民大学出版社,2014:33.

了研究组织形象的公共关系学者的注意,从而使公共关系不再仅仅局限于企业,而开始进入国家的政治生活领域。

在实践方面,改革开放后的 20 世纪 80 年代是我国现代政府公共关系的起步阶段,主要实践有两种类型:一是以天津为代表,1983 年天津市长热线的建立是政府与公众进行双向对称沟通的重要代表形式;另一种是以外交部为代表,1983 年外交部新闻发言人制度的建立是中国现代政府公关的重要信息发布形式。早期的政府公关活动的主要内容偏于宣传、媒体代理、形象维护等。[1] 这一时期的政府公共关系活动存在定位不清晰、沟通不到位、创意不鲜明、传播不准确等问题。90 年代初,中国政府首次申奥失败就是对公共关系认识不清的直接后果。1991 年,国务院新闻办公室宣告成立,这是中国政府公关的一次重大进步。与此同时,全国政协设立新闻处。以国务院新闻办公室为代表的新闻发布体制的形成,极大地促进了中国政府公关理念和实践的发展进步。国务院各部门以及其他省市政府都设立了新闻发言人。一方面,政府公共关系机构的设立加强了政府与公众的沟通;但是另一方面,受"官本位"等传统思想的影响,一些政府官员的公关意识仍停留在人际关系和宣传方面,公关技巧缺乏,与专业化的差距较大。2003 年的 SARS 事件是对中国政府公共关系的一次历练。从沉默到召开新闻发布会,再到采取有效措施应对危机,中国政府逐渐开始以诚实、公开的态度应对公共事件。SARS 事件使中国政府在危机应对的实践中开始掌握公共关系的行为规则,提升了政府的公共关系水准,也为全社会树立了公共关系处理的典范。[2] 在经历了 2008 年汶川地震、同年的北京奥运会、2010 年上海世博会、2011 年"7·23"动车事故、2014 年昆明暴恐事件、同年的马航 MH370 事件、2015 年上海外滩踩踏事件、同年的"8·12"天津港爆炸事件、2016 年杭州 G20 峰会等具有重大影响力的事件后,我国政府的公共关系能力在不断提升。虽然仍存在一些问题和缺陷,但各级政府的公共关系水平都在不断走向成熟。

---

[1] Chen N, Culbertson H M. Two contrasting approaches of government public relations in mainland China[J]. Public Relations Quarterly, 1992, 37(3):36-41.
[2] 蒋楠. 中国公共关系三十年发展对传媒业的影响分析[J]. 浙江大学学报:人文社会科学版, 2012,42(4):217-224.

第二节 公共关系与政府公共关系

一、政府公共关系是公共关系理论在政府实践中的应用

从政府公共关系的产生和发展演变中,我们可以看到,政府公共关系和公共关系相伴相生。一方面,古代中国和外国的君主都知道利用传播媒介的舆论导引作用争取公众的理解和支持,以树立政府的良好形象。但由于公共关系的运用对企业和工商界中的影响比较明显,可以直接导致其经济收益的多少,所以人们一直都把公共关系与企业联系在一起。另一方面,政府是一个国家公众利益的代表,享有至高无上的权力,具有唯一性和权威性。按照传统的观点来看,这样一个可以"呼风唤雨"的组织拥有很强的权力色彩,不需要公共关系维持自己的统治。很长一段时间以来,人们都没有将政府和公共关系联系在一起。

近代历史,尤其是战争史使政府意识到公共关系对于政府团结民众、协调社会关系的重要性。首先,政府引入公共关系是政府的本质所决定的。不论政府在一个国家的地位如何,它都属于一个社会组织,并严格按照组织的管理模式运营。它的存在和发展依靠其服务对象对它的拥护和支持。因此,政府既需要借助经济、政治、法律等手段管理国家,同时更需要开展公共关系活动协调社会关系。其次,政府引入公共关系是社会发展的必然趋势。随着社会的发展,尤其是科技的进步,公众获取信息的方式日益增多,获取信息的速度不断加快,政府不再能够垄断信息资源。信息的丰富与文化的发展使公众的民主意识不断加强,他们希望能够平等地参与到国家的治理中,为社会的发展提供自己的建议。此外,风险社会的情境下,社会各种矛盾不断激化,公众对政府的质疑、对社会制度的不满逐渐增强。面对复杂的社会现实,政府不能靠简单的隐瞒、操纵,而要以平等的心态与公众进行平等的交流。一方面,积极向公众宣传自己,促进公众的认知。另一方面,以真诚的交流树立在公众心目中的良好形象,以获得公众的信任和支持。最后,政府引入公共关系是公共关系理论在政府层面的最好体现。公共关系理论十分注重公共关系活动的公共性。无论是企业的公关活动还是政府的公关活动,都力争向

尽可能多的公众传递尽可能多的公共信息,提升为公众服务的质量。而政府是公众利益的代表,它的基本职能就是为公众服务。将公共关系作为政府工作中的常态任务真正体现了公共关系的公共性,有助于真正把公共关系理论落实到政府工作的实践中。

二、政府公共关系实现了公共关系的服务转向

早期的公共关系多与企业和工商界联系在一起。因此,公共关系活动自然以企业内部规划、实施为主,以企业的经济利益和形象为中心,以至于公众经常把公共关系活动与市场营销相提并论。[1]只不过市场营销"兜售"的是商品,公共关系"兜售"的是企业和企业的商品。所以,公共关系给公众的印象更多的是追求利润、为企业本身服务。

政府公共关系的引入不仅丰富了公共关系的内涵,更重要的是从根本上实现了为社会公众服务的公关理念。政府公共关系的服务转向主要体现在政府公共关系的工作流程中。

第一,在公关活动展开之前,政府公关部门通过媒体等渠道多方了解公众对政府组织的意见、态度,并从中分析影响公众态度的主要因素,为政府公关活动决策的制定提供科学的依据。可以说,公关活动开展之前的调查环节是以最大范围的公众为对象、公众的态度为考量、公众利益为导向,最终达到制定合理的公关决策、服务公众的目标。

第二,在政府公共关系策划过程中,政府公关组织要依据调查所得的民意,时刻坚持公众利益至上的原则开展工作。从公关活动的目的、方式、步骤,到涉及的人、财、物的预算,再到对经济、政治、环境的影响等等,都应首先考虑公众的方便和接受能力,不能围绕自身利益做打算。

第三,在政府公共关系实施的过程中,更要时刻关注公众的态度和意见,唤起公众的注意和兴趣,争取更多的公众参与到政府的公关活动中。当然,在政府公关活动实施过程中,可能会出现偏离最初的策划,甚至与公众利益发生冲突的情况。这时政府的公关组织就要主动与公众进行沟通,在平等对话、双向交流的基础上,寻找双方都可以接受的解决方案,至少以不伤害公众

---

[1] Newsom D, Kruckeberg D, Turk VS. This is PR: the realities of public relations[J]. Wadworth Pub Co, 1998.

的利益为底线。

第四,政府公共关系活动的效果评估这一环节更能体现政府公共关系的服务转向。首先,评估的主体是公众。政府公共关系活动的对象是公众,只有公众对活动的效果最有发言权。政府可以以自己的内部评估为参考,但公众的评价才是最根本的。现在比较常用的民意测验、公众意见征询都充分体现了公众是政府公关活动的评估主体。其次,评估的标准是公众的满意度。检验政府公关活动成败、得失的最高标准是公众的认可和满意程度。如果一项政府公共活动的开展没有得到公众的认可,甚至公众都不知晓,那么很难说它是成功的公关活动。目前,政府公关活动不透明的情况仍时有发生,公众不能及时了解政府的公关动向,更不用说进行评估了。诸如此类的政府公关活动不会得到公众的支持,最终政府也将失去公众的信任。最后,评估的目标是公众的长远利益。政府公共关系评估是为了改进公关活动,并为后续政府公关活动的开展做好铺垫,同时使政府领导人看到开展公关活动的明显效果,从而自觉地重视公关活动。因此,从根本上讲,评估有利于公共关系活动更顺利、更有效地开展,从而更大程度地满足公众的需求,为公众的利益服务。

三、政府公共关系拓宽了公共关系的公共视野

对于"公共"的界定,我们可以从两个方面入手。一方面,公共是与私人相对,即与私人相比较而呈现的公共的边际范围。另一方面是关于公共自身。这涉及公共的实质性含义与形式性含义。从实质性含义上讲,公共具有它在不同指涉上的丰富蕴意;从形式性含义上讲,就是今天人们更广泛也更习惯于使用的公共性概念。公共性是指"一种公有制而非私有制,一种共享性而非排他性,一种共同性而非差异性。具体如在社会公共性领域内活动的主体不是纯粹的私人主体,还有公共主体;运作的权力(利)不是纯粹的私人权力(利),还有公共权力(利);所做的决策不是纯粹的私人自治,还有公共决策;生产的物品不是纯粹的私人物品,还有公共物品;等等"。

从第一章中的论述中,我们可以看到公共关系具有公共性。公共关系所传递的信息是公共信息的有机组成部分,公共关系中的组织是公共信息系统的重要环节,公共关系是公共服务的重要组成部分。公共关系的公共性体现

在公共关系活动中的各个环节。然而,在公共关系实践中,由于社会组织各自不同的利益诉求,难免会有追求一己私利的情况。例如,从大众媒介诞生以来,广告就一直如影相随。各类企业为提高销售业绩、扩大影响、树立企业形象,纷纷在各类媒体上刊登广告。从企业发展策略上来看,这是十分有效的公共关系宣传,几乎所有大中小型企业都在使用。然而,从公共性的角度来看,依靠广告维持生存和发展的企业很难以公众的利益为出发点,真正为公众服务。而政府公共关系从根本上践行了公共性的原则。

首先,作为政府公共关系主体的政府的最大特征就是其具有公共性。这种公共性体现在政府代表公共意志、维护公共利益、维持公共秩序。历史上的很多政治家、史学家都对政府的公共性进行过论述。早在古希腊时期,柏拉图就在其著作《理想国》中谈到城邦的存在目的就是要实现正义,而这里的正义有别于现代的正义概念,它是指每个人都作为一个人做他自己分内的事而不干涉别人分内的事。在柏拉图那里,城邦是实现公共的"善"的手段。近代的卢梭对政府的公共性有更为精辟的阐述。他认为,"政府是臣民和主权者所建立的一个中间体,以便两者得以相互适应,它负责执行法律并维持社会以及政治的自由"[1]。政府的公共性在卢梭看来是对社会以及政治自由的保护。马克思虽然是阶级论的代表,但他也承认"国家是整个社会的正式代表,是社会在一个有形组织中的集中表现"[2]。到了现代,政府更被赋予公众利益代表的重要角色。虽然在不同时期、不同国家、不同背景下,政府公共性的表现形式有所不同,但维护社会正义、提供公共服务、满足公众利益一直都是政府公共性的核心所在。我们可以说,政府存在的理由及其追求的目标都是公共性。公共性是政府的本质属性。

其次,政府公共关系的对象——公众也具有公共性。这里的公共性主要指他们有共同关心的问题。这一点从学者们对公众所下的定义中可见一斑。纽萨姆和斯各特认为公众是"一组被共同的利害关系这根纽带联结在一起的群体,尽管这种联结可能是非常松散的"[3]。学者弗雷泽·赛特尔也表达过相

---

[1] [法]卢梭.社会契约论[M].北京:商务印书馆,1996:76.
[2] 中共中央马克思恩格斯列宁斯大林著作编译局.马克思恩格斯选集.第三卷[M].北京:人民出版社,1995.
[3] [美]杜·纽萨姆,艾伦·斯各特.公共关系与实践[M].罗建国,等译.上海:上海译文出版社,1989:109.

似的观点,在他看来,公众是"对某特定问题有共同利益的一群人。每一群人都关心一个共同问题"①。公众的组成以及利益诉求是复杂多样的,但正是对共同问题的关心将公众联结在一起,使得他们能够对这个共同问题进行讨论,发出共同的声音,最终达成共识。

最后,保障政府公共关系活动得以顺利开展的传播媒介也具有公共性。传播媒介的变迁虽然历经了口头传播、文字传播、大众传播、网络传播等不同时期,但每一个时期的传播媒介都试图为公众提供共同交流的平台,使公众可以在平台上自由地交流和沟通。可以说,公共平台的搭建使政府的公共关系活动得以开展,使公众的意见得以表达,在政府与公众的"对话"中,传播媒介的公共性得以充分体现。

第三节 政府公共关系的基本类别

一、按照政府公关活动性质划分

(一)政府常态公共关系

政府公共关系有轻重缓急之分,在日常状况下,政府运用公共关系的理论和方法,向公众开展的宣传信息、普及教育、推广政策等以塑造形象为目标的活动,统称为政府常态公共关系。

政府常态公共关系主要包括政府政策的宣传、政府日常工作的开展、定期新闻发布会的召开、宣传政府形象的公益广告、政府以及政府工作人员与公众的交流等等。

政府常态公共关系是政府公共关系的重要组成部分,可以说,政府公共关系活动中有90%左右都属于常态公共关系的范畴。因此,政府常态公共关系在政府工作中发挥着举足轻重的作用。第一,政府常态公共关系要做好政策的宣传推广工作,以推动政策的顺利执行。政策制定和执行前,政府要通过多种渠道,包括宣传板、黑板报、媒体、网络等进行宣传,使公众充分了解政策的内容和意义,保证政策的顺利落实。政策执行期间仍要随时做好公众的

---

① 转引自廖为建,熊美娟.政府公共关系的公共性视野[J].国际新闻界,2007(12):22-27.

说服、解释工作,减少公众的疑虑。政策执行后政府公关组织要针对政策的执行效果进行调查,了解公众的意见和态度,以便进行政策调整和完善。第二,政府常态公共关系的重要职能是协调政府与公众的关系。政府通过自己的公关机构以及政府全部人员的公关活动、日常工作拉近政府与公众之间的距离。改变政府一贯的严肃、刻板形象,增进公众对政府的了解,化解矛盾,使政府与公众之间形成良性互动的和谐关系。政府公共关系应成为连接政府与公众的桥梁和纽带,成为体现执政为民、展现亲民作风的一扇窗口。[①] 第三,政府常态公共关系有利于提高政府的执政水平,维护国家的长治久安。政府通过日常公共活动的开展,提高政府工作人员的服务意识、公关意识,将公仆精神贯穿到公共关系实践的每一个细节,进而加强政府的公关能力。一方面,政府公关能力的提升有利于政府政策的贯彻和执行,保证国家政治、经济、社会生活的有序进行;另一方面,政府公关能力的提升能够最大限度地增强公众对政府的支持和信任,从而建立政府与公众之间的和谐关系。第四,政府常态公共关系的根本职能是塑造政府形象。政府形象包括公众对政府价值标准、政府高层领导者素质、政府工作人员形象、政策效果、工作能力等诸多因素的印象总和,体现着政府主体特征与公众感知反映的互动关联。政府形象的塑造不是一蹴而就的,它需要全体政府工作人员在点点滴滴的日常实践中坚持不懈的努力。因此,政府常态公共关系的持续、有效开展是塑造政府形象的基本手段。

　　政府常态公共关系贯穿于政府日常工作的始终,是公众了解政府、获知政治信息的窗口。同时,也是政府树立形象、调解与公众关系、增强执政能力的有效手段。各国都把政府常态公共关系活动的开展纳入政府绩效考核范围内,成为衡量政府是否有作为的重要指标。

（二）政府危机公共关系

　　与政府常态公共关系相对,政府危机公共关系是指在危机情境中,政府借用公共关系手段控制事态、解决矛盾、引导舆论、凝聚民心、挽回影响、重塑形象等。

　　随着公众民主意识的增强以及一些社会矛盾的加深,各种形式的危机事

---

① 唐钧.政府公共关系[M].北京:北京大学出版社,2009:20.

件频发,危及全体社会公众的利益。政府作为人民利益的代表有责任也有义务加强对危机事件的管理。通常情况下,政府危机公共关系包括召开新闻发布会、成立应急处置小组、信息监测与传播、媒体关系管理等。

当危机事件发生时,政府危机公共关系对于修复、重塑政府形象起着关键作用。因此,能否及时、有效地处理危机事件是检验现代政府抗风险能力的重要标准。面对危机事件,政府要做好以下工作:第一,政府相关部门迅速行动。危机发生后,政府相关部门第一时间的反应至关重要。相关领导、人员、媒体、救援物资等要尽快到达,做好部署。第二,全面获取危机事件信息。通过各种媒介渠道搜集并检测媒体传播的各种关于危机的信息。全面信息的获得既可以帮助政府迅速地对危机事件的性质做出研判,尽快给出解决对策,同时也可以及时更正不准确的信息,预防谣言的负面作用。第三,协调各方面关系,统一思想。由于危机事件的不确定性和突发性等特点使公众对危机事件的认识不清,容易产生恐慌、焦虑等情绪。这时就需要政府公关部门以适当的方式将全面的危机信息传递给公众,并将政府积极解决危机事件的理念巧妙地渗透在信息之中,增强公众的信念,凝聚公众团结一致对抗危机的信心。第四,善于发挥媒体的积极作用。公关人员应主动与媒体合作,提供报道材料,引导舆论报道。积极召开新闻发布会,统一口径,做到权威发布。第五,完善危机的后续处理。危机事件的后续处理工作经常被政府所忽视。其实,完善危机的后续处理,对于安抚群众、稳定人心、重塑政府形象意义重大。因此,政府公关部门在危机事件处理后期仍要积极总结检查,及时向公众发布事件处理结果或整改措施,落实损失赔偿,提供善后服务等。

二、按照政府公关工作方式划分

(一)宣传型政府公共关系

宣传型政府公共关系主要是指政府通过各种传播媒介向公众表达自己的某种意愿,或将某个政府决策告知公众,以使政府信息快速到达公众,形成有利的社会舆论。政府日常工作中很大一部分都属于宣传型政府公共关系的范畴。例如,政府公益广告、宣传板、新闻发布会、记者招待会、交流会、印发宣传品、政府开放日活动等等。通过宣传型政府公共关系活动的开展,政府的信息可以迅速地为公众所熟知,在社会上形成讨论,引发民众的参与兴趣,有利于政府工作的开展。

2010年上海市政府为世博会的召开所开展的公共关系活动是宣传型政府公共关系的典型案例。2010年5月1日至10月31日,第53届世界博览会在中国上海召开。为加强世博会的宣传推介工作,上海市通过组织新闻发布会、利用信息网络、杂志等各种平台不断加大宣传推广力度。通过互联网、多媒体等技术,将实体世博会的展示内容以虚拟和现实相结合的方式呈现在互联网上,并由组织者、参展者和参观者共同构建一个能够进行网络体验、实时互动并具有其他辅助功能的世博会网络平台。上海市还携手其他传媒集团共同打造"城市之窗"的世博会主题秀、"迎世博600天行动"计划等活动,使公众可以通过各种不同渠道了解、熟悉世博会的情况。

(二) 服务型政府公共关系

服务型政府公共关系是指政府通过提供各种类型的服务来获取公众的理解和信任,从而达到建立政府良好形象的目标。与宣传型政府公共关系相比,服务型政府公共关系更加强调政府通过实际行动为公众利益带来好处。服务型政府公共关系主要包括政府提供的各种便民利民措施、各种公益活动、文体活动等。

开展服务型政府公共关系集中体现了社会本位和公民本位的理念,也是"三个代表"重要思想、科学发展观在政府管理领域的具体体现。党的十八大报告中明确指出:深入推进政企分开、政资分开、政事分开、政社分开,建设职能科学、结构优化、廉洁高效、人民满意的服务型政府。服务型政府通过各种公共关系活动的开展使内部更加顺畅协调,外部环境更加和谐良好。

服务型政府公共关系的开展需要以政府为主导,转变政府职能,对政府进行全方位的深化改革。首先,在行政理念上做到以民为本,公众至上。人民是国家的主人,政府是人民的公仆,政府必须为人民服务,对人民负责。只有在思想意识上坚定"公民权利本位,政府义务本位"的理念,才能在实际工作中急人民之所急,想人民之所想,做到真正为人民服务。其次,在行政手段上开展电子服务。信息化时代和网络时代的到来,使政府可以做到"24小时在线",这样大大降低了行政成本,提高了服务效率,更重要的是使公众能够更广泛、更便捷地获得政务信息和服务。再次,在政府行政程序上做到公开透明。政府的政策、办事流程、常用法规以及办事结果等等都要及时公开,接受公众的监督。最后,在行政规则上做到依法行政。只有依法办事才能摒弃行政过程中的"暗箱"操作,提高行政效率,减少腐败行为的发生,使政府权力真正为民谋福利。

（三）征询型政府公共关系

征询型政府公共关系是指政府为制定决策、开展活动等需要,通过信息采集、民意测验、舆论调查等方式向公众征求意见和建议,了解公众舆论和意向的公共关系活动。与宣传型政府公共关系主要向公众传播信息相反,征询型政府公共关系以向内汇集信息为主。

征询型政府公共关系的具体形式包括政府部门开展的各种类型的咨询活动(如热线电话、市长接待日、市长邮箱等)、走访市民、民意测验、建立来信来访制度等等。征询型政府公共关系要求政府积极采取措施鼓励公众参与到社会公共事务的管理中来,并给出他们的意见和建议。政府工作人员在征询型政府公共关系中的角色是一个"倾听者",需要放低自己的姿态,虚心、认真地倾听民众的意见,做好政府与公众之间的中介,保持政府组织和社会环境之间的动态平衡。

近年来,成都、广州、铜陵等多个城市都先后开展"假如我是市长"的征文活动,虽然表面上只是针对中小学生的征文活动,但实际上是为政府职能部门出谋献策。如改善环境卫生,增加贫困地区教育投入,兴建幼儿园、福利院等公益设施,加强老旧房屋改造等建议都逐步为政府所采纳,并落实到政府的日常工作中。同时,报纸、电视、网络等媒介也开展了相应的为政府献计献策的活动,鼓励市民参政议政,讲实话,讲真话。此类征询型政府公共关系活动的开展收到了良好的社会效果。一方面,政府及时、广泛地了解了民众对社会生活的需求、对政府的期盼;另一方面,提高了公众对社会活动的参与兴趣,自觉地加入社会治理中,极大地增进了民众的凝聚力和向心力。

三、按照政府公关活动对象划分

（一）政府内部公共关系

政府内部公共关系是政府有关部门通过各种传播媒介面向政府内部工作人员开展的,以提高政府行政效率、提升政府组织形象为目的的公共关系活动。此类型的公共关系活动致力于在政府内部形成一种积极向上的行政文化来引导整个政府公关工作的开展,使政府全部工作人员都自觉地为塑造政府良好形象不断努力。同时,政府内部公关力求通过以上的交流沟通过程来了解政府成员对于政府的态度、意见和看法,为政府内部人事制度的改革以及各种内外部工作的开展提供有效的参考信息和科学的决策依据。

政府内部工作人员不仅在行政上隶属于政府,同时他们作为政府机构的细胞,与政府的利益息息相关,是政府机构顺利运转的基础。建立和协调好政府与其工作人员之间的关系对于政府社会职能的发挥至关重要。因此,政府内部公共关系要在以下几点上下功夫:第一,统一思想,形成内部凝聚力。政府机构要开展形式多样的教育活动,引导政府工作人员树立共同的目标和价值观,并在思想和行动上自觉地建立和维护政府形象。同时,政府机构要为其工作人员创造良好的工作环境、人际环境,满足他们的合理要求,提高其工作的积极性和创造性,形成内部凝聚力。第二,充分体现政府工作人员的"公众"地位。在政府内部公共关系中,政府工作人员是公关活动的服务对象,享有与公众一样的知情权、参与权和决策权。因此,要保证政府内部信息的双向交流,使工作人员能够充分地获得组织信息。同时,设置合理的参与渠道,保证工作人员能够平等地参与到政府决策的制定中,而不会因意见的不同被压制。第三,设置专门的政府内部公关部门。企业和政府的公关部门主要业务是对外的,很少涉及内部公关。鉴于政府内部公关可以有效发挥政府行政能力,促进政府危机的化解,是实施政府外部公共关系的基础等重要性,应该建立专门的政府内部公关部门以协调和处理政府与其工作人员之间的关系。同时,政府公关人员的工作范围应包括:监测媒体报道、为政府官员发布信息并提供咨询、管理媒体关系、向公众直接发布信息、在不同政府部门之间共享信息、策划传播策略与活动、监测并评估舆论等。[①] 第四,加快政府内部公关相关理论的建设。公共关系理论方面的研究起步较晚,相关理论正处于完善中。政府公共关系理论更是有待于进一步的发掘。只有理论上的不断丰富和成熟才能指导实践沿着正确的方向发展。

(二) 政府外部公共关系

政府外部公共关系是指政府有关部门通过各种传播媒介与除政府职员

---

① Lee M. The return of public relations to the public administration curriculum? [J]. Journal of Public Affairs Education, 2009, 15(4): 515 - 533.

以外的公众之间的双向交流，以促进政府与公众之间的和谐关系，树立"民主、法治、廉洁、高效"的政府形象。政府外部公共关系既包括政府与本国执政党、企事业单位、社会团体、普通公众等的关系，也包括政府与其他国际组织、其他国家的政府、公众之间的关系。

政府外部公共关系是政府公共关系活动的主要指向，直接决定着政府在本国以及外国公众心目中的形象。因此，一个国家的政府部门必然动用政治、经济、外交等多种形式的公关活动协调与外部公众的关系。第一，在处理同执政党的关系时，政府部门要在接受执政党的政治领导的同时，采取政策协调、管理协调、工作协调等方式共享信息、加强沟通、共同制定决策。同时，正确处理政府与执政党之间的矛盾，双方应该从国家的大局出发，互相理解，求同存异，加强团结，用积极的态度化解冲突。第二，在处理与企事业单位关系时，要坚持政企分开、政事分开的原则。扩大企业的经营自主权，充分发挥企业的能动性，改变政府大包大揽的作风，使企事业单位独立组织经济生产和社会活动。同时，政府要发扬为人民服务的优良作风，自觉为企事业单位做好服务工作，加强和企事业单位之间的信息沟通。第三，在处理与社会团体关系时，一方面要建立制度规范，保障社会团体的合法利益，鼓励社会团体积极参与到政府的工作中来，发挥他们在决策咨询和稳定政局方面的作用；另一方面，建立与社会团体的沟通交流机制，积极听取意见，帮助其解决实际困难，加强双方的联系。第四，在处理与普通群众的关系时，要真正体现以民为本的思想。时时处处将人民的利益放在第一位，坚持走群众路线，多倾听人民的呼声，多采纳合理建议，改进政府工作。第五，在处理与国际公众的关系时，要在保证国家利益、国家形象高于一切的基础上，遵守现行的国际行为规范，采用恰当的交流方式与国外公众展开真诚的交流。

第四节　政府公共关系的职能

一、政府公共关系职能的界定

顾名思义，政府公共关系的职能是指政府公共关系活动在政府日常工作中所应发挥的作用和担负的职责。随着现代政府的逐步建立和完善，政府公共关系职能逐渐从附属地位发展成为独立的、相对完整的职能体系,很多政府机构已经开始建立自己的政府公共关系部门。政府公共关系获得了前所未有的重视和发展,人们对于政府公共关系的职能,即它在政府的工作中到底应该扮演什么样的角色、政府公共关系的工作范围有哪些、如何发挥其作用的认识在逐渐拓展和加深。对政府公共关系职能的清晰界定,应深刻认识到以下三点。

第一,政府公共关系职能是一个不断流动、变化的系统。政府公共关系的职能不是一成不变的,它要随着时间、地点、主体、对象、环境等的变化而变化。不同的政府主体要根据自己所处的社会环境、公关对象、公关目标等制定不同的公关政策,达到不同的公关职能。只有认识到了这一点,才能做到不盲目地把政府的公关工作限制在条条框框里,增加政府公关活动的灵活度。同时,一个政府公共关系活动本身也是在随着环境等的变化而不断改变,这就要求政府公关活动人员拥有较高的公关意识和公关能力,能根据变化的情境,随时调整公关活动的目标。总之,政府公共关系职能是一个永恒变化的系统,墨守成规、因循守旧的思想不利于现代政府公共关系的开展。

第二,政府公共关系职能是一个不断丰富、发展的系统。政府公共关系的发展经历了漫长的过程。在不断探寻的过程中,人们对于政府公关的作用和职责的认识不断加深。早期的政府公关主要侧重政策的告知或宣传。例如在第一次和第二次世界大战中的美国政府公关活动的目的,就是让美国民众以及同盟国成员了解美国士兵的英勇作战以鼓舞军民士气,增强政府对战争情势的把握。到了现代,尤其是随着信息技术水平的不断提高和普及,公众可以通过各种不同渠道获知政治信息,参与政治讨论,影响政府决策。过去的宣传模式已经不再适应社会的发展,甚至有"欲盖弥彰"之嫌,增加公众对政府的不信任,影响政府的形象。因此,现代政府的公关活动应更注重与公众信息的共享,倾听公众的心声,与公众达到双向交流,在协调沟通中促进政府与公众和谐关系的建立,最终建立公众信誉,树立政府的良好形象。

第三,政府公共关系职能是一个坚持基本立足点不变的系统。尽管政府公共关系是不断变化和发展的,但其基本内核没有发生质的变化,即协调社会关系、建立政府的良好形象。不论是早期的政府公关活动还是现代的政府公关活动,针对国内公众的政府公关活动还是针对国外公众的政府公关活动,其基本落脚点和最终归宿都是要增进公众对政府的了解,加强两者的双向沟通,建立良好的政府形象,促进社会的和谐全面发展。

二、政府公共关系职能的定位

政府公共关系的职能涵盖范围非常广,目前,学术界对其划分也比较多样。有学者按照任务性职能和程序性职能来划分。其中,任务性职能包括树立政府形象、协调沟通关系、影响社会舆论和提供决策咨询;程序性职能包括调查分析、目标规划、传播交流和效果评价。也有学者将政府公共关系职能划分为任务性模式和功能性模式。其中,任务性模式包括信息引导、沟通协调、形象塑造、传播教育和咨询建议;功能性模式包括日常事务性、交际性、服务性、社会性、征询性和矫正性。还有按照直接功能和间接功能来划分的。威尔科克斯(Dennis L. Wilcox)等指出,公关关系在组织中的角色与功能定位大致分为强制性咨询功能(Compulsory Advisory)、同时授权功能(Concurring Authority)和命令式授权功能(Command Authority)。[1] 无论哪种划分方式,其相互之间都有一定的重合性,这也在一定程度上说明政府公共关系是一个内部相互勾连、互联互通的整体,其每一项职能的发挥都是与其他职能的发挥紧密相连的。本书将政府公共关系职能划分为加强信息沟通、提供公众服务、协调社会关系和树立良好形象这四个部分。同样,这四项职能之间也是相互联系、互相渗透的,但从重要程度和行使目的的角度来看,存在着层层递进的关系。

第一,加强信息沟通。这里的信息沟通既包括与社会公众的信息沟通,保证政府公关工作的开展,也包括与政府部门的信息沟通,为政府决策提供广泛的信息来源。首先,政府公共关系的核心就是要达到政府与公众之间的信息沟通。公众对国家政策的意见、对政府工作人员的意见、对社会公共事务的态度和意见等信息能够清晰地反映出公众对政府、对国家的满意程度。这些信息的获得是政府公关活动开展的基础和保障。如果不能及时掌握这些信息,政府公关工作就犹如盲人摸象,根本无法开展。近年来各种政府微博、公众号以及政府工作人员微博、公众号的开设就是政府公关部门在实际

---

[1] Wilcox D L, Ault P H, Agee W K. Public relations: strategies and tactics[M]. New York: Addison-Wesley Educational Publishers Inc, 1992: 70-100.

行动中加强与公众信息沟通的有效做法。例如,2010年9月8日,中国共产党新闻网推出了"直通中南海——中央领导人和中央机构留言板"。通过该留言板,普通市民可以直接将自己的意见传达给中央领导人和有关机构,给"草根"提供了发声的平台。但如何保证官方、官员微博、公众号的长期、有效运转是一个值得深思的问题。例如,官员微博开拓了官民沟通的新渠道、新方式,增加了官民沟通的机会,但官员微博存在着个人化、碎片化、自说自话、可信度不高等缺陷,也增加了政府公共关系危机的风险。[①] 其次,政府公共关系部门要充分利用自身对公众舆论监测的优势,在搜集、分析、研判各类信息的基础上,为政府决策的制定出谋划策。现代政府的顺利运转离不开丰富的信息,尤其是在信息化时代,谁掌控了信息谁就掌控了世界。信息数量的多少、质量的高低直接影响着政府决策的科学与否。因此,政府公共关系可以借助政务公开、双向交流、教育引导、社会交往、政治宣传等不同手段获得信息,为政府部门的决策提供参考。

第二,协调社会关系。政府公共关系活动的开展保障了政府的决策信息能够及时、准确、全面地到达公众,并且通过双向沟通的方式了解和汇集公众的意愿,反映公众的呼声,化解和缓和各种矛盾与冲突。特别是随着政治民主化程度的加深,人民群众通过广泛参与政治过程来行使当家做主的权利更应得到切实的保障。政府公共关系为公众民主权利的实现创造了条件和可能。它通过各种传播媒介传递政府的声音、汇聚公众的声音、反映公众的声音,能够获得公众的广泛支持和信任,调动公众参政议政的积极性。政府公共关系的开展有利于社会政治民主化程度的提高,而公众民主意识的增强、参政议政能力的提升有利于社会矛盾和冲突的解决,对于构建和谐社会有重要的现实意义。同时,政府公共关系活动的开展有利于维护社会稳定的局面,营造和谐的社会关系。稳定被看作当前社会发展和改革的前提。没有稳定的政治环境和社会秩序,经济发展、政治活动、文化建设等各方面工作都成了"无源之水"。特别是随着社会各领域矛盾的凸显,稳定对于社会的重要性日益显著。这就需要政府公共关系的介入,通过积极的沟通与交流,消除公众的疑虑与误解,缓和并化解各种矛盾和冲突,增强公众对政府和社会的信

---

① 张宁.官员微博:一种政府公共关系角度的考察[J].现代传播,2012(7):100-104.

任与认同,从而达到巩固稳定、构建和谐社会关系的目标。

第三,提供公众服务。《尚书·五子之歌》中有"民为邦本,本固邦宁"的说法,强调国家安定、团结的基础是老百姓的安居乐业。唐朝魏征在给国君的谏言中也曾提到"水能载舟,亦能覆舟"。由此可见,关注公众的需求、满足公众的需求才能从根本上促进国家的发展。政府公共关系的服务对象是广大公众,所以,为公众提供各种类型的服务是政府公共关系的重要职能之一,也是切实保障和实现民众权利与公共利益的重要举措。首先,政府公关部门要树立为公众服务的意识。政府公关机构作为服务机构往往能够更加敏锐地发现公众的态度转变,由此更能够根据公众的思想动向,有针对性地进行教育和引导,帮助公众树立正确的意识和观念,使之符合社会所倡导的价值观并促进社会的进步。然而,能否将这种潜在的工作能力发挥出来并应用于工作实践,取决于政府公关人员是否具备时刻为公众服务的理念和意识。因此,政府公关部门要在日常工作中经常性地开展"以民为本"的思想教育活动,转变传统的管理理念,树立民众至上的服务理念,在充分尊重人民主权的前提下承担公共责任、服务公共利益。其次,多种多样公关活动的开展是为公众服务的具体体现。政府公共关系是具体的、实在的行动。除了与公众的信息沟通之外,政府公关部门还可以通过各类公关活动让公众更好地了解政府的各项政策、措施,以及与社会生活相关的各方面知识,提高公众的社会参与能力,使公众的"主人翁"地位在政府公关活动中得到真正体现。同时,面向外国公众的政府公共关系活动是建立和发展同外部世界联系与合作的有效举措,有利于我们以更加积极的姿态面向世界,完善全方位、多层次、宽领域的对外开放格局。最后,关注公众的心理需求、做好公众的心理咨询工作也是为公众服务的重要组成部分。政府公共关系部门要实时分析和研究、预测公众对政府政策的心理需求、心理适应能力和心理承受能力,密切注意公众的态度和意向变化。在分析和观测公众的心理需求时,需要特别注意的一点就是对于不同公众的区分。不同类别的公众对政府的心理需求、预期和想象有所不同,政府公共关系部门要善于结合他们的年龄、性别、职业等特点进行综合考量,并研究和预测公众的这种心理需求产生的社会原因以及会随客观环境的变化发生怎样的变化,从而为政府领导者和有关职能部门的决策制定提供可靠、准确的依据。

第四,树立良好形象。公共关系被称为是一门"塑造形象的艺术",无论过程如何,如果最终的结果不利于社会组织形象的构建,那么这个公共关系活动就是失败的,由此可见形象塑造对于公共关系的重要性。对于政府而言,维护政府形象、塑造政府形象就是政府公共关系的根本目的。政府形象的重要性再怎么强调也不过分。良好的政府形象是有效开展各项社会活动的基础,是社会稳定、经济繁荣的标志,是赢得公众信任和支持的条件,是获得对外话语权的保障。因此,对于任何一个政府而言,不论其规模大小、级别高低,都将塑造良好的政府形象作为政府公共关系的重中之重。政府形象包括很多方面,一方面,在公共关系活动中要依据不同的政府形象制定不同的策略,例如,国家形象、领导人形象、公务员形象、城市形象等所强调的侧重面有所不同,区分不同的政府形象对于公关活动的制定和开展十分重要;另一方面,政府公关部门是介于政府和公众之间的第三方,一定要坚持客观公正的原则,如实地反馈政府信息,维护政府形象,帮助政府进一步建立在公众心目中的形象,并提升政府公信力和政策的推行力度。

可以说,加强信息沟通、协调社会关系、提供公共服务的最终目的或根本出发点都是要塑造政府形象。现代政府可以通过放宽政策、精简机构设置来获取公众的信任和支持,在提高办事效率的同时,在公众心目中树立开放、廉洁、高效的政府形象。

第五节 政治传播视野下的政府公共关系

一、政治传播的兴起和概念界定

(一) 政治传播的兴起

政治传播是一个比较新的概念和领域,也是解读和审视政府与公众、媒体之间的关系的新维度。现在公共关系和新闻传播领域都和政治传播有着千丝万缕的关系。传播学奠基人拉斯韦尔的《世界大战中的宣传技巧》、拉扎斯菲尔德的《人民的选择》、霍夫兰的《传播与劝服》等著作可以被视为与政治传播或政府公共关系直接相关的著述。

究其概念,顾名思义,政治传播的兴起离不开政治和传播,而传播活动是与人类相伴相生的。也就是说,有了人类就有了传播活动。而政治是与国家紧密相连的,所以政治传播是伴随着国家的出现而逐渐发展起来的。政治传播作为传播活动的一种,它也遵循传播的发展规律,与经济、政治、社会文化紧密结合,随着科技的发展和社会交往的进步而不断推进。纵观国内外政治传播的兴起和发展,大致经历了相似的过程。

西方各国早期的政治传播主要以政府信息的传递为主。早在古希腊和古罗马时期,政治传播就已经初现端倪。尤其是在古罗马时期,君权的地位开始在政治生活中逐渐凸显。广场开始成为政治信息传递、国家意志表达的空间,不再像古希腊时的广场是公民自由辩论的场所和民主精神的代表。古罗马时期,经常会有政治布告张贴于广场之上,一些政治家会在广场进行讲演,宣扬自己的政治思想。公元前59年,凯撒大帝当选罗马执政官,下令每日公布元老院和会议记录,这就是我们所熟知的《每日纪闻》,它是最早的公告式的官方报纸,其内容多为政府要事,具有很强的政治性。[①] 英国、法国和德国的早期政治传播活动都与他们本国的新闻业发展息息相关。从早期新闻传播的空前活跃到受政府管控到资产阶级革命期间的管控放松,再到君主立宪制创立后的控制舆论,英国的政治传播随着政府的更迭和传媒业的变迁在不同时期呈现出不同的形态。法国和德国的情况也是大致如此。美国作为政治传播学的摇篮,其早期的政治传播活动十分活跃。1690年,本杰明·哈瑞斯(Benjamin Harris)创办了《国内外公共事件报》,这也是北美的第一份报纸。虽然后来它被政府当局禁止发行,但对于传播政治信息、启迪民智起到重要作用。后来的《波士顿新闻报》《波士顿公报》《独立广告报》《美国公报》《纽约世纪报》等都在宣扬政治主张、战争宣传等方面功不可没。

早在尧、舜、禹时期,中国就开始出现早期的政治传播活动。根据《尧典》的记载,尧帝与各部落联盟首领集体商议继承人的人选。这种联盟议事的方式也被看作是早期民主制的体现。以各联盟首领为依托,政治信息以口口相传的方式得以传递。到了春秋战国时期,由于社会的动荡不安,各种学术思想兴起,出现了历史上的百家争鸣的局面。儒家、道家、法家、墨家等几派的思想家们纷纷提出自己的政治主张,并以游说的方式宣传自己的政治主张。

[①] 段鹏.政治传播:历史、发展与外延[M].北京:中国传媒大学出版社,2011:11.

很多统治阶级甚至以豢养这些游说之士作为权力的象征。随着汉字的出现,早期的政治传播逐渐将口头传播和书面传播结合在一起。《史书》《汉书》《过秦论》以及各种写在布帛、竹简和纸张上的榜文、公示等传播了国家的政治思想,有利于统治阶级的统治。到了唐朝,政治的稳定和改革的发起使国家实力大增。这一时期,政治传播活动也得到了空前发展,官方也形成了一套完整的传播系统。官方的传播系统大致包括:露布、进奏院状报、榜文、条报等。[①] 宋代的政府部门已经初步具备了新闻控制的思想,由进奏院管控国家的新闻事业、对新闻进行检查、制定规范等。在接下来的朝代中,新闻事业不断被规范化,政治传播活动为国家统治服务的功能日益凸显。

政治传播作为一种学科大致兴起于20世纪50年代。按照美国传播学者唐·尼莫(D. Nimmo)的观点,从20世纪50年代开始,卡尔·多伊奇(Karl Deutsch)就已经通过一系列论文系统地阐述了政治沟通的相关理论。这可以被看作是政治传播作为一个独立的学科所产生的标志。中国的政治传播研究也是随着传播研究的引入而逐渐被国内学者所接受的。20世纪70年代末80年代初,中国的政治传播研究开始呈现快速发展的态势。国内研究主要从政治传播的主体、大众媒介的政治传播功能、政治传播思想和我国政治传播研究的体制等几个方面来展开。近年来,随着新媒体技术的兴起,公民在政治参与形式、政治信息获取等方面都有了更多的自由和便利,如何结合新技术进行政治传播是当代政府面临的一项新的课题。同时,政治民主化的加深、全球化进程的加快都为政治传播提出了更高的要求。如何发挥政治传播的功用,对内赢得民意、对外树立大国形象,从而创造出有利于国家发展的内外部环境,是在新媒体时代和全球化背景下政治传播所肩负的艰巨职责。

(二)政治传播的概念界定

近些年,政治传播之所以逐渐成为一个热门的研究领域,主要源于以下两个方面的因素。一方面,由于现代传播学的奠基人拉斯韦尔、拉扎斯菲尔德分别将政治宣传和选举纳入传播学的研究中,同时,李普曼对政治宣传和公共舆论的关系也有诸多论述,他们为政治传播研究的兴起奠定了理论和实践的基础;另一方面,在国内,用"政治传播"取代"政治宣传",不仅为政治学

[①] 郝朴宁,陈路,李丽芳,等.中国传播史论[M].昆明:云南大学出版社,2005:117.

的研究提供了传播学的新视角,也避免了"宣传"中强烈的意识形态色彩和单向度的传播局限。然而,目前学界对于"政治传播"的范畴和概念界定仍不是十分清晰。

政治传播具有典型的跨学科特征,它涉及政治学、传播学、社会学、心理学等诸多学科和领域。因此,中外学者在对政治传播内涵和范围的界定方面一直未达成一致。目前,西方学者在政治传播范畴的界定上有两种趋向,即政治学本位和传播学本位。从政治学本位的视角对政治传播进行的研究主要将国家政治信息的传播看作是国家有目的地使用传播媒介获取公众信任,维护和巩固统治。此类型的最早表述是:"政治传播是一种过程,一种由多种因素在其中相互影响的过程:政府及其辖设的社会事业机构与公民的选举行为两者不断地向对方传达政治性影响因素。"[1]从传播学角度对政治传播的界定主要将其看作是一种基本的社会职能。例如,被学界普遍接受的查菲(Chaffey)关于政治传播的定义就认为政治传播是"传播在政治过程中所扮演的角色"[2]。国内学者对政治传播的界定主要从以下三种视角:从政治学的视角将政治传播作为一种政治现象;从传播学的视角将政治传播视为一种信息传播过程;从政治与传播的"融合"角度对政治传播的内涵进行界定[3]。第三种界定如"政治传播是指政治共同体的政治信息的扩散、接受、认同、内化等有机系统的运行过程,是政治共同体内与政治共同体间的政治信息的流动过程"[4]。从以上国内外对于政治传播的不同界定中可以看出,政治传播是一门多元学科,加之,"政治"和"传播"本身的广义性使得对于"政治传播"的界定更加困难。但诸多定义都赞同以政治传播者为主体,以政治内容为传播基础,以传播媒介为手段,以受众为政治信息的接受者的政治传播形态。

综合以上国内外学者对政治传播的界定,本书采用美国学者布莱恩·麦克奈尔(Brain Mcnair)的定义:全部有党派人士与政治活动家为了达到特定的目的而进行的各种传播活动;全部无党派人士针对有党派人士的传播活

---

[1] Lynda Lee Kaid. Handbook of Political Communication Research[M]. New Jersey:Mahwah Lawrence Erlbaum Associates Inc,2004:15.
[2] 荆学民,施惠玲.政治与传播的视界融合:政治传播研究五个基本理论问题辨析[J].现代传播,2009(4):18-22.
[3] 薛忠义,刘舒,李晓颖.当代中国政治传播研究综述[J].政治学研究,2012(5):102-110.
[4] 荆学民,苏颖.中国政治传播研究的学术路径与现实维度[J].中国社会科学,2014(2):79-95.

动;关于政治家、党派人士及无党派人士政治活动的新闻报道、时事评论或其他形式的政治讨论的集合。①

二、政治传播与政府公共关系

(一)政府公共关系与政治传播共享同一传播主体

政府公共关系的主体是政府,是代表公众集体利益的政府展开的公共关系活动。而作为一种政治行为的政治传播,体现的是政党和政府的意志和愿望,具有全局性和权威性。也就是说,政治传播的主体是作为机构的政府和其他的政治参与者,这与政府公共关系的主体基本一致。

各级政府部门以及政府工作人员是政治传播和政府公共关系活动的主体,这一主体的性质决定了传播活动的政治目标性和社会影响性。所谓政治目标性是指与企业、个人和某些新闻机构的传播活动不同,政治传播是政府政策指导下的,以塑造政府良好形象为目的的传播活动。政府公共关系活动作为政治传播的一种典型形式,亦遵循这一目标,将社会关系的协调、政治意志的达成和政府形象的塑造作为活动的基本方向。所谓社会影响性是指政治传播活动具有传播活动的特征、采用惯用的传播媒介,但却不能把它看作纯粹的传播活动。因为政治传播是一种政治行为,它的谋划和实施都有特定的社会根源和文化的、阶级的背景,受社会环境和政治格局的影响。这也就是说,在政府公共关系活动中,作为具有唯一性和权威性的政府不能"随心而动"。政府的每一项政策、决议、活动都关系着社会秩序的稳定和公众的个人利益。政府在实施公关活动以前,必须放低姿态,听取公众的声音,在最大限度满足公众利益、促进社会环境改进的基础上,谨慎采取行动。

(二)政府公共关系的信息沟通是政治传播的组成部分

在本章的政府公共关系职能部分,我们将加强信息沟通作为政府公共关系的基本的、核心的职能。可以说,其他三项重要职能(协调社会关系、提供公共服务和树立良好形象)的达成都有赖于信息沟通职能。没有顺畅、有效、及时的信息沟通,政府的意见、决策无法为公众所了解和接受,公众也不愿意将自己的意见和建议表达出来。僵化的、不通畅的政府与公众沟通只会激化

---

① 郭剑.政治传播"定义发展探究[J].中国科技术语,2014(6):51-54.

社会矛盾,不利于社会和谐,更谈不上政府良好形象的构建。因此,政府公共关系的重中之重就是要为政府与公众之间的交流搭建桥梁和纽带。信息沟通无疑是实现二者相互了解、相互信任的最好途径。

从字面意思来说,政治传播是指政治信息的传播。政治信息是政治传播的主要传播内容,被认为是社会政治生活中的一种重要资源和财富,是贯彻于整个政治过程中的要素之一。它对于实现科学的政治决策,调整人们的政治行为具有重要的作用。[①] 政治传播的目的就在于尽可能多地传递政治信息,并通过传播媒介的收集、处理、交换信息的功能,达到政府意志的下传以及公众意志的上达。由此可见,不论对于政治传播还是政府公共关系,政治信息的传播都占有十分重要的地位,都是传播活动的重点所在。些许区别在于,政治信息的传播是政治传播的全部意义所在,而对于政府公共关系来说,政治信息的传播只是其职能的一个组成部分。

(三) 政府公共关系保障政治传播活动的顺利开展

政治传播活动具有人类活动的全部特性,即社会性、物质性、精神性和中介性。同时,政治传播活动的开展也像人类其他活动一样受制于主体因素、客观环境、中介因素、受众等诸多变量。这时,政府公共关系必须被引入。也就是说,政治传播中的主体、客观环境、中介和受众要满足政治传播的要求,积极为政治信息的有效传播创造条件。这就需要政府公共关系的参与和介入,使这些变量能够正面影响政治传播,最终保证政治传播活动的顺利开展。

首先,对于政治传播的主体——政府而言,它需要能够根据公众意志,本国的政治、经济、军事情况、外部环境等因素做出正确判断,制定有效的政治传播策略。同时,对内做到协调政府内部工作人员关系,统一传播口径;对外善于运用政治宣传、政治广告、政治新闻、政治辩论等形式传播自己的政治主张,获取公众支持。另外,为了积极引导舆论,发挥媒体的传播优势,政府开展对媒体的各种形式的公关活动,协调与媒体的关系同样十分重要。政府可以采取召开新闻发布会、记者招待会,政府官员接受媒体采访,雇佣公关公司开展公关活动等方式对媒体进行公关,培育政府与媒体之间的相互信任和友好关系。以上政府职能的实现都需要政府公共关系活动的开展。

---

① 金太军.政治学新编[M].上海:华东师范大学出版社,2006:136.

其次,客观环境包括政府内部和外部的社会环境,其中政府外部的社会环境包括本国社会环境和国际环境。良好的社会环境能够为政治传播活动的开展提供群众基础和舆论基础。由于政治信息本身的敏感性和流通连续性差等特点,相较于娱乐信息,政治信息的传播更需要有良好的社会环境作为保障。政府公共关系具有协调社会关系、创建和谐社会氛围的作用。因此,政府公共关系活动是为政治传播创造良好社会环境的有效途径。

再次,媒体不仅为政治信息的传播提供了一个平台,还能凭借自身传递信息的独特功能对政治体制施加能动的反作用。有序、完善的媒介体系有利于民主政治的发展,推动社会进步;相反,混乱的媒介体系则可能给政治体制的稳定带来干扰,从长远来看不利于社会的稳步发展。[①] 因此,营造良好的媒介环境、建立媒体与政府之间的双重信任对于政治信息的传播至关重要。政府公关活动的开展可以在很大程度上减少政府与媒体之间的相互猜疑和不信任,使媒体与政府之间形成良性互动。

最后,公众作为政治信息的接受者既是政治传播过程的终点,又是新一轮政治传播的起点。公众对于政治传播活动的关注、参与和反馈直接决定着政治信息传播的数量和质量。但由于公众的范围十分广泛,他们的特征、分类、心理、现实情况等各个方面都千差万别,提高受众素质,使受众获知、了解、参与政治信息传播仍是一项十分艰巨的任务。因此,改善受众缺位、参与冷漠的现状,提高受众的素质,需要政府公共关系活动的不断开展和推进,让公众有更多机会接触、了解政府活动的运行,唤起公众的参与兴趣,从整体上提升公众的政治素质。

思考题

1. 如何界定政府公共关系?请概述其发展历史。
2. 举例说明政府公共关系和公共关系的关系,政府公共关系的类别、职能。
3. 政治传播与政府公共关系有什么联系?

---

① 段鹏.政治传播:历史、发展与外延[M].北京:中国传媒大学出版社,2011:91.

第三章 政府公共关系与政府

政府是政府公共关系活动的最重要主体,也是政府公共关系活动最主要的策划者和执行者。在学习政府公共关系的理论和实践时,要对政府有基本的了解。本章介绍了政府的基本概念和组织机构,分析了政府在公共关系活动中要坚持的原则和遵守的基本程序。

第一节 作为政府职能的政府公共关系

一、政府的概念界定和特征

（一）政府的概念界定

政府这一概念一直在被不同国家、不同民族、不同时代的人使用着,但到目前为止,对于"政府"的标准定义人们尚未达成一致,都是在自己所理解和需要的层面使用政府概念。据《辞源》的记载和解释,在唐宋年间,封建社会各种体制已逐渐成熟,国家政权机构开始设置"三省六部制"。三省长官共同行使宰相的职责,负责处理国家政务。这些长官日常办公的处所称为"政事堂",号称"政府"。在西方文献中,"government"一词也出现得很早。大约在公元前4世纪柏拉图的《理想国》中就提到"政府"一词,强调"政府就是国家的统治机器"。15世纪至17世纪盛行的契约论从学理上阐明了政府的起源,主张政府的目的在于保护人的私有财产。

纵观关于"政府"的众多定义,我们可以将其概括为以下三类:第一,将政府视为政治统治的方式或政治统治的确定形式,侧重于制度化的解释,旨在强调政府执行国家权力的制度性质。例如,《辞海》中写道:"政府,即国家性质机关。国家机构的组成部分。"这种类型的定义所占的比例最大,都强调政府是行使国家主权的机关。第二,将政府视为管理国家事务的机构和统治阶级行使国家权力、实施阶级统治的工具,这样的理解侧重于政府的阶级性。例如,《当代中国政府与政治》一书中认为,"从多方面考察,在有阶级的社会里,政府的定义应该是:政府是国家进行阶级统治、政治调控、权力执行和社会管理的机关"①。这种类型的定义认为政府具有鲜明的阶级性,它的职能是代表统治阶级实行统治和管理社会公共事务。政府直接指挥国家军队、警察、监狱、法庭等"暴力机器",维护有利于统治阶级的社会秩序,进行政治统治。第三,将政府视为社会矛盾冲突的"仲裁者",强调政府作为权威部门对社会事务的解决能力。例如,《布莱克维尔政治学百科辞典》中写道:"就其作为秩序化统治的一种条件而言,政府是国家的权威性表现形式。其正式的功能包括制订法律,执行和贯彻法律,以及解释和应用法律。这些功能在广义上相当于立法、行政和司法功能。"②

综上所述,政府一词在不同的国家、地区、场景下有不同的意义,本书中所指的政府侧重于上文中对政府的第一种阐释,即政府是一个制度化的定义,政府是国家的行政机关,承担着管理国家和社会事务的责任,是一个国家的最高权威组织。

(二)政府的特征

在第二章"政府公共关系的特征"部分,我们已经探讨了政府作为政府公共关系的主体所拥有的权威性、政治性和服务性。在这里,我们将具体阐释政府的这些特征。作为一个国家的最高行政机关,政府拥有和其他社会组织不同的特征。这些特征一方面保障政府能够很好地行使其作为政府公共关系主体的全部职能,另一方面也使政府的公共关系活动处于公众的监督之下。

第一,政府具有独特性和权威性。政府是一个特殊的社会组织,其特殊性最主要体现在政府拥有极大的权力,具有权威性。③ 政府是社会组织的一部分,同时又居于社会组织之上,对其他行政部门起着指导、引领、管理的作用。政府在政治上有军事保卫、治安管理、民主政治建设、对外交往等职能,

---

① 谢庆奎.当代中国政府与政治[M].北京:高等教育出版社,2003:181.
② [英]戴维·米勒,韦农·波格丹诺.布莱克维尔政治学百科全书[M].邓正来,译.北京:中国政法大学出版社,2002:131.
③ 李兴国.政府公共关系[M].北京:中国人事出版社,2014:67.

在经济上发挥着宏观调控、市场监管、提供公共产品和服务等职能,在文化、思想等方面更是具有不可替代的重要作用。政府在社会生活中的独一无二性和行政关系中的至上性赋予了政府独特的权威性。这种权威性拥有强制性的色彩,是以国家强制力为后盾,保证政府部门在政策执行过程中的"通行无阻"。这也在很大程度上体现了政府的行为方式是以强制手段为主的。

第二,政府是有一定政治倾向的。从上面政府的定义中我们可以看出,在阶级社会里,政治是以统治阶级的利益为服务目标的。政府公共关系活动的开展是保证国家安定团结的政治局面,缓解社会公众与政府之间的关系,强化政府的廉政建设,最终树立政府的良好形象,实现国家的长治久安的关键。可以说,所有这些活动的开展,都与执政党或政治集团的政治统治密切相关。很典型的一个例子就是,在美国、英国这种执政党和在野党轮换竞选争取执政地位的国家,一旦某个党派成为执政党,在制定国家政策、行使国家权力时必定以自己所代表的党派的利益为根本出发点,满足其政治需要。

第三,政府具有广泛的服务性。虽然政府是一定政治团体的利益代表,但政府也是公民意志的代表。尤其是现代政府大多数都是由公民投票选举产生,成为执政党以后,他们的执政方针要听取选民的意见和呼声,充分体现选民的意志。否则,就面临着辜负选民、失去选民,最终不能获得连任甚至被选民"轰"下台的危险。因此,政府要为所有社会群体和阶层提供普遍的、公平的、高质量的公共服务。也就是说,从行为目标上来看,政府要以公共利益作为其根本目标。

二、政府的分类

正像上文中分析的那样,各个国家在各个不同时期对政府概念的理解是不同的,因此,他们对政府的分类同样会采用不同的标准。

早在古希腊时期,亚里士多德就曾在其著作《政治学》中按照政府的宗旨和统治者人数的多少对政府进行过分类。根据前一种标准,他将政府分为照顾公共利益的正宗政府和照顾统治者利益的变态政府两类;根据后一种标准,他将政府划分为个人统治的君主政府、少数人统治的贵族政府和多数人统治的共和政府。当然,一个政府究竟体现谁的利益比较难以把握,而根据统治者的多寡划分政府的方式则一直被沿用到现在。资本主义国家的总统制政府和内阁制政府就是典型的依据统治者人数命名的。

马克思主义根据国家的性质将政府分为奴隶制政府、封建制政府、资本主义政府和社会主义政府四种类型。马克思主义对政府的划分一直被西方学者认为是从实质上揭示政府本质的划分。他们认为马克思划分政府的标准是以民主衡量的。具体来看，一是区分一个国家的统治形式是民主的，还是反民主的；二是区分这种民主是多数人的，还是少数人的；三是区分这种民主是真实的民主，还是形式上的、虚伪的民主。

比较具有普遍性意义的划分方式是按照管辖范围将政府分为中央政府和地方政府，实行联邦制的国家则称为联邦政府和邦（州）政府。中央政府或联邦政府是国家权力的最高行使机构，对国家事务具有统一领导、统一管理的职责。地方政府或邦（州）政府是地方或邦（州）的管理机构，一方面受中央政府或联邦政府的领导和监督，在政策允许的范围内行使管理地方的权力；另一方面，地方政府或邦（州）政府在权力行使时拥有一定的灵活性，在西方很多国家的邦（州）政府甚至拥有自行制定地方法律、政策，自行决断地方事务的权力。

我国政府的划分以直线职能式结构为标准，这主要是由我国一党执政的政体所决定的。同时，这种政府形式的划分有利于政策的一以贯之和有效执行。按照这一标准，我国政府划分为中央（国务院）、省、自治区、直辖市，自治州、县、自治县、市、乡、民族乡、镇四个层次。

不同类型的政府在政府公共关系活动的开展中扮演着不同的角色。中央级的政府起着制定政策、谋划方略、统领全局的作用，地方级政府则主要在政策实施、人、财、物等方面提供支持。以中国北京申办第29届奥运会为例，申办奥运会是关系中华民族伟大复兴的大事，是构建中国对外形象、提升国家竞争力、增强民族凝聚力的一次重要举措。中国政府成立了北京奥林匹克申办委员会（简称"奥申委"）全权负责奥运会的申办工作。奥申委借鉴其他国家的经验，制定了一系列的会前、会中和会后的计划、方案，包括基础设施建设、媒体沟通、申奥网站的开设、会期安排、门票发售、宣传活动、国际合作等等。北京市政府作为举办地所在城市，负责将奥申委的各项政策加以落实，例如海外新闻机构的接待，参赛队员的吃、穿、住、行，宣传品的发放，志愿者的招募和培训，交通设施的安排和协调，等等。

三、政府公共关系是政府的重要职能之一

政府作为国家的最高职能部门,肩负着政治、经济、文化和社会各方面工作的部署、协调和实施。概括来看,政府要做好经济的宏观调控,引导经济正常运行;加强市场监管,创造公平的法制环境;提供公共服务,促进社会稳步发展;以及加强社会管理,维护社会秩序和稳定。所有这些政府职能的执行都需要公众的支持和配合、媒体部门的宣传和引导、社会环境的营造和改善。可以说,政府公共关系贯穿于政府职能的各个方面,为政府职能的有效发挥起着保驾护航的作用。

随着信息时代的到来和人民民主化诉求的加剧,政府部门越来越意识到政府公共关系的重要性。可以说,政府公共关系是政府搜集舆论、引导舆论、加强与社会公众沟通、树立政府良好形象的必经途径。在日常的政府工作中,政府公共关系会潜移默化地渗透于工作的每一个细节,提高政府工作人员的工作效率,拉近政府与公众之间的关系。而在面临危机事件时,政府公共关系的作用就显得尤为突出。迈克尔·里杰斯特(Michael Regester)认为:"现代组织处在一个其活动透明度日益增大的时代里。若一个组织不能就其发生的危机与公众进行合适的沟通,不能告诉社会它面对灾难局面正在采取什么补救措施,不能很好地表现它对所发生事故的态度,这无疑将会给组织的信誉带来致命的损害,并有可能导致组织的消亡。"[①]因此,政府公共关系活动的开展关系到政府所有职能的实现,可以说,政府公共关系本身也是政府职能的一部分。

再者,政府公共关系活动的数量和质量是政府有效程度的重要体现。正如亨廷顿(Huntington)指出的那样,"各国之间最重要的政治分野,不在于它们政府的形式,而在于它们政府的有效程度"[②]。政府的有效程度体现在亨廷顿所说的"威权政府"或福山(Fukuyama)所说的"强大政府"的组织结构、责任意识、制度建设等各个方面,而强大政府的建设离不开有效的政府公共关系活动的开展。因此,不仅要在数量上增加政府公关活动,让公众深切感受到

---

① [英]迈克尔·里杰斯特. 危机公关[M]. 陈向阳,陈宁,译. 上海:复旦大学出版社,1995.
② [美]塞缪尔·亨廷顿. 变化社会中的政治秩序[M]. 王冠华,刘为,等译. 上海:上海人民出版社,2008.

政府与公众沟通的决心,更要提高活动的质量和有效性,使政府威权和信誉在短时间内即可建立。

行政项目审批是政府日常工作中的一项常见的重要内容之一。长期以来,公众对审批难的抱怨之声此起彼伏。据报道,某市一家工厂的一个基建项目,在申报过程中,一共盖了745个章。每个公章代表一个局、处、科或股的"舍我莫过"的关卡,要办事就得逐庙逐神一个个拜访,甚至还要"烧香进贡"。公众对于和政府部门打交道持有一种十分抵制的态度,严重影响政府的形象和信誉。自2010年以来,各级政府纷纷开展"简化行政审批程序,创建服务型政府"的活动。例如采取了规范和简化审批流程,提升工作人员服务意识,将多个部门集中在一起设立行政服务中心进行集中审批,实行首办承诺制,杜绝人情审批等方式,减少了审批环节,缩短了审批时间。因此,从表面看来,行政审批是政府政治职能的一部分,然而它的有效开展离不开政府公共关系的介入。

第二节 政府公共关系的组织机构

一、政府内部公共关系机构

(一)政府内部公共关系机构的含义和特征

政府内部公共关系机构是指在政府机构内部设置的、政府内部处理公共关系的专门机构,它是政府机构的重要组成部分,是政府开展公共关系活动的主体,肩负着协调政府内部职员关系,使政府的政策法规为公众所接受和承认,激发公众对公关活动的参与兴趣,促进政府与公众之间的沟通,加强政府部门与外界交往等职能。

作为政府机构的有机组成部分,政府内部公共关系机构与其他政府职能部门有许多不同之处,这也构成了政府内部公共关系机构的特征。第一,政府内部公共关系机构与其他政府机构的关系是既独立又合作。政府内部公共关系机构的主要职能之一就是处理政府内部员工之间的矛盾,激发员工努力工作的积极性,因此,它必须公平、合理地介入到政府各职能部门之中,不能有任何偏颇或掣肘之处。也就是说,政府内部公共关系机构依据政府确定的公共关系准则独立自主地开展工作,不受政府其他职能部门的指挥和干扰。当然,与其他部门的密切配合是必要的。第二,政府内部公共关系机构的协调职能使得它不具有直接的领导指挥权,更多的是咨询、建议、反馈、提供信息和对外联络的职能。在很大程度上来说,政府内部公共关系机构是一个中介和桥梁,在政府与员工、政府与公众之间起到"润滑剂"的作用。这种作用不可小觑。一方面,它比较靠近核心领导层或受最高领导层的直接领导[1],对领导的最终决策起着引导作用;另一方面,它也可以被看作政府这台"大机器"顺利运转的必不可少的"中轴"。第三,政府内部公共关系机构既是一个专门的部门同时也肩负着把全员公关的理念扩散到整个政府部门的任务。随着公共关系在政府管理工作中重要性的日益凸显,大量的公共关系方面的事务需要由一个专业的公关来处理,同时这也是提高政府工作效率,拉近政府与公众关系,促进社会发展的必然要求。因此,改变由新闻、宣传、信访、调研等部门代替执行公关职能的局面,建立专业的政府内部关系机构势在必行。同时,政府公关不是政府公关部门自己的职责,它涉及所有的政府部门。正如美国著名公共关系学者斯科特·卡特里普所说:"政府接触到社会的方方面面,实际上,政府的每一个层面都能与公共关系紧密相连并有赖于公共关系。"所以,公关培训和教育工作要面向政府内部的所有员工和部门,并逐渐形成全员公关的理念。

(二)政府内部公共关系机构的设置和利弊

政府内部公共关系机构的设置要根据规模适宜、针对性强、专业化等原则,合理合法地进行设置。不同国家、不同地区依据不同的目的设置不同类型的政府内部公共关系机构。大致看来,可以分为以下三类:第一,政策宣传型机构。此类政府内部公共关系机构从自己所代表的利益团体的角度出发,宣传执政党的方针、政策,负责引导和管理社会舆论,为社会发展营造良好的舆论环境。我国的中共中央宣传部、国务院新闻办和中共中央政策研究室就是此类机构的代表。第二,公关业务型机构。此类机构主要负责关系民生的政策的制定、执行、监督和检查,为公众提供公共性的服务信息,增强公众抵御风险的能力,并在实际工作中协调政府与公众的关系。我国政府的各级民

---

[1] 张岩松,张国桐.政府公共关系[M].北京:清华大学出版社,2014:88.

政部门以及信访局就是具体的公关业务开展部门,作为政府内部公共关系机构,其主要职能是改善民生、缓解官民冲突。第三,涉外型机构。顾名思义,此类机构主要负责国家的外事活动、礼宾事宜、对外沟通和交往的工作。我国的外交部以及对外联络部都属于涉外型机构。各地政府根据各自的需要也会相应地设立外事办公室或外事局,但此类对外部门必须在国家政策的监督和指导下,没有独自行使外事活动的权力。

　　任何组织机构的设置都有利弊,政府内部公共关系机构也不例外。其优势主要体现在:(1)对组织的了解。政府内部公共关系机构能够熟悉和掌握政府内部的每一个员工的基本情况,充分意识到潜在倾向的影响和内部的政治关系,从而,有效地调动员工的工作积极性,做到人尽其才。(2)节省开支。在初始阶段,内部公共关系机构的设置需要动用必要的人、财、物,但从长远来看,一方面,不再求助于外部的咨询公司;另一方面,随着机构专业性的提高必定会带来政府部门整体效率的提升。所以,在经济上可以节省大量开支。(3)提高效率。政府内部公共关系机构的设置可以随时听从调遣、及时解决突发性问题,促进内部和谐以及与公众的协调,从根本上提升政府工作效率。当然,政府内部公共关系机构的设置也有一定的弊端。例如:(1)丧失客观性。[①] 由于政府内部公共关系机构与政府的"亲密关系",加之随着公关人员屈从于日常的工作压力和工作场所里的政治形态,丧失客观性的情况可能会逐渐出现。(2)职能混淆。政府内部公共关系机构与领导层的"亲密关系"以及它的服务性可能导致其陷入"招之即来"的困境。一方面,政府内部公共关系机构只接受领导层领导,并为领导层出谋划策,这使其很容易成为领导层的私人助手,而降低其为整个政府服务的能力;另一方面,它的服务性体现在其工作的性质和工作初衷两方面,而并非所谓的随叫随到和鞍前马后。(3)知识和经验欠缺。政府内部公共关系机构的工作人员通常在一个政府部门供职很长时间,甚至是一辈子。这有利于职位的稳定性和工作的持续性,但其缺点就是日常工作的重复和单一。若知识和经验不能得到及时更新,当面临新的重大的公共关系问题时,便很难进行有效的处理和解决。

---

① [美]斯科特·卡特里普,艾伦·森特,格伦·布鲁姆.公共关系教程[M].明安香,译.北京:华夏出版社,2001:58.

二、政府外部公共关系机构

政府外部公共关系机构是指独立于政府,但可以为政府提供公共关系服务的各种商业性、专业性的公共关系机构。主要包括公共关系顾问、公共关系公司和各类新闻机构。这些公共关系机构的共同特点是他们都受雇于政府,和政府存在经济利益的关系,通过提供信息咨询等服务获取利益。当然,这些公关机构不只面向政府提供公关服务,其他的企业、个人、团体等也是他们的服务对象。

由于政府外部公共关系机构多是专业化程度比较高的公关企业,因此相较于政府内部公共关系机构有以下四个优势:第一,专业化程度高、职业水准高。受雇于政府的外部公共关系机构一般都有比较丰富的公关知识和实践经验,在应对各类突发公共事件时,通常表现得更加沉着和老练,并且技巧性更强。同时,其在人才机构和人才素质上的优势是政府内部公共关系机构所无法比拟的。第二,享有较高的社会美誉度。专业化程度较高的公共关系机构通常已经在社会上建立了较高的美誉度。例如国际著名的公关企业奥美公关一直以其高质量的服务享誉海内外。近年,我国每年都会按照最具知名度、最佳专业素质、最佳业内口碑等标准评出最受欢迎的公关公司。① 这是检验公关企业美誉度也是促进企业加强美誉度建设的有效举措。第三,独立性强,享有自主权。政府外部公共关系机构与政府没有隶属关系,在政策制定和活动规划等方面享有较高的自主权,不受行政命令的掣肘。因而,在很大程度上增强了公关人员工作的主动性和客观性。第四,有广泛的群众基础,便于社会联系。政府外部公共关系机构的业务面向社会公众,与社会各界都有较广泛的联系。因此,相较于政府内部公共关系机构而言,更容易建立跨行业、跨地域甚至跨国界的社会关系网络,便于与社会公众"打成一片"。

当然,鉴于政府外部公共关系机构是社会机构,与政府在行政上没有隶属关系,其在处理政府公共关系过程中也会有一些弊端。第一,政府命令与企业执行之间的张力。公共关系公司接受政府委托处理公关事务,但发令者和执行者之间的不对等或隔阂很难保证活动的一以贯之,加之政府部门无法

---

① 转引自 http://finance.sina.com.cn/temp/guest430.shtml。

做到全程对公关企业的监督和指导,所以,政府和公关企业各自的主体性通常会影响公关活动的效果。第二,沟通欠缺或不对等。一方面,相比政府内部公共关系机构在地理位置和所属关系的特点而言,公关企业与政府之间的对话和沟通肯定会少一些;另一方面,政府与公关企业在沟通过程中也存在不对等的情况。尤其是在民主制不是十分健全的国家,"党管一切"的思想仍然十分浓厚。政府与企业的沟通近乎命令和强迫,这严重损害公关企业员工的工作积极性和工作热情。最终,不利于政府公关活动的有效开展。第三,缺乏连续性和持久性。政府部门通常会根据公关活动的性质和社会口碑寻找公关企业,这也就意味着,为政府提供公关服务的公关企业的流动性很大,很难形成稳定的服务模式。一家公关企业刚刚熟悉政府公关活动的操作,就又换另一家公关企业。如此循环,既是社会资源的浪费,也不利于政府公关活动保持一贯的风格和模式。第四,追究责任有难度,且意义不大,严重影响政府公关活动效果。一旦公关公司的计划和活动未能达到政府部门的要求,政府部门只能和这家公关公司解除合同,而由于时间的延误很容易造成公众对于政府事件处理不及时的误解,从而损坏政府在公众心目中的形象。因此,在选择公关公司时,政府部门都会十分慎重地选择效率高、口碑好、社会美誉度高的公关企业。

三、政府公共关系机构人员

(一) 政府公共关系机构人员构成

政府公共关系机构人员可以按照他们在机构中的职位、职责及所从事工作的性质分为不同的类型。目前,对于政府公共关系机构人员的划分多根据其角色和分工的区别。这样的划分方法便于我们了解不同职位工作人员的工作职责。本书暂且采用相同的划分方式将政府公共关系机构人员划分为领导人员、专业技术人员和事务人员。

领导人员是政府公共关系机构的领导者和决策者,承担着公关活动的规划、制定、监督其顺利执行以及检验执行效果的职责。对内,领导人员要掌握内部员工的思想、工作情绪和心态,善于做员工的思想工作,能够团结员工,善于解决内部矛盾,做到领导全体工作人员有序而有效地开展工作。对外,领导人员是政府公共关系机构的代表。一方面,代表本机构接受上级机构的领导和监督,并向上级机构汇报工作情况,听取指示;另一方面,领导人员代表本机构与媒体等部门和广大公众进行沟通和交流,处理解决重大问题和矛盾。

专业技术人员是政府公关活动的设计者和指导者。由于专业技术人员的专业背景和良好的专业技能,专业技术人员承担着公关活动前期的调研和预测,规划和撰写,宣传和推广,公关活动中的咨询和指导,公关活动之后的总结和评估。同时,专业技术人员还会定期开展对内部员工的公关培训活动,提高员工的公关意识和公关能力。

事务人员是政府公共关系活动的具体操作者和执行者。他们是政府公共关系机构的基础,在数量上,也是工作人员中的大多数。事务人员按照领导人员和专业技术人员对于公关活动的设计进行具体的事务性工作。这其中包括大量的文书工作,对专业技术人员搜集信息的整理、归类、初步加工,保持同公众的联系如接待来访、处理来信、记录来电等,具体组织、操办各种公关活动。[①]

以上对政府公共关系人员的划分主要是基于明晰其不同角色的考虑,事实上,在实际的政府公共关系活动中,他们的工作有很多交叉和重合,领导人员、专业技术人员和事务人员三者之间需要相互结合、密切配合,才能保证公关活动的顺利开展。也就是说,所有的政府公共关系机构人员是一个有机整体,他们之间的充分互动和配合十分重要。

(二)政府公共关系机构人员的素质培养

政府公共关系机构人员是政府公共关系的主要执行者,关系着政府公关活动的成败和成效。可以说,公关队伍本身的状况和素质直接决定和影响着政府公共关系的效能。因此,政府公关人员要具备以下基本公关理念和公关能力。

首先,公关理念即公关意识,是一种现代化经营管理和行政管理的思想、观念和原则,是一种开明的管理理念,是一种全新的思维方式和交往方式的体现。[②] 是否具有公关理念以及这种对公关理念的认识程度决定着公关人员的工作态度和工作成效,进而影响政府公关的成效。政府公共关系机构人员

[①] 张岩松,张国桐.政府公共关系[M].北京:清华大学出版社,2014:95.
[②] 廖为建.政府公共关系[M].北京:中国人民大学出版社,2014:61.

作为代表政府形象、面向社会公众服务的公关人员要具备以下公关理念：第一，为公众服务的理念。正如前文所论述的那样，政府公共关系的服务对象是全体社会公众。不论是领导层还是政府普通职员都是政府公关部门的职员，都是人民的公仆，都要执行为公众服务的职责。为公众服务的理念包括尊重公众的意志，多方获取公众的意见和建议并及时予以解决。同时，密切与公众的关系，加强与公众的合作。这就要求政府公关人员不能整天围着办公室转，要经常深入到人民群众中去，了解他们的疾苦，和他们"打成一片"，形成良性互动。第二，充当政府与公众之间桥梁和纽带的理念。政府公关人员要协调和处理政府内外部的各种关系甚至矛盾。尤其是当政府决策与公众意志出现冲突时，政府公关人员要积极协调，在保障公众诉求的基础上，尽可能地达到全局利益的一致。第三，自身形象塑造的理念。政府公关人员是政府形象的代表，他们的一举一动影响着外界对政府的印象和评价。这里的形象既包括外在的形象，但更多的是指公关人员真诚、平等、和蔼、讲究效率的工作作风。现在政府公关人员基本都采取统一着装、规范用语、注重礼仪等方式提升外部形象，这可以通过增加投入和进行短期培训而达到。但真诚友善、讲究信誉的工作作风需要在日常的工作中逐渐积累和锻炼。第四，长期和谐发展的理念。政府与公众之间和谐关系的建立非一日之功。政府公关人员要时刻保持工作上的热情和干劲儿，消除"一锤子买卖"的错误观念。公关人员要牢记和谐的本质就是共同发展，只有公众的满意才能换来政府工作的进步和社会的良性发展。

其次，公关能力是政府公关人员在应对公关事件时所应具有的组织能力、创新能力、宣传沟通能力和表达能力。第一，组织能力。任何一项政府公共关系活动的开展都涉及大量的组织工作。以召开新闻发布会为例，公关人员要对会议时间、地点、参会人员、会议内容、提问环节以及意外情况等，同时，还包括与媒体部门和参会领导、应邀代表逐一进行落实和组织。可见，组织能力是公关人员开展公关活动的必备能力。第二，创新能力。创新是一个民族进步的灵魂。信息社会的发展使人们意识到获取知识越来越容易，但如何将现有知识转化为新认识、创造新事物则是我们面临的一大难题。现代的公关事件层出不穷，而且多是新的社会情境下的新问题，也就意味着公关人员没有现成的章法可循。因此，政府公关人员要在日常工作中培养自己的危机意识、临机应变能力和创造性思维能力,主动锻炼自己分析问题和迅速做出决断的能力。第三,宣传沟通能力。一方面,政府公关人员是政府机构的耳目喉舌,是信息传播的中介。他们要掌握相关的宣传技巧,具备相关的宣传能力,使政府的决策及时到达公众。另一方面,政府公关工作是一个双向传播的过程,公众的声音也要经由公关人员反映给政府部门。公关人员的沟通能力体现在公关人员在保证政府信息易于被公众接受的基础上,又能将公众的意见和建议策略性地传达给政府,实现二者的和谐对话。第四,表达能力。这里的表达能力不仅包括言语表达能力,还包括文字表达能力和一些非言语的表达能力,例如肢体语言的表达能力等。表达是人与人进行联络和情感沟通的必要方式。对于公关人员来说,表达能力的高低直接决定着公众对自己的信任和支持。因此,为了增强自己的吸引力和宣传效果,公关人员需要在工作实践中注重表达能力的培养。

四、设置专门的政府公关机构的必要性

专门的政府公关机构虽然具有客观性不强、职能混淆等缺陷,但从政府公关工作的大局来看,设置专门机构进行政府公共关系活动是大势所趋。而且,目前很多发达国家都已设立了自己专门的政府公关机构,并取得了很好的公关效果。以韩国为例。作为亚洲"四小龙"之一的韩国非常重视国产品牌宣传和国家形象建设,以1988年汉城奥运会为契机,韩国政府紧跟企业海外扩张的步伐,开始着手提升国家形象。2009年正式成立总统直属的公共关系机构——国家品牌委员会。这个委员会以提升韩国企业在国际市场上的地位和知名度为主要工作目标,以品牌建设带动国家整体形象的提升。韩国国家品牌委员会有针对性地开展五个方面的具体活动,包括扩大对国际社会的贡献,打造魅力观光即文化,加强韩语、韩流、韩国饮食的推广,打造多元文化社会,培养具有全球意识的市民等等。通过一系列具体活动的开展,韩国的国际形象获得了提升,国际地位有所提高。在专门政府公关机构设置方面,发展中国家也不甘落后。其中南非政府在21世纪初就设立了由总统直接任命和管理的国界品牌形象的整个公共关系机构——品牌南非。并且通过战略参与、国内动员、开展一系列活动等方式与南非各部门通力合作,在世界上传播南非的声音,提升南非在全球的积极形象。可以说,"品牌南非"的一

系列举措对于扩大南非的国际影响,提升其世界竞争力指数立下了汗马功劳。诸多国家的实践都一致表明专门政府公关机构的设置是有效的,而且是十分必要的。具体来看,其必要性主要体现在以下四个方面。

第一,专门政府公关部门的设立有利于提高政府职能。正如前文所述,政府职能包括很多个层面,而政府公共关系是政府职能的重要组成部分之一。提升政府公关能力既是对于政府职能的直接提升,同时也有利于其他政府职能的实现。专门的政府公关部门可以在政府部门的直接领导下及时获知重大的公共事件,并通过内部协调机制达成对事件的一致意见。然后,经由与传播媒介的配合实现信息与社会公众的共享和交流。迈拉(Marra)在讨论危机操作模式时,强调了公关部门自主性对组织危机传播操作的影响。①所谓公关部门的自主性,是指组织赋予公关人员的权力与责任。在危机事件发生时,无自主权的公关人员只能执行危机计划,而有自主权的公关人员可以更加有效地参与决策,快速地取得相关信息。当重大公共事件发生时,专门政府公关机构的设置有利于建立瞬时国际舆论监管的传播机制。以2012年北京"7·21"特大自然灾害的报道为例。当时,国际媒体对灾害事件进行了较多的负面报道,包括预警信息不充分、救援不及时、城市基础设施建设不完善等等。然而,我国政府所采取的积极措施却未得到国际媒体的客观报道。可见,想要有效地、主动地传递中国声音,建立与我国政治、经济大国相适应的国际地位,需要政府公共关系机构的大力支持。

第二,专门政府公关部门的设立有利于提升政府形象。政府形象对于一国政府而言是宝贵的无形资产,是国家"软实力"的重要指标。可以说,一国所有政治、经济、文化等活动的开展都是为国家形象服务的。如何保证众多的活动是为统一的、积极的国家形象服务就是政府公关机构的主要职责。政府公关机构的设立可以进行深入的调查研究、统一部署、检测评估,并为国家形象的统一传播提供高质量的技术和人员保证。从实践操作层面来讲,这也避免了政府外部公关机构在传播政府形象时"政出多门""形式不一"的弊端。

第三,专门政府公关部门的设立有利于"强政府"的建立。由于专门的政府公关机构隶属于政府,对于国家推行"强政府"的公关理念十分有益。美国

---

① Marra F J. Crisis communication plans: poor predictors of excellent crisis public relations[J]. Public Relations Review,1998,24(4): 461-474.

斯坦福大学教授弗朗西斯·福山的著作《政治秩序和政治衰败：从工业革命到民主全球化》中提到，秩序良好的社会离不开三块基石：强大的政府、法制和民主问责制。他强调，三者的顺序至关重要，民主并不是第一位的，强政府才是。① 可见，在政府公关活动中政府的中心地位和权威性是保障社会稳定的关键。设置专门的政府公关机构可以保证公关活动在统一领导和指挥的基础上保持"步调一致"，与国家的社会建设相协调。

第四，专门政府公关部门的设立有利于推进政府的国际外交能力。在全球化、信息化的今天，任何一个国家和地区都处于互联网编织的巨大关系网中。合作与交流的重要性达到了前所未有的高度，政府也就面临着越来越多的对外交流以及沟通、塑造与传播政府形象的重任。专门政府公关机构的设立可以有效地整合资源，有计划地策划和开展有影响力的国际性活动和赛事，吸引国际公众和媒体，扩大本国的国际影响力。同时，专门的政府公关机构的设立便于政府在本国事务上与国际各国积极沟通和游说，从而建立适合本国发展的国际舆论环境。

第三节 政府公共关系的基本原则

一、"公众为本"原则

在政府公共关系中，政府是公共关系的主体，其本质特征是"公共性"。这里的公共性是指政府是公众利益的代表，在公众赋权的基础上代表公共意志，行使公众意志。在《社会契约论》中，卢梭就有关于政府的经典陈述。他认为，"政府是臣民和主权者所建立的一个中间体，以便两者得以相互适应，它负责执行法律并维持社会以及政治的自由"②。可见，评价一个政府政绩的优劣、形象的好坏的重要标尺就是它为人民服务的程度。然而，目前学界对政府公共关系进行分析时，似乎过多关注了主体——政府，这可能源于政府公共关系的特殊性，但我们不能忘记最重要的一点，政府离开了公众就不能称其为政府，它不是万能的。公共关系的产生是因为主体意识到公众的重要

---

① 转引自 http://opinion.huanqiu.com/editorial/2014-10/5165331.html.
② 卢梭.社会契约论[M].北京：商务印书馆，1996：76.

性,切实感受到了公众的力量。因此,政府不能把自己当作救世主,而应该在认识到自己局限性的基础上把公众的利益放在第一位。

第一,"公众为本"原则要求政府公共关系的落脚点是以民为本,顺应民心。古训有言"得民心者得天下",政府要把群众满意不满意作为一切工作的根本标准。想要顺应民心首先要了解民心。这就需要政府公共关系发挥其掌握公共资源的优势,尤其是媒体资源,充分获知公众的真实感受和他们对政府的意见、建议,并严肃认真地对公众的意见进行分类、整理,反馈给有关政府部门,以便得以积极落实。在收集民意的过程中还要善于区分多数民意和不同民意的性质,从中找出真正的公众关切。其次,在政府公共关系活动开展过程中,要坚持从公众最关心的、最急切的事情做起,坚决不做赚取"虚假政绩"的"形象工程"。只有这样,才能获得公众赞扬、百姓拥护,才能实现民心所向。

第二,"公众为本"原则要求政府公共关系要落到实处,真正关注民生,体察民情。现代政府不再是高高在上的君主帝王,而是要真正能够深入到群众中去,了解民情、重视民情、关注民生,与人民群众同甘苦共患难。进入新世纪以来,中国政府,尤其是中国政府领导人十分重视与人民群众的互动。以中国最大的节日春节为例,自2003年以来,国家主席胡锦涛和国务院总理温家宝的每个春节都是在与灾区人民、一线工人、志愿者、创业者的亲密互动中度过的。这不仅拉近了政府与公众的感情,而且使政府体察到了老百姓的真实诉求。同时,中国各地开展的"察民情、心连心"活动也是其中的典型代表。此活动关注公众的最基本需求,解决公众的行路难、饮水难、用电难、就医难、上学难、住房难、看电视难、打官司难等"八难"问题,真正做到了关注民生"热点难点"问题。只有这样,才能体现政府以民为本的执政理念以及政府公共关系的根本宗旨,密切干群关系,建立政府与公众的互信互赖机制,使政府成为公众的"贴心人",进而实现社会秩序的和谐稳定和长治久安。

第三,"公众为本"原则要求政府公共关系活动的开展要积极发挥群智,相信公众的力量和智慧,鼓励公众参与其中。人民的力量和智慧是无限的,在正确的领导和引导下,人民不会成为"洪水猛兽",而是创造历史的根本动力。因此,我们要调动一切积极因素,发挥各方面的创造活力,使一切有利于社会进步的创造愿望得到尊重,创造活动得到支持,创造才能得到发挥,创造成果得到肯定。把人民群众的聪明才智与现代化建设紧密地结合在一起,为经济社会发展不断提高智力、挖掘潜力、积聚动力、增添活力打下基础。

二、公开透明原则

公开透明是公共关系的基本思想,是现代民主行政的发展趋势和世界性潮流。[①] 政府公共关系作为政府工作的重要组成部分,其工作的一大重点就是让内外公众在可能的情况下尽量多地了解政府各方面的信息,以便有效地对政府工作进行监督和反馈。

"公开透明"原则的一个重要指标就是信息的公开。信息公开的重要性不置可否。正如美国司法部长克拉克(Clark)所说,"没有什么东西比秘密更能损害民主,公民没有了解情况,所谓自治,所谓民主最大限度地参与国家事务只是一句空话"。根据学者对中国、英国、美国、加拿大等国的信息公开法的比较研究发现,美国政府信息公开法律最健全、程序最合理,但收费项目较多。中国信息公开条例制订得最晚,虽然是"站在巨人的肩膀上"制订出来的,但在电子政务方面立法不足,对于关键的公开范围只是重视政府主导公开的部分,对于依法申请公开的部分未做详细说明。可见,各国政府在信息公开方面都还有很长的一段路要走。近年来,中国政府针对"三公"经费[②]和财政预算更加公开和透明化开展了全国范围内的"晒账本"活动。此项活动把那些曾属于"国家秘密"的财政预算向公众公开,接受公众的监督,使公众能够更直观、更准确地了解政府的财政状况,并对该部门收支是否平衡,用度是否合理,资金投放有无问题,做到心中有数。可以说,"晒账本"的做法对于规范政府行为,加强舆论监督,提高政府透明度有积极意义。当然,只有在把"公开透明"原则作为一项长期的工作常抓不懈,才能从根本上增强政府公共关系的有效性,才能赢得公众的信任和支持。

政府公共关系活动在贯彻"公开透明"原则过程中,必须做到以下三点。第一,坚持有所公开,有所不公开。我们所说的"公开透明"原则是有必要限定的,而不是在任何场合、任何时间、面向一切人、公开一切信息。也就是说,贯彻"公开透明"原则要坚持原则的坚定性和策略的灵活性相统一,以免被心

---

① 刘梦琴,刘智勇. 论政府公共关系的基本原则[J]. 软科学,2012(1):59-62.
② "三公"经费是指财政拨款支出安排的出国(境)费、车辆购置及运行费、公务接待费这三项经费。

怀不轨的人钻了空子。第二,发扬为民服务、不怕困难的精神。信息公开会给政府内部工作人员带来更多的工作量,同时也会导致部分公众的误解和奚落。因此,政府公关部门人员要从思想上消除国家公务人员"上班喝茶水、看报纸"的陈旧理念,以自觉、积极的工作态度努力为公众服务。第三,完善监督制度,实现全民监督。政府公共关系"公开透明"原则的实行就是要获得公众和其他有关部门的监督。因此,要在全国范围内建立完善的监督体制,同时也保证"公开透明"原则的有效实施。一方面,原有的监察、纪检等部门要加强自身建设,完善相关法规;另一方面,充分发挥人民大众的力量,包括各类群众团体、民主党派和无党派人士等,他们是进行民主监督的重要力量。当然,各类媒体更要积极发挥其监督政府的职责,并借助社会舆论对各种腐败行为形成强大的威慑力量。

三、顾全大局原则

政府公共关系中的大局意识是指在政府公关活动中要把政府的整体利益、整体效应作为行动的出发点和落脚点。政府公关部门和其他职能部门要密切配合、目标一致,从而使政府在公众心目中形成具有统一性的良好形象。顾全大局原则的内容主要包括以下两个方面。

第一,政府公关机构人员要有顾全大局的意识,并将这种意识落实到实践中。政府公关机构人员要意识到政府形象是作为一个整体出现在公众面前的,每一个工作人员都是政府形象的组成部分。在政府公关活动施行过程中,当个人利益与国家利益或政府利益出现矛盾时,要以维护政府利益为重。为了使整体的力量发挥到最大,使政府全局的形象更良好,政府公关机构人员必须共同努力,把提升政府形象的意识通过全心全意为人民服务的实际行动体现出来。例如,在抗击"非典"的前线、在汶川灾区的瓦砾堆、在"东方之星"沉船的打捞现场,到处都能看到政府工作人员忙碌的身影。他们深知灾难的随时降临、亲人的殷切期盼,但当发生重大公关事件时,个人的生死存亡、喜怒哀乐必须让位于国家和民族利益。无数个政府人员个人的辛劳和付出换来的是整体政府形象的提升以及公众的信任与支持。

第二,政府机构各部门在实际工作中,都要有顾全大局的意识,时刻将塑造良好形象放在工作的首位。政府公共关系不仅是政府公关机构自己的事情,它还需要政府内部各个职能部门的通力配合。同时,不同级别的政府部门也要充分沟通和配合。可以说,政府公共关系活动的开展需要所有政府机构的统一行动、相互协作,共同树立政府的整体形象。在中国这样的行政区划比较复杂的国家,保证政策的一以贯之十分重要。国家推行的政策不能到了地方就变了样。从2004年国家实行粮食直补政策以来,广大农民从中得到了实惠,既不用交公粮了,又能拿到每亩地近百元的补贴(补贴标准因地区而异),这项政策受到了农民的一致欢迎。然而,中央下达的这样一个惠民政策却并未在地方政府中得到积极落实,致使国家为民服务的初衷大打折扣。例如,新华社就曾对山东临邑县一村庄涉嫌违反国家政策、长期截留抵扣粮食直补款进行过报道。报道中指出本该最晚3月底钱就发给农民的直补款,6月底才兑现;国家规定种植小麦一亩地补贴125元,可农民拿到手的只有五六十元,其他的都被当地政府截留抵扣。由于地方政府贪恋个人利益、不以大局为重,一项本应受到人们欢呼的政策却换来了一片质疑声,政府的整体利益由于部分地方政府的不作为而严重受损。

政府公共关系活动是一个有机的统一整体,它把全体政府机构人员和所有的政府职能部门都纳入其中。他们工作的目标就是要维持政府的正常运转,树立政府的良好形象。他们就像是一盘棋,任何一个棋子的移动都会对整盘的输赢造成巨大影响。只有所有棋子都以棋盘的大局为重,统一步调,统一行动,才能赢得棋局的胜利。如果大家都各自为政、各干各的、互不相干,即使有再好的谋略也难以取得胜利。因此,政府公共关系活动必须坚持顾全大局原则,这既是政府工作整体性的需要,也是政府整体形象塑造的需要。

四、国际惯例原则

加拿大著名传播学者麦克卢汉(Marshall McLuhan)在其著作《理解媒介——人体的延伸》中曾经提到,"由于瞬息万里的电子技术,地球再也不可能超过一个小小村落的规模……最近宇航员环绕地球的飞行也是一样,它改变了人对地球的感觉,使之缩小到黄昏漫步时弹丸之地的规模"[1]。"地球村"

---

① [加]马歇尔·麦克卢汉.理解媒介[M].何道宽,译.北京:商务印书馆,2000:423.

将世界各地的人们连接在一起。所以,在全球化迅猛发展的今天,一个国家要想获得经济上的腾飞、政治上的发展、文化上的多元必须与国际接轨,采用国际通行的话语体系,遵守国际标准惯例。政府公共关系也不例外。而且作为政府对外传播中中坚力量的政府公共关系更应该走在政府其他工作的前列,尽快与国际接轨。

  政府在开展国际公共关系活动时要遵照在长期的国际交往活动中形成的惯例来行事,这些惯例是经过实践的检验并被各国政府默认的行为规范和准则。尽管没有明文的法律强制我们这么做,但这些惯例却是国际上通行的规范。国际惯例涵盖的内容很广,主要是指有关的法规、条约、国际交往程序和相应的礼仪。如外交事务中有的国家迎接大小国家的元首,级别会有所不同;[1]接见外国元首访问时,要按惯例着黑色西装、黑色皮鞋等,同时,由于国际交往中的跨文化因素,各国在语言、习俗等方面存在较大差异,因此,必须制定相关的行为准则以实现各国在政治、经济、文化等各领域的友好交流。正是鉴于这种需求,早在1961年,国际公共关系协会就制定了《国际公共关系协会行为准则》,1965年,又在雅典通过了《国际公共关系道德准则》。这两份文件对国际公共关系从业人员的行为规范提出了一些原则性的要求,如注重信息的真实性和充分的交流,尊重和维护人类的尊严,对社会和公众利益负责等。[2] 在后来的公共关系理论发展中,国际公关礼仪也被引入到公关人员的行为准则中。这些惯例和准则的形成与制定无非是为保证政府公共关系活动的有效开展。一国政府要在世界范围内树立负责任大国的良好形象,赢取更多的国际认同,就必须熟知和遵守各国国际惯例,按照国际通行的话语体系与其他国家进行交流与合作。

  对国际惯例的遵守是在通常情况下适应国际规则、密切与其他国家关系的有效手段。然而,具体问题还是要具体分析,有些情况下,不遵守国际惯例反倒是最好的公共关系。例如,在2015年9月3日的中国政府举行的纪念抗战胜利70周年的阅兵仪式上,俄军方队在阅兵中是最后一个出现的。按照国际惯例,出场的顺序应该是按照所在国的英文字母来排序。但是,考虑到当时中方方队在参加俄罗斯纪念卫国战争胜利70周年阅兵中的排序(中国方队

---

[1] 陈耀春.中国政府公共关系[M].北京:中国经济出版社,1999:181.
[2] 刘梦琴.论政府公共关系的基本原则[J].软科学,2012(1):59-62.

是最后一个——压轴出场),在这次阅兵中安排俄军方队作为外军方队和代表队的最后一个出场。这种安排表面上看来有违国际惯例,但实际上正是体现了国际交往中的以礼相待,"你敬我一尺,我敬你一丈"原则,十分契合国际交往的"惯例"。

互联网的出现和发展创造了人类精神交往的第二空间。被曼纽尔·卡斯特称为"无时间的时间"和"流动的空间"的虚拟空间可以使来自不同国家、地域、文化背景的人们在网上自由交流。同时,经济的全球化也使得世界范围内自由流动的资本对于国家的边界进行了消解。以跨国公司为主导力量所推动的全球化正在全世界掀起一场传播革命[1],这场传播革命要求任何一个国家和传播主体都要按照国际通行的规范进行交流与互动。只有这样,国家的传播功能才得以实现,政府公共关系也才能发挥应有的传播效果。

第四节　政府公共关系的工作程序

公共关系自诞生以来,在实践中逐渐总结出一套为国内外公关界认可的固定的工作程序。这套工作程序包括调查研究、策划制定、策划实施和评估反馈四个步骤。这四个步骤缺一不可,而且他们之间是环环相扣、逐层递进的关系。调查研究是策划制定的前提,策划制定是公关活动实施的先决条件,策划实施是关键,评估反馈既是对本次公关活动的评测与总结,也是对今后工作的前期策划。与公共关系的工作程序略有不同,本书将政府公共关系的工作程序分为计划、实施与检测三个步骤。其中,计划环节涵盖了调查和策划两部分,它们都是活动开展前的准备工作。实施和检测环节与公共关系的实施和评估基本一致。从本质上来说,三个环节是环环相扣、不可分割的。它们相互连接与继承,后一个环节的开展是以前一个环节为基础,而前一个环节的顺利完成与否直接影响后一个环节的实施情况。

一、政府公关活动的计划

(一) 政府公关活动计划的内容

政府公关活动的计划包括调查和策划两部分,所以在计划的内容方面既

---

[1] 李凌凌."地球村"还是"全球化"——解读今天的传播环境[J].当代传播,2003(3):16-19.

包括调查的内容,也包括策划的内容。

首先,政府公关调查是政府了解民情民意、掌握舆论走向、检测社会环境、开展公关工作的重要手段。各级政府都会不定期地通过开展问卷调查、访谈、数据检测等方式进行调查。其中调查的内容包括以下三个方面:第一,基本情况调查。即对公众对于政府的执政理念、工作状况、管理方法和手段的满意程度进行调查。第二,民意调查。即对政府的形象以及政府政策的实施效果进行调查。政治传播对民意调查的研究认为,对"全体一致"的"人民意志"的把握可操作性太差,且易被政治强势力量所利用,因此,政治传播往往选择可调查、统计出来的"民意"进行战略部署或者受众区隔,同时舍弃掉"大多数人"之外的零碎的、模糊的意图。① 第三,社会环境调查。即对公众生活其间的政治、经济、社会环境进行调查。其中比较常见的有关于社会稳定程度调查、社会风险指数调查等。最近几年中国内地非常流行的各地幸福感指数调查也是社会环境调查中的一种。

其次,政府公关策划是在对调查研究进行分析和研判的基础上对公关活动进行谋划和安排。它需要缜密细致的调查研究作为前提,同时也需要创新的精神以及较高的可执行性。也就是说,政府公关活动策划既要体现目标的高远也要与实际相结合。通常情况下,政府公关策划包括以下内容:第一,对承办公关活动的政府进行分析。其中包括政府在公众心目中的形象如何,政府所掌握的人、财、物等资源情况等等,对这些进行分析,主要是为确定活动目标和方法提供科学的依据。第二,确定目标。政府公关活动目标的确定要以树立政府形象为整体目标,并且做到目标明确,有较高的可行性。第三,选择活动方式。政府公关活动策划人员需要依据活动目标和政府的具体情况,选择新颖、有创造性、公众乐于接受的活动方式。

(二) 政府公关活动计划的程序

在政府公关活动调查中一般遵循以下三个基本步骤。

第一,调查前的准备工作。在政府公关活动调查开展之前,公关人员要根据调查内容的不同确定所使用的方法、技术手段和测量指标等。接下来,公关人员可以草拟一份调查方案,并在内部开展研讨,从而逐渐对具体任务

---

① Jay G Blumler & Michael Curevitch. The crisis of public communication[M]. London: Routledge, 1995:36 - 37.

和指标实现细化。在基本确定调查方案的基础上，调查人员可以进行一次小范围的前测以检验调查方案的有效性和可行性，并进行适当的调整和改进。最后，形成完善的调查方案。

第二，调查的实施。依据调查方案的规定，在规定的时间、地点，对特定的调查对象进行调查。为保障调查的有效性，调查人员必须是掌握相关公关技巧的政府公关人员。在调查过程中，对于调查资料的收集必须注意技术手段的合理运用，不能弄虚作假、自欺欺人。要以获取公众的真实想法为出发点和归宿。在严格遵照调查方案的同时，调查人员也要注意政策坚定性与灵活性的统一。对于特殊情况、突发事件要能及时应对。

第三，调查结果的处理。调查结果的处理是调查中的重要环节。因为收集上来的数据十分零碎，公关人员要对它们进行重新编码、分类、归类、统计和分析。这是一项非常耗时、耗力的工程，需要细心、耐心和恒心。调查结果的处理也包括将数据的分析结果以调查报告的形式对整个调查过程进行全面的梳理和评价，并及时提供给领导层审阅。

英国著名公共关系学家杰夫金斯(F. Jefkins)曾经提出"公共关系六部曲"，即"估计形势—确定目标—确认公众—选择传播媒介与技巧—编制预算方案—评价结果"[①]。这种划分方法为我们的公关活动策划指明了方向，成了公关事务上具有突出意义的理论建设。依据杰夫金斯的观点，本书将政府公关策划划分为目标的制定、对象以及方法的选择、方案的确定三个步骤。第一，政府公关策划目标的制定。在调查研究的基础上，政府公关机构已经基本了解了公众对于政府印象的评价。政府公关机构在确认自己不足的同时，要积极找出问题存在的相关因素，从而准确地确立策划目标，科学地制定策划方案。制定目标的过程中要充分考虑公众的多样性、主题与目标的契合性、策划的前瞻性和可行性相统一等原则。第二，对象以及方法的选择。在活动策划中，政府公关人员要充分考虑到政府公关活动与公众和传播媒体之间的关系。首先，根据活动内容和目标确定受众群体。在具体情况下，受众群体还可以细化为主要目标群体和次要目标群体。然后，再根据不同群体的特点、需求借助尽可能多的传播媒体进行宣传推广工作。同时，将有针对性

---

① Frank Jefkins. Public Relations[M]. London: Hazell Watson & Viney Ltd, 1983: 85.

的宣传和普遍性的宣传相结合。第三,方案的确定。在确定了策划的目标、公众和方法之后,就需要对策划方案的其他具体层面进行考量,并最终完成策划的撰写。策划方案的其他具体层面包括活动的经费预算、人员调配、危机预案等等。

(三) 政府公关活动计划的原则

政府公共关系调查和策划都有一定的原则需要遵循。政府公共关系调查是公关活动的起点,调查质量的好坏直接影响着后期公关活动的开展。因此,调查活动必须坚持实事求是原则、科学指导原则和灵活应变原则。

第一,实事求是原则。实事求是原则要求政府公关调查人员按照客观事物的本来面貌反映事实真相,不弄虚作假,不以自己的主观判断为依据,尊重客观事实。政府公关调查的目的就是要全面、真实了解公众对于政府以及政府决策的真实想法,尽可能客观地、大范围地掌握舆论走向,可以说,这是做好公关策划的基础和保障。所以,政府公关调查人员必须发扬实事求是的精神,在调查中不搞投机取巧、歪曲事实等影响信息真实性和有效性的"小动作",保证调查活动的客观和真实。

第二,科学指导原则。任何一项活动的实施都要有科学的理论支撑作为后盾。政府公关活动作为一个国家政治、经济、社会生活中极其重要的组成部分更需要有强大的理论基础作为指导。鉴于各国在意识形态、政体结构、经济形态等方面有所不同,所推崇的科学理论自然不同,但民主、科学、发展、辩证和唯物等具有普世价值的观念在全世界都通用,也得到了各国人民的认可。因此,政府公关调查人员要在调查活动中坚持这些科学理论的指导,运用马克思主义的辩证唯物主义观点和历史唯物主义观点,观察新情况,研究新问题。

第三,灵活应变原则。一般情况下,政府公关调查涉及的公众范围较广,工作强度和密度较大,而且面临着时间紧等诸多困难,这就需要调查人员具有创造性思维,能够充分利用一切可以利用的资源,发挥一切可以动用的条件积极开展调查工作。例如,很多政府调查人员与当地的居委会、街道等组织密切配合,一起开展调查工作。这种做法不仅提高了工作效率,而且由于调查者和被调查者之间的熟识关系使调查工作更容易开展。同样,灵活应变原则在调查信息的后期处理方面也有广泛用途。

在政府公共关系策划过程中也要遵循相关的原则,这是因为政府公共关系活动是以策划为基础的,它是公关活动的灵魂。一般来说,政府公关策划需要遵守公众至上原则、创造性与可行性相统一原则、策划坚定性与灵活性相统一原则。

第一,公众至上原则。公众至上原则就是指在公关策划中尽量以满足最大范围的公众利益为出发点,尤其是在处理公众利益与政府利益的时候,要把公众利益放在首位。政府公共关系是为公众服务的,它的最终目标也是要获得公众的认可和信任,所以必须把公众的需求和利益作为基准点。在具体的策划制定过程中,要摒弃政府本位的理念,在活动目的、活动计划、活动效果等各个方面都从公众的角度来考虑,以公众能够从中得到益处作为策划完备的根本标准。

第二,创造性与可行性相统一原则。一方面,政府公共关系需要不断推陈出新、打破常规,这就要求政府公关策划人员在尊重客观事实的基础上,发挥聪明才智,以创造性的理念打造适应时代发展的公关策划,以吸引公众的参与热情,提升公关活动的效果。另一方面,策划的制定也要与政府的实际情况相结合,不能大吹大擂、纸上谈兵,做出不符合实际情况的策划,导致最终无法实施。有创造性无可行性的策划存在异想天开的倾向,严重脱离实际,是无根之水。有可行性无创造性的策划是老生常谈,毫无吸引力。在实际策划活动中,要避免这两种倾向的出现。

第三,策划坚定性与灵活性相统一原则。政府公关策划一旦制定就要在公关活动中得到落实,不能轻易做出改动。因为策划中涉及人、财、物的调配,以及各个政府部门之间的协调,任何一个环节的变动都会影响整个公关活动的效果,可谓牵一发而动全身。因此,坚持公关策划的坚定性十分重要。然而,社会环境瞬息万变,各种不确定性因素层出不穷。因此,在策划制定过程中,策划人员要适当给出备选方案或提供应急方案以备不时之需。

二、政府公关活动的实施

(一)政府公关活动实施的程序

政府公关活动的实施是一项庞大的、涉及范围广的系统工程,不仅需要政府公关部门内部的密切配合,也需要政府其他部门以及媒体部门、社会公众的鼎力相助。因此,政府公关活动的实施需要由众多环节组成。本书将政府公关活动实施的环节简化为资源调配、传播途径选择和政府公关活动模式选择。

第一,资源调配。政府公关活动的实施离不开人、财、物等资源的合理安排和有效支撑。在财和物这两方面有赖于政府事前的划拨和下发,这部分工作是在公关活动实施之前就已经完成的。对于需要分期划拨的款项,公关部门要做好预算和催促工作,以免影响公关活动的进度。对于工作人员的筛选和培训则需要结合具体工作的特点以及工作人员特质充分加以考量,使得人尽其用。

第二,传播途径选择。政府公关活动的实施需要借助传播媒体的力量架起政府与公众之间的桥梁,同时,传播媒体本身也是政府公共关系的目标公众之一,其双重属性在政府公共关系实施中所起的重要作用不容小觑。[①] 网络时代以及信息化时代的到来为政府公共关系传播提供了多样化的路径选择。从简单的口口相传、大众传播到网络传播,每种传播方式都有其优点和适用范围。政府公关活动要从目标公众、传播内容以及经济效益等方面综合考量,选择适合公关活动实施的传播途径。

第三,政府公关活动模式选择。政府公关活动模式是指政府在公关活动中主要采取的工作方式。在第二章,本书按照政府工作方式将政府公共关系划分为宣传型政府公共关系、服务型政府公共关系和征询型政府公共关系。政府公共关系活动的实施具体采取哪种政府公关活动模式,需要从活动的目标、任务、公众、媒体等多个角度进行综合考察,以确定最合适的政府公关活动模式。

(二)政府公关活动实施的意义

政府公共关系活动实施是将政府公共关系策划由理论转化为实践的必要步骤,是践行为人民服务理念的重要指向,具有重大的现实意义。我们可以从以下三个方面理解政府公共关系活动实施的意义。

第一,政府公共关系活动实施是检验活动策划的重要手段。所谓实践是检验真理的唯一标准,政府公关活动策划如果不能转化为具体的活动,则永

---

① 李兴国. 政府公共关系[M]. 北京:中国人事出版社,2014:56.

远是一纸空文,没有任何现实意义。通过政府公关活动的实施,可以在实践中检验活动策划的有效性和完备性。并且,可以现实中的经验为依据对活动策划做进一步的修改,为以后的活动积累更多宝贵的经验。

第二,政府公关活动实施是解决问题的中心环节。政府公关活动的最终目的是解决问题,满足人们的诉求和期望,转化理论为实践才能体现政府公关活动以公众为本的理念。"喊口号"式的公关活动早已不适应时代的发展,公众需要看到的是实干型的政府。将服务型政府理念落到实处需要政府公关活动的实施。

第三,政府公关活动实施有利于提升政府公关质量。只有经过实践检验的政府公关活动才能从中发现存在的问题与不足,并对其进行分析,避免在今后的工作中继续出现相同的问题。如此循环往复,政府公关工作才能在不断吸取经验教训的基础上取得进步,才能有助于政府公共关系工作的有效的、持久的展开。

三、政府公关活动的评估

政府公共关系活动评估既是对本次公关活动经验和教训的总结,也为未来公关工作的开展提供参考和依据,是政府公关活动不可或缺的一步。采取适当的方法对政府公关活动的内容、程序、目标、效果等进行有效评估,能够帮助政府有关部门把握政府公共关系的发展方向,从而促进公关工作的有效开展。

(一)政府公关活动评估方法及程序

根据政府公关活动主体的性质和活动规模的大小等具体情况,政府公关活动的评估可以采取不同的方法。本书按照评估活动主体的不同大致将评估方法分为以下四种。

第一,机构内部评估。机构内部评估是指政府公关机构根据政府公关活动的情况,开展内部的评议、检查和总结,并以口头或书面方式向上级领导部门报告。自我评估的好处在于参加评估的人员都是亲自参与到公关活动中的,对活动过程中的问题和经验有切身的体验,能够比较直接地发现存在的问题和不足。但自我评估的缺点也十分明显,那就是容易受主观情绪控制,不能做到客观和理性。

第二,外部机构监察。外部机构监察是指由政府公共机构以外的其他政府职能部门或由政府部门聘请专门的评估机构对公关活动进行评估。这样的评估方法有利于保证评估方以第三方的身份客观地考虑问题,从而使得评估活动更具有客观性。

第三,专家评估。以上两种评估方式是基于评估机构,从评估人员来看,聘请评估专家是比较常见的评估方法。通常情况下,公关机构会聘请数位评估专家就公关活动具体开展的情况进行匿名评审,并经过仔细讨论形成比较一致的意见反馈给政府公关机构。

第四,民意调查。直接了解公众对政府公关机构活动的满意程度和建议是改进公关工作的重要手段。民意调查可以采用针对特定人群散发问卷的形式,征求他们对指定问题的意见、态度、倾向,也可以采用与公众代表谈话的方式(召开座谈会等),面对面征询他们的看法和意见,并将意见汇总、整理形成综合意见。

政府公共关系评估需要遵循特定的程序,以保证评估工作有条不紊地进行。公共著名公关学者卡特里普等人在《公共关系教程》中将评估过程分为以下十个基本步骤:对评估的用途和目的达成一致;确保组织对评估的承诺,并使研究成为项目的基础;在部门内取得对评估研究的共识;用可以观察和可以测定的术语写出项目目标;选择最合适的标准;确定获取证据的最佳途径;保持完整的项目记录;运用评估结果;向管理层报告研究结果;添加专业知识。①

本书将这些步骤归纳为达成评估共识、选择评估标准、评估过程的实施、评估结果的运用。

第一,评估共识涵盖了对于评估用途、目的、内容、内部意见等方面的共识。评估工作虽然是政府公关工作的最后一步,但同时也是十分关键的一步。在评估的用途、目的、内容等方面达成一致,同时,通过讨论、交流等方式在机构内部统一评估意见,都便于评估工作的顺利开展。

第二,选择评估标准。政府公关目标是政府所期望公关活动达到的效果,是理想化的。它与实际公关活动取得的成效存在一定的差距。因此,评

---

① [美] 斯科特·卡特里普,艾伦·森特,格伦·布鲁姆.公共关系教程[M].明安香,译.北京:华夏出版社,2001:348-349.

估标准要在参考公关目标的基础上,从公关活动开展的实际情况出发,客观地进行制定和选择。

第三,评估过程的实施。评估过程涉及对大量数据的收集和整理,这需要政府公关部门采用数字化的采集和分析技术,实现准确的数据处理。

第四,评估结果的运用。在处理数据的基础上,公关人员要将评估结果整理成文字材料,形成包括评估目标、评估内容、评估程序、评估结果等在内的评估报告,并呈交领导层审阅。更重要的是,评估结果不能束之高阁,而是要将它转化为公关人员的专业知识,并将它们应用到今后的工作实践中,使政府公关工作更加科学化和系统化。

(二)政府公关活动评估意义

第一,政府公关活动评估有助于总结公关活动的缺点和不足。正像前文所论述的那样,政府公关活动目标是政府所期望的理想化的效果。实际的公关活动的实施受到经费、社会环境、人的因素等诸多条件的制约,所产生的效果与公关目标存在一定的差距。只有通过活动后的评估工作,对策划本身、执行情况、政府公关人员的表现等进行检查才能清晰地辨别出问题的所在。在此基础上,通过研讨等方式分析产生问题的原因,寻找解决问题的对策,力争在今后的公关活动中避免同样问题的出现。只有这样,政府公关活动评估才能起到对现实的指导意义。

第二,政府公关活动评估有助于政府公关目标的优化。政府公关活动目标的制定关系到公共关系的大局,直接影响着政府公关活动的有效性。有效性是政治权力在为提高共同体和集体利益时的有效运作。① 没有明确的活动目标,就很难保证政府公关的顺利开展。因此,明确的、务实的、有前瞻性的目标是政府公关工作的重中之重。政府公关活动评估的开展能够对活动策划、实施、公关人员的能力和素质、政府机构的组织协调能力等各方面进行综合评测,并做出全面而公正的评价。这些评测会对进一步的公关活动目标的制定起到指导作用。从一定意义上说,政府公关活动评估促进了公关目标的不断优化和进步。

第三,政府公关活动评估有助于加强公关活动的完整性和系统性。政府

---

① Alagappa M. Political legitimacy in Southeast Asia—the quest for moral authority[M]. Stanford: Stanford University Press, 1995:51.

公共关系活动是一个有机的整体,它包括前期的调查、策划,中期的实施以及后期的评估。可以说,任何一个步骤的缺失都会影响公关活动的大局。政府公关活动评估作为最后一个步骤关系到整个活动的完整性和系统性,避免"虎头蛇尾"。同时,通过经验和教训的总结,评估工作可以对今后的公关活动产生切实的指导作用。这也使领导层和公关人员深切地意识到评估工作的重要性,从而更加重视政府公共关系工作。

思考题

1. 什么是政府和政府的组织机构?
2. 举例说明政府公共关系的基本原则和工作程序。

第四章 政府公共关系与公众

政府公共关系所针对的关系主要是政府及相关主体与公众之间的关系，了解并正确认识政府公共关系活动中的公众是建立现代政府公共关系理论和实践的基础。本章介绍了公众的基本界定及历史演变，分析了公众在政府公共关系活动中的角色，并论述了当代公共关系对公众的新认知。

第一节 公众的概念界定

一、公众概念的演变与界定

"公众"一词最早见于南宋著名理学家朱熹的《朱子语类》（卷十六·大学三）中："譬如一事，若系公众，便心下不大段管；若系私己，便只管横在胸中，念念不忘。只此便是公私之辨。"[①]这句话的意思是说辨别公私的关键就在于是以公众为心，还是以个人为念，强调做事情之前的心理出发点，而不是以行为的形态作为划分标准。在早期的文学作品中，"公众"一词也常有出现。例如，在晚清吴趼人的小说《恨海》中就有这样的描述，"棣华大惊道：'这个如何使得！医院虽说有人伏侍，那都是公众的人，要茶要水，怎得便当？'"[②]"公众"一词早期的用法多指大家或者大众。这与我们现在所说的大众意思相近，是一种比较随意、广泛的用法，比如人民大众、劳动大众、消费者大众等等。它的内涵比较模糊，可以说涵盖了所有的公民。

"公众"一词在中华人民共和国成立初期被"冷落"。由于"公众"一词涵盖面过广，不符合"以阶级斗争为纲"的时代要求，与"敌人"相对的概念例如

---

① 黎靖德编，王星贤点校.朱子语类[M].北京：中华书局，1986.
② 吴趼人.恨海(第十回)[M].南昌：豫章书社，1981：176.

人民、群众等词逐渐取代"公众"一词。一切愿意抗日的人们才是属于人民的范畴，一切听从党的指挥、跟党走的人们才属于群众。人民、群众等词在这一时期都与政治范畴有着紧密的联系，成为判断阶级性的关键。在一个一切都染上意识形态色彩的社会，语言作为一种实践表征也难逃被政治化的危险。

随着经济的发展、西方传播学以及公共关系学的传入，"公众"的概念逐渐进入中国人的视野，但最先被人们接受的还是"受众"这一概念。这与公共关系最先在企业中盛行有很大关系。受众的内涵与公众这一概念十分接近，但二者还是有区别的。受众的概念只强调信息的接受和处理，公关活动的重点就是如何让受众更好地接受所传播的内容。也就是说，这里的"受众"被看作一个被动的客体，受众是消极的，他们没有必要也没有办法做出任何反馈。对于受众而言，传播活动是单向的。而在公共关系活动中，公众与组织是互动的，公众的意愿被组织所采纳，并根据公众意愿制定活动策划、实施公关活动，公众被鼓励积极参与公关活动的全过程，包括后期的活动评估。公众虽然是公共关系的客体，但它直接影响着主体的行为和发展。

最后，我们要将政府公共关系中的公众与企业公共关系中的公众做简单区分。企业公共关系中的公众是公共关系兴起时公众存在的最初形态，它是以企业型公共关系组织为公共关系的主体所产生的公众对象。而政府公共关系公众是以政府为公共关系的主体，因某种公共事务所产生的公众对象。政府公众是政府公共关系工作中公共信息沟通与传播的主要对象，与政府机构的利益直接或间接相关，对政府工作的目标和政府的发展有实际的或潜在的影响力和制约力。

鉴于以上分析，本书将政府公共关系中的公众界定为与政府有着直接或间接联系的、对政府形象和发展产生影响与制约的特定的社会群体。

二、政府公共关系中公众的特征

在第一章中我们总结了公共关系中的公众所具有的特征，即公众作为一个整体而存在，公众是多维度的以及公众具有相关性。作为公共关系的一种样态，政府公共关系遵循其基本特征，但政府公共关系是以政府为主体的特殊的公共关系，其公众的特征又有一定的特殊性。因此，本书在公共关系中公众特征的基础上归纳政府公共关系中公众具有以下主要特征。

第一,交流的双向性。自艾伦·森特和卡特里普在《有效的公共关系》(中译本名为《公共关系教程》)中提出了著名的"双向对称"模式以来,公共关系一直都十分注重强调要在组织与公众之间建立一种和谐的关系,以达到双向沟通。政府公共关系中的公众与政府主体之间构成双向互动的关系。一方面,政府的公共政策、公共关系活动对公众有影响力和制约力;另一方面,公众有权在法律规定的范围内行使其言论自由的权利,对政府公共关系活动进行监督和批评。随着信息化时代的到来,互联网为普通民众的政治表达提供了更多的平台。政府也意识到只有充分发挥公众的才智,积极听取公众的意见和建议才能获得公众的理解和支持。因此,各大政府机构纷纷开设了微博、公众号和官方网站以接受公众的监督,加强与公众的交流。尤其是政务微博的开设有利于不同层面和空间的舆论形成及扩散,在社会生活中发挥着越来越重要的作用。但政务微博的断点式发布(遇到危机突发事件时,微博的关注度、转发量、影响力提高,但在平时就默默无闻了),被动等待关注,单方信息发布等缺陷制约了公众与政府的沟通。如何使政务微博从断点式危机应对走向常规化运作,从被动关注走向主动自我推介,从单方信息发布转向关系的维护是实现政府与公众双向沟通的关键。政府公共关系中公众交流的双向性是公众维护自身利益的体现,同时也保障了政府公共关系始终以公众为本的基本方针。

第二,利益的一致性。政府公众利益的一致性体现在特定的公众的形成是因为他们面临着共同的问题,而且对问题的处理有着相似的意见。政府公共关系中的公众是有特定指向的,并非广义上的大众。他们必须是被牵涉到同一公共事件中,并因共同的利益诉求形成一种合力,这样的公众才是政府公众。以厦门PX事件中的公众为例。这里的公众是指担心二甲苯(简称PX)对公共安全尤其是对环境造成污染,通过网络和其他渠道表达对PX事件的反对,并最终促成了工厂停建的厦门市民。他们因为PX项目的建设聚集在一起,并形成了对这一项目比较一致的看法——认为它有害,同时积极参与到反对项目建设的行动中去。符合这些特点的公众才是政府公共关系中的公众。总体来说,政府公众不是一两个人或一群互不相关的人的集合,他们必须就某一个公共议题集结在一起,享有共同的利益关切,并能够为了同一目标采取比较一致的行动。

第三,范围的可变性。随着政府公关意识的增强,一定区域内的人群是政府公关活动唯一目标公众的观念[①]已经逐渐消弭,公众的范围在逐渐扩大。同时,政府公共关系公众的范围是根据具体公共议题的改变而不断变化的。当一个公共议题得以解决,因为这个议题而集结在一起的公众就失去了他们的利益一致性,这个公众群体也就会自然解散。下一个公共议题出现时,另外一些公众又会因为相同的利益集结在一起,组成一个新的政府公共关系活动的公众。另外,政府公关活动的内部公众,其范围也会因为公众的需求、态度的变化而变化。还是以上文的厦门 PX 事件为例,虽然该危机事件发生在厦门以及之后迁址的漳州,但是福建及全国范围都有许多关注此事的公众,他们都属于此次公关活动的公众。

三、政府公共关系中公众的分类

对公众进行分类是政府公共关系中重要的一环。因为每个政府公关活动所面向的公众都是不同的,只有实行严格的分类才能有的放矢地制定公关计划、开展公关活动。目前,依据不同的标准,学术界对政府公共关系中公众进行不同的划分。例如,按照公众与政府的归属关系将公众分为内部公众与外部公众;按照公众对政府的重要性将公众分为首要公众、次要公众;按照公众对政府的态度将公众分为顺意公众、逆意公众和独立公众;按照公众的组织结构将公众分为个体公众和组织公众;按照公众的发展过程分为非公众、潜在公众、知晓公众和行动公众;按照公众的稳定程度将公众分为临时公众、周期公众和稳定公众等等。各种分类方法各有优点和缺点,并适用于不同的情况。为简便起见,同时也是为下一部分论述公众在政府公共关系中的角色的考虑,本书将政府公共关系中公众按照公众与政府、国家的隶属关系将公众划分为政府内部公众、国内公众和国际公众。

(一)政府内部公众

政府内部公众是政府组织内部的各机构及其工作人员。政府内部公众具有双重身份。一方面,他们是政府内部公关的对象;另一方面,作为政府职员,他们也是政府对外公关活动的主体。可以说,政府内部公众是政府公共

---

① Sriramesh K & Li E. Public relations practice and socio-economic factors: a case study of different organizational types in Shanghai[J]. Journal of Communication Study, 2004, 3(4):44-77.

关系活动能够开展并得以有效开展的关键一环。

政府内部公众因其双重身份使其在政府公共关系活动中占有独特地位，也使其具有比较鲜明的特征。具体说来，政府内部公众具有以下特点：第一，政府内部公众具有相对的稳定性。政府公关活动开展所面对的外部公众是流动的、不断变化的，但政府内部公众却是相对稳定的。尤其是在中国，进入政府部门工作就是人们通常意义上的端上了"铁饭碗"，一辈子有了依靠，不用担心失去工作。再者，政府工作的特点也决定了其在人员编制上要保持一定的稳定性，频繁的人员流动不利于政府工作的开展。因此，政府内部公众在流动性方面相对较小，目标群体相对稳定。第二，政府内部公众与政府关系紧密。政府内部公众不仅在行政关系上隶属于政府，而且在日常工作中每天都处于和政府的紧密接触中，所以容易与政府间形成比较紧密的联系。一方面，这种紧密联系有利于政府了解其内部公众的生活、工作、心理状态，获取意见和建议，并及时对其公关工作进行调整和规划；另一方面，这种紧密联系也有利于内部公众直言不讳地将意见传达给政府，加快信息的传播速度。第三，政府内部公众是一个组织严密的系统。相对于外部公众的松散而言，内部公众在组织结构方面是十分严密的。他们有专门的分工与协作，对各自所扮演的角色都了如指掌，领导者、建议者、评价者、跟随者等等各自发挥各自的作用。由于都受过专业的公关培训，对公关活动十分了解，因此能够比较灵活、有效地开展公关活动。在一定程度上来说，这种严密的组织结构保障了政府内部公关的高效性。

（二）国内公众

国内公众是指除政府内部公众以外的一个国家内部的其他所有公众。正像上文提到的那样，这部分公众比较分散，他们包括工作在任何岗位上的公民、无业的公民等。他们人数众多、分布广泛而且流动性强，是政府公关活动的泛公众。

作为政府公共关系最主要的公关对象，清晰了解国内公众的特点，有针对性地制定相关规划十分必要。国内公众具有以下基本特征：第一，国内公众的广泛性和诉求的多元性。政府公众范围广阔，人数众多，这直接导致了他们利益需求和政策诉求的多元化。以中国各地的医疗保险制度为例，我国已经建立了覆盖全国的医疗保险制度。但医保制度不是"一刀切"的，它是根据公众的户口性质、工作时间长短、工作部门的性质、工作单位所在省市等等逐级划分的。也就是说,政府应该依据不同公众的诉求,对公众进行细致区分,最大限度地满足公众的需求。第二,国内公众的双重性。由于国内公众人数众多,其中既包含很多积极因素,也包含消极因素。他们既有响应动员、配合政府公关的一面,也有自私自利、目光短浅的一面。总之,国内公众的力量是巨大的。这种力量如果得到积极引导和充分发挥,会对政府公关活动产生推动作用,促进社会进步。相反,这种力量如果被漠视和利用则会危及社会发展,造成巨大损失。因此,如何趋利避害,发挥国内公众的积极作用并将消极作用化解到最小是政府公关工作的难题。第三,国内公众的集合性。任何公众都属于社会的某一个群体,都是群体的一员,群体的力量使其获得暂时的安全感,获得群体的庇护,成为群体一员是个体行为的趋向。在此基础上,政府公关活动要善于唤起公众中的"领袖",以"领袖"的感召力影响其他人,并最终形成有利于公关活动的舆论和现实环境。当然,这种集合性也会导致无组织行为的发生。个人在"随大流"和"法不责众"心理的驱使下,容易做出种种不当行为。因此,政府公关活动要善于发挥国内公众积极的集合性,避免消极的集合性。

(三) 国际公众

国际公众是指外国政府、国际组织、外国公众以及本国在外长期居住的公众。从数量上来说,这部分公众的数量最大,但由于他们在地理上与本国相距遥远,长期以来,这部分公众在政府公关活动中都是被忽视的。但随着国际化、全球化程度的加深,各国之间联系越来越紧密,国际公众已经成为政府公关活动的重要对象。与国内公众相比,国际公众的分布范围更加广泛,利益诉求更加多元,影响因素也更加复杂。

国际公众由于其范围广大,因此具有明显的差异性。这些差异性主要体现在以下两个方面:第一,文化差异。由于政府公关活动的主客体处于完全不同的文化背景下,使得政府公关具有了跨文化的特征,给公关活动带来了重重阻力。因此,面向国际公众的政府公关活动必须首先了解公众所在国的文化风俗,包括语言、宗教、历史等等,做到知己知彼。其次,引导国际公众对本国文化的适应也是有效开展政府公关的必要途径。在以往的对外交往中,我们多强调主动去学习对方的文化。但实践证明,其他国家对我国也同样保持着好奇的心理。在公关活动中,积极引导国际公众适应和了解我国的文化有利于公关活动的进行。第二,国情差异。这里的国情差异主要指政治、经济体制方面的差异。各国的经济发展水平制约着本国的公关活动。也就是说,一个国家的公关设施以及公关手段要与本国的经济发展水平相适应,不能"打肿脸充胖子"也不能畏首畏尾。同样,我国在对经济发展程度不同的国际公众进行公关活动时,也要将经济因素作为一个重要考量。既要表现出大国应有的扶倾济弱的姿态,同时也要有所把持。在政治体制方面,一个国家的政体、政府管理体制与运行机制都对本国的公关活动以及他国的公关活动有直接影响。

第二节　公众在政府公共关系中的角色

公众在政府公共关系中的角色因其分类的不同而有所不同。如果按照不同的分类标准对公众进行分类,可以保证分类方式的严谨和细致,但要阐述每一个类别的公众在政府公关中的角色就十分繁复。因此,本书依据上文中公众的分类方法,分别论述政府内部公众、国内公众以及国际公众在政府公关中所扮演的角色。

一、政府内部公众在政府公共关系中的角色

政府内部公众是政府公共关系的基本内核,可以说,是否充分发掘政府内部公众的公关能力、培养全员公关意识,直接影响着政府公关的有效达成。总体来说,政府内部公众在政府公关中起到以下四个方面的重要作用。

第一,政府内部公众是政府公关方针、计划和目标的制定者及执行者。政府内部公众的特殊身份决定了其在政府公关活动中的重要作用。政府内部公众与政府公关最为紧密,他们直接或者间接参与政府公关活动的策划、制定以及执行,并且可以对方案的具体内容提出自己的意见和见解。也就是说,政府内部公众的公关素质直接反映着政府公关的质量。因此,培养政府内部公众的全员公关意识,使政府内部所有的工作人员都能将公共关系的理念贯彻到各项工作中是提升政府公关能力的重中之重。全员公关的理念在企业当中被落实得很好,很多企业在意识到顾客就是上帝的基础上,努力

提升员工的服务意识。例如,一些企业施行的微笑服务、全员统一着装、规范行为言谈、加强语言沟通等做法都是培养全体员工公关意识的典范。但政府部门一直都被看作高高在上的权威,包括政府内部人员也会以自己是"公家人"而有着优越感。然而,现代的政府理念要求政府要俯下身子为人民服务,成为人民的公仆。所以,培养政府内部公众公关意识的首要前提就是在思想上消除工作人员的优越感,树立服务意识。只有这样,政府内部公众的公关素养才能有所提升,才能担负起对内制定公关方案、对外开展公关活动的重任。

第二,政府内部公众是政府公关形象的代表和象征。政府内部公众是政府形象的代表,自然也是政府公关形象的代表和象征。政府工作人员的一举一动都关系着人民群众对政府的认知和信任。这里的一举一动不仅包括政府内部公众的衣着、语言、行动,也包括他们处理事情的态度、仪态、果断程度、立场等等。近年,我国政府加强了对政府工作人员的培训工作。每年各级政府部门都会对新入职的公职人员和领导干部定期开展培训,对他们的公关意识,大到演讲发言小到衣着配饰都进行严格的规范。政府工作人员的形象会直接影响公众对政府的认可度,尤其是经常与人民群众接触的领导干部在日常行为中更要严格规范自己的行为。在2015年8月12日天津港爆炸事件的新闻发布会现场,部分政府工作人员的表现引起媒体以及公众的质疑。当记者提问"谁指挥救灾""伤亡的具体情况""危险品与小区建设距离"等基本问题时,发布会人员的回应是"不知道""不掌握"或者"不是我的职责"。这些政府工作人员面对问题时相互搪塞推诿、不敢担责、不敢发声的态度直接导致外界的诸多批评,严重影响了政府在公众心目中的形象。按照常理,当危机事件发生时,召开新闻发布会是缓解危机、争取公众信任的最好方式,但部分政府工作人员的表现实在令民众心寒。这样的政府公关不但没有起到应有的效果,反而会加剧冲突的发生,降低公众对政府的认可度。另一方面,通常情况下我们对政府内部公众的形象要求都是衣着得体,但特殊情况下的特殊处理反而会增强政府公关的效果。例如,2013年7月21日,习近平主席视察武汉新港,当时下着大雨,习近平主席自己打着雨伞,卷着裤腿,雨水打湿了衬衫。这么不合"体统"的穿着赢得了全国人民的赞扬,这种务实亲民的作风与作为切实体现了政府工作人员为人民服务的核心精髓。由此可见,政府内部公众的形象对于政府形象、政府公关形象的建设至关重要。

第三,政府内部公众在政府公关中发挥着示范和表率作用。政府内部公众是政府公关活动的策划者和执行者,也就是说,他们对公关活动各方面的安排都最熟悉。因此,政府内部公众有责任也有义务在公关活动中冲在前列,为其他公众起到表率和示范作用。尤其是领导干部更应该带头参与并投入到实际的公关活动中,以自己的实际行动影响和带动下属以及社会公众。可以说,这种示范和表率可以收到双重的效果。一方面,对于公关活动本身而言,政府内部公众的积极参与会提高公关活动的质量,进而提升公关活动的实施效果;另一方面,对于社会影响而言,政府内部公众的积极参与可以让社会公众看到政府对公关活动的重视以及政府为人民服务的诚意,提升了政府形象,增强了公众对政府的信任。更重要的是,公众看到了政府工作人员的以身作则以及身体力行,这会强烈地激发他们的参与热情,使自己也成为公关活动的一分子。可以说,唤起公众的参与热情是政府公关有效实施的标志。中国政府在加强自身经济发展的同时,十分重视对政府内部公众的教育和培养,要求政府员工尤其是领导干部要以身作则,积极参与各种公关活动。例如,2015年10月23日,兰州市城关区组织全区各街道部门职工对辖区主次干道车行道隔离栏、两侧人行道护栏进行人工擦洗。全区500多名干部职工无一例外地参加了此次清洗活动。从性质上看,这既是一次城区清洁活动也是一次政府公关活动。通过此次活动,不仅城区的环境得到改善,而且公众对政府工作人员的形象也有了改观。政府工作人员不再只是传统意义上的"办公室+茶水+报纸",他们也是公关活动的积极参与者。

第四,政府内部公众在政府公关中发挥着重要的上传下达、关系协调的作用。一方面,鉴于政府内部公众与政府部门之间紧密的关系,他们可以更加便利、直接地向政府部门反映公众的建议和意见;另一方面,相对于政府机构而言,政府内部公众在情感上更加贴近公众,所以,政府内部公众可以将政府的相关决策以灵活多变的方式传达给公众。尤其是在政府与公众发生利益冲突时,政府内部公众有能力也有义务在二者之间做好协调,以缓解矛盾。在群众意见"上传"这方面,中国政府设立了专门的信访机构。除此之外,近些年来兴起的"省长信箱""省长手机"等形式的反映民意的渠道也不断涌现。以江西接受群众投诉的"省长手机"为例,就曾创下日均接听来电200多个的记录,为民众解决住房、医疗、教育等各方面的切实问题,成为人民群众信得过的、反映社情民意的晴雨表。但是,在当下,能够使政府信箱等反映公众意见的渠道顺利运转并发挥其应有作用的还应当加强;在查阅文献的过程中我们发现,一些省份的"省长信箱"形同虚设。一方面,在办事效率上十分低下。群众反映的问题基本都需要数月时间才有答复。另一方面,也是最重要的,答复都是千篇一律"谢谢关注省长信箱!来信反映的问题已处理。详细情况可向×××市信访局查询"。可是去所指定的信访局查询,问题仍然是问题,根本没有处理。"省长信箱"中所说的处理只不过是将信件中的问题转达给所在市的信访局,至于接下来具体的处理过程、处理意见、处理结果就不了了之。可见,相关的问询、追责、惩罚机制的缺失很难保证民意"上传"渠道的通畅。在政府政策的"下达"这方面,中国各级政府部门建立了定期的召开新闻发布会制度。尤其是在发生公共危机事件时,新闻发布会起着情况告知、消除谣言、安抚情绪、稳定社会秩序的重要作用。不论是"省长信箱"还是各级政府的新闻发布会制度都是政府内部公众的重要组成部分,他们对于政府公关活动的开展有重要的辅助作用。

二、国内公众在政府公共关系中的角色

国内公众是政府公共关系所面对的最广大也是最重要的部分,他们在数量上十分巨大,类型构成十分复杂,利益诉求也十分多样。正确对待和处理与国内公众的关系,发挥最广大公众参与公关活动的热情是有效开展政府公关的关键。鉴于国内公众的复杂性和多样性,他们在政府公关中的作用也呈现出一定的矛盾性。具体来看,国内公众在政府公关中的角色主要有以下三种。

第一,国内公众是政府公关的主要参与者。这里所说的参与既包括国内公众以个人或集体身份参加到政府公关活动中,与政府进行互动,也包括潜在的参与。按照社会公关形态,可以将政府公关分为公众潜在型模式、公众接受型模式和公众互动型模式。在公众潜在型模式中,公众只是作为潜在的公关对象,其参与程度很低,甚至没有。但公众的角色和地位仍在政府公关的制定和实施过程中发挥着重要作用。在公众接受型模式中,公众是作为简单公众,被动参与到政府公关活动中。例如,政府通过报纸、电视、网站等方

式开展的宣传活动。在这种模式中,虽然公众是信息的接受者,没有多少发表意见和表达见解的余地,但公众的参与实际上是贯穿信息传递过程的始终的。信息的编辑、书写、审核、传播、接受的各个环节都有公众的参与,并且都是以公众能够接受和乐于接受的标准制定信息传播策略的。所以,公众的参与是无处不在的。在公众互动型模式中,政府与公众通过充分的交流互动,共同达成公关目标。在这种类型的政府公关中,公众是以实际行动参与到公关活动中,这其中既有简单的配合也有深入的互动。从以上三种社会公关形态中我们可以看出,任何一种类型的政府公关活动都包含国内公众潜在的或直接的参与行为。所以,国内公众是政府公关的主要参与者。

第二,国内公众是政府公关舆论环境的主要塑造者。从哲学上说,舆论是一种社会意识的反映,是对象意识与自我意识相互交织的产物。随着网络化时代的到来,舆论引导社会实践、影响国家决策的力量越来越明显。舆论不仅能够营造道德氛围、整合社会意识,而且对于监督政府的良性运转起着重要的作用。在我国,国内公众主导着政府公关舆论环境的形成与走向。以人际传播、书面传播、大众媒体传播、网络传播为基础的传播渠道为公众提供了舆论环境塑造和舆论监督的重要平台。尤其是互联网的发展使公众可以在保护自己免受追责的情况下,对公共事件进行自由的评说,并通过网络舆论的合力"倒逼"政府,成为政府行政行为有力的外部监督。以"表叔"事件为例。事情缘起于2012年8月26日,陕西省延安市发生的一起特大交通事故。当时,作为省安监局党组书记、局长的杨达才赶赴事故现场指挥救援工作。面对伤亡惨重的车祸现场,杨达才表现得若无其事,甚至面带微笑,这引起了网友的强烈不满,继而在网络上开始对他进行了人肉搜索。结果发现,他在不同场合先后佩戴五块不同品牌款式的名表。网友继续发动"人肉"攻势,又为杨达才找出六块名表,每块表的价格都在三万到数十万元之间,"表叔"由此得名。一时间,"微笑局长"以及杨达才在不同场合佩戴名表的图片在互联网上疯狂转载,在社会上形成了广泛的舆论影响。有鉴于此,陕西省纪委及时进行了认真调查。2013年8月30日"表叔"杨达才落马。在这一事件中,国内公众特别是网络公众发挥了关键性作用,他们基于公民意识参与监督,倒逼了政府的反腐调查,制造了舆论契机,助推了制度构建的反思。可见,国内公众的舆论监督力量是巨大的。尤其是在当下的信息化情境下,公众的舆论监督对于政府机构的公开、透明,政府形象建设发挥着重要作用。

第三,国内公众是政府公关效果的最终评估者。政府公关评估是改进政府公关工作的重要环节和开展后续政府公关工作的必要前提,所以,政府公关评估在政府公关实践中发挥着不可低估的作用。有鉴于此,由谁来评估这个最基本的问题也就显得尤为重要。当然,评估的具体操作和执行是由政府公关部门的工作人员来负责,但其中的评估意见是来源于广大国内公众的。也就是说,一个政府公关活动的效果好坏,最终取决于公众的评判。鉴于政府内部公众与政府的紧密关系,其对于政府公关效果的评估是十分有限的。而国际公众虽然是政府国际公关的主要对象,对政府国际公关的效果有一定的评判权,但是一方面,相对来说,政府国际公关的数量较少;另一方面,开展政府国际公关的最终目的仍然是增强国家的综合实力,最终使国内公众受益。所以,国内公众对于政府公关效果有主要的评估权。在实际的政府公关效果评估中,国内公众的主体地位还未得到足够重视。很多政府公关活动的评估仍然停留在未进行社会调查、没有任何公众参与的基础上,政府公关部门"关起门来自己评估自己"的状态。长此以往,政府公关效果会大打折扣,公众对政府的信任也会逐渐减低,最终影响政府在公众心目中的形象。

三、国际公众在政府公共关系中的角色

随着全球化步伐的加快,各国在政治、经济、文化、外交等各个领域的合作和交流不断加快,任何一个国家都不可能在与世隔绝的状态下获得发展。因此,提升政府外交能力、开展政府国际公共关系成为各国政府对外工作的重点之一。国际公众也逐渐成为政府公共关系中不可忽视的目标群体。国际公众对于政府国际公关的成败、一个国家形象的建立有重要的影响。具体说来,国际公众在政府公关中的作用有以下两个方面。

第一,国际公众是国家与国家之间的桥梁,对于改善政府交往,促进政府公共关系发展有重要作用。国际公众范围广阔,既包括外国政府、企业组织,也包括数量巨大的外国民众。这些公众都是我们应该团结、争取合作的对象。首先,在对待外国政府方面,要分清敌友,多交朋友,团结一切可以团结的力量。在互相尊重主权平等的基础上,互惠互利,求同存异,平等交往,利用一切有利于自身发展的国外力量,为经济建设和社会发展服务。其次,在

与外国企业打交道的过程中,要用优惠的政策和完善的服务吸引外国企业,增强其对中国政府的信任和好感。最后,在对待外国民众方面,要充分体现中国人民热情好客、礼仪之邦的优良传统,欢迎天下宾朋。用优质的服务感染外国民众,并以其亲身经历和感受,借其之口向海外传播中国的良好形象。

第二,国际公众在政府公共关系中起着重要的信息传递和交换作用,是在国际上树立国家形象的重要渠道。俗话说"自夸不如人夸"。我国政府想在国际公众心目中树立良好的形象,首先要征服国际公众,用他们的切身感受和评价帮我们做宣传,这比我们自己的宣传效果要好得多。同时,也更具有可信性和传播力。近年来,到中国旅游的外国游客日益增多。他们带回去的不仅是中国的特产和风物,更重要的是对中国的评价。而且他们的评价直接影响着他们周围的人对中国的看法,有"一传十,十传百"的魔力。所以,针对外国游客我国可以有选择地开展重点公关。不仅让他们在中国玩好、吃好,感受中国的文化和传统,更重要的是通过加强旅游管理和服务,使外国公众对中国的经济、社会以及政治制度有更深入的了解和认同,从而提升中国在他们心目中的形象。

第三节 公众的主体性与政府公共关系发展

一、公众的主体性

新媒体的浪潮将政府公共关系的研究带入了一个新的时代,互动的对话已经成为公关活动中最重要的变化之一。[1] 公众是政府公共关系的对象,但这并不意味着公众是被动的、处于附属地位的。实际上,在政府公共关系实践中,公众的地位有其主体性的一面。公众的主体性主要体现在以下三个方面。

第一,政府是公共关系的策划和执行主体,但从政府公共关系的"公共性"出发,政府公共关系需要坚持公共利益至上的基本原则。公共利益至上

---

[1] Seo H. How the internet change public diplomacy: a case study of online community run by U. S. embassy in South Korea [M]. Washington DC: Conference papers—International Communication Association,2009:1-20.

是一种优先原则,即公共行政人员在制定和执行政策时优先考虑社会公众利益而不是私人利益,把全社会的公共利益作为神圣的准则,并使之成为一切行政人员行政行为的内在尺度。① 在近些年的理论以及实践中出现了过分关注行为主体——政府的倾向。诚然,政府的特殊性决定了其在制定政府公共关系目标时的主导地位,但仅从政府的角度考虑问题,容易造成脱离群众的现象。公共关系的产生是因为主体认识到了公众的重要性,切实感受到了公众的力量。因此,在实际公众中,不仅要认真倾听公众的心声,而且要通过改革等措施,在公关活动实践中真正体现公众的利益和主体性。

第二,政府利益和公众利益具有一致性,在政府公关活动中要做到公私兼顾、公私互惠。从国家产生的角度来看,国家是社会在一定发展阶段上的产物,它的主要任务是缓和冲突,把冲突保持在"秩序"的范围以内。国家在这里充当不同阶级或群体的公共利益和意志的代言人角色,具有协调双方的公共性。② 政府应以保护公民权利,实现公民利益为工作的出发点,不能将政府权力凌驾于公民利益之上。因为,如果人民不满意、不认同,政府的一切工作都是没有意义的。在我国,公共关系作为一种战略管理的手段,被用以构建与公众之间的长期互信关系。③ 因此,政府部门要以双赢作为解决利益矛盾的思维方式。充分考虑公众的诉求,在坚持公共利益至上的基础上,做出价值理性的选择。同时,避免政府公共关系沦为语言暴力和权力操纵,成为意识形态的"供输者"和"制造认同"的工具。

第三,从政府公共关系的终极目标来看,政府公共关系活动的开展是以公众利益的实现和满足为基本诉求,公众的主体性在这一点上得以充分体现。政府作为社会系统的一部分,它的良好运转为社会的发展提供动力和支持,并以个人和社会的全面协调发展作为检验其效果的重要标准。这也是在政府公关评估中一定要纳入公众评估这一重要指标的原因。可以说,自古以来,公众的满意都是衡量政府工作的尺度。古希腊时期,"公众赞成""公众反

---

① 吕瑛,丛志杰.论政府公共关系价值的本原及核心[J].内蒙古大学学报(哲学社会科学版),2011,43(5):67-71.
② 廖为建.政府公共关系的公共性视野[J].国际新闻界,2007(12):22-27.
③ Gruning L A, Gruning J E & Dozier D M. Excellent public relations and effective organizations: a study of communication management in three countries[M]. Mahwah: Lawrence Erlbaum Associates, 2002.

对"的术语就出现并被广泛使用,并有"公众的声音就是上帝的声音"这样的认识。可见,公众的主体地位一直都为各国所推崇。

二、尊重与发挥公众的主体性

公众的主体性地位要求政府公关活动中充分尊重公众的意志和诉求,通过民主协商、公平对话的公关机制来行使权力,维护公众的权利,从而赢得公众的认同和支持。具体说来,政府公共关系要以公众本位取代传统的政府本位,加强服务理念建设,同时,建立允许最广泛公众参与的公关机制也是发挥公众主体性的关键所在。

第一,政府公共关系要转变传统思维,以公众本位取代政府本位。法国著名的启蒙思想家卢梭认为,"政府是臣民和主权者所建立的一个中间体,以便两者得以相互适应,它负责执行法律并维持社会以及政治的自由"①。政府从其产生之初就是作为调解公众与主权者之间关系的中间体。政府通过满足和实现公众的利益而体现其存在的价值。可以说,政府是为保护公众的利益的实现而设置的,是保护公众权力的最强有力的组织。这也就要求在实际的政府公关活动中,政府要以公众的诉求和权利为根本出发点,使公众的自由权、民主权、教育权和社会保障权等基本权利都得到保障。尤其是对于与公众日常生活密切相关的民生问题,如教育、医疗、住房等,政府更应该高度重视。在不损害公众权利的基础上,努力发展社会经济,最终将社会发展的福利惠及公众。随着中国现代化和城市化进程的加快,城市的地域性正逐步扩大,新城建设和旧城改造成为整个城市建设中的主要问题。由于拆迁户对于拆迁评估、征地赔偿等问题不能与政府和开发商达成一致,中国各地出现了很多"钉子户"。这一方面影响了城市规划的顺利进行,但更重要的是,这也暴露出中国城市化进程中存在着盲目性,缺乏相关法律条文的具体规定,没有充分考虑公众的诉求,盲目追求城镇化速度等问题。在拆迁评估方面,有些评估机构在利益的诱惑下,按照委托人要求,做不实评估,所评估的价格与市场价格差距较大,严重损害了被拆迁人的利益。除了拆迁赔偿过低以外,有些政府在拆迁之前没有经过认真调查分析,没有准备足够的中低价位

---

① [法]卢梭.社会契约论[M].何兆武,译.北京:商务印书馆,1996:76。

的商品房、二手房和经济适用房供被拆迁户选择,致使被拆迁户一时很难找到合适的房源。这不仅使公众的合法利益受损,而且大大损害了公众对政府的印象和信任。更有甚者,以拆迁之名行暴力之实。这对国家基本法、国家的法律利益、社会的法律秩序以及公众的基本权利都造成了严重损害。重庆九龙坡的"史上最牛的钉子户"以及广西海珠、北京海淀区北坞村等地的钉子户问题的解决,有赖于政府切实关注民生、以公众的利益为出发点制定完善的拆迁制度并强化行政监督。公众本位不能只是口号,要把它落实到政府公关工作的实践中。

第二,尊重公众的主体地位,要求在政府公关实践中树立服务理念,摒弃传统的"政府管理公众"的思想。在公共关系的理念中,管理主义的思想颇为盛行。这一方面是因为公共关系最初源于企业,企业为追求经济利益容易偏袒政府的政策偏好和利益诉求,将公众视为消费者,用管理理念处理企业与公众之间的关系;另一方面,中国传统的"官重民轻"思想还比较浓厚,这从一年热过一年的公务员考试中可见一斑。政府高高在上的形象奠定了其对公众的管理地位。将公众视为顾客,以顾客与市场的交换关系替代公民与政府的主仆关系,势必会使公众只能成为客体,被动地接受公共产品和公共服务而不能参与公共服务的选择。因此,现代政府公共关系的建立需要彻底肃清传统的政府管理公众的思想,逐步建立公共服务的理念,将政府的职责定位于服务公众和授权于公众。近些年来,我国各级政府相继提出的建设服务型政府的理念,就是要把为社会、为公众服务作为政府存在、运行和发展的基本宗旨。服务型政府强调政府以服务为本位,为公众提供公共服务,简化行政审批程序,提高工作效率,最大限度地便利公众。

第三,政府公关活动中不仅要充分尊重公众的主体性,转政府本位为公众本位,树立服务理念,同时,还要发挥公众在政府公关活动中的参与积极性,将尊重公众的主体性落到实处。政府公共关系中公众不仅是活动的接受者和受益者,公众也应该是活动的积极参与者。在目前的政府公关形势下,公众多被放在客体的位置,政府公关人员和部门多考虑的是公众对公关活动的接受程度而忽视公众也应该成为公关活动的实施主体。公众对政府公关活动的参与会在很大程度上提升政府公关的效果。因此,政府公关活动在制定伊始就应把公众纳入其范围内,并在执行期间鼓励公众积极参与其中。以

2008年的北京奥运会为例,申办奥运会需要一个国家各部门和所有公众的配合与支持。北京奥组委在充分发挥国家层面的努力的同时,没有忘记广大公众的巨大潜力。一方面,北京奥组委充分认识到中国体育界知名人士的作用,邀请资深的体育官员、专家和优秀运动员加入到北京申奥公关的行列中;另一方面,面向全国招募有素质、懂礼貌的高水平志愿者,希望借志愿者的服务向世界友人传递中国人民的热情、好客。可以说,广大公众的参与为赢得奥运会的申办奠定了坚实的基础。

 思考题

1. 什么是公众?请结合具体的公共关系案例说明。
2. 举例说明公众在政府公共关系活动中的作用。

第五章　政府公共关系与媒介

主体、公众和媒介是公共关系活动的三个主要构成要素。本章主要介绍了媒介的基本概念和分类，分析了媒介在政府公共关系活动中的角色和功能，并概述了政府在公关活动中需要采取的媒介策略。

第一节　媒介的概念界定与分类

一、媒介的概念

"媒介"是传播学中的重要概念。在对这一概念进行词源学的追考时，我们发现早在西晋时期，学者杜预（222年—285年）就在其著述《春秋左传集解》中两次使用"媒介"一词，分别是"公不由媒介，自与齐侯会而成昏，非礼也"和"言已，介达之，介音届，媒介也"。① 在第一句话中，杜预认为鲁桓公没有通过媒人而直接与齐僖公会见并订下婚约，这是不符合正统礼仪的。在第二句话中，杜预认为让人推荐自己，就要通过"介"来实现，这个"介"就是"媒介"（引荐人），也就是（能够被推荐的）原因。② 由此可见，"媒介"最早的含义是介绍婚姻对象的媒人或为上级介绍人才的引荐者。

到了清代，用"媒介"指代"媒人"和"引荐者"的用法还一直延续着，只是在词性和指代上有了些许拓展。"媒介"由原来的名词变化为动词，其指代范围也由原来的"人"的范畴延伸到"物"的范畴。此时，"媒介"的意蕴已经与现代意义上的"交流、传输工具"十分相似。在清代黄遵宪的《日本国志》中，"媒介"的用法又得到进一步的拓展。在书中，作者提到"……表意人用使人电报

---

① 杜预.春秋左传集解[M].上海：上海人民出版社，1977：79，1801.
② 梁之磊，孟庆春."媒介"概念的演变[J].中国科技术语，2013(3)：60-62.

局及其他机关而表示其意思,其媒介机关因而传达不实者……"①这里的"媒介机关"与现代意义的媒介机构基本一致。到了民国时期,原有的"媒介"用法依然存在,同时,"媒介"越来越接近其现代词义。尤其是在《纸——文化的媒介》一文中,作者将纸看作承载和传播文化信息的媒介,这种对于"媒介"的认知已经完全可以归属到传播学的范畴了。

大约在20世纪30年代,英语中的media开始出现,用来指能够使事物之间发生关系的中介体、手段或工具等。当代的众多传播学者也对"媒介"下了不同的定义。被誉为"大众传播学之父"的施拉姆的定义是:媒介就是插入传播过程之中,用以扩大并延伸信息传送的工具。他基本上认为媒介就是大众传播过程中的渠道和工具,起着承载、传递信息给大众的作用。在他那里,媒介工具性的一面被充分肯定和强调。加拿大学者麦克卢汉在其著作《理解媒介——论人的延伸》中将媒介定义为"媒介即信息"。在他看来,媒介不仅传递信息,它还可以告诉人们世界是什么样子。在传播过程中,人们通过各种媒介认识和了解世界,从而改变自己的性格,同时也改变着周围的环境,因此传播媒介本身就是信息。麦克卢汉这种"泛媒介"的论断将人类历史上的任何技术进步、任何工具的发展都看作媒介,看作信息,看作人体的延伸。约翰·菲斯克在《关键概念:传播与文化研究辞典》中是这样定义媒介的:一般来说,媒介是一种能使传播活动得以发生的中介性公共机构。也就是说,媒介是拓展传播渠道、扩大传播范围或提高传播速度的一项科技发展产物。

自从传播学传入中国以后,国内学者也在"媒介"概念的界定方面进行了诸多探讨。比较有代表性的如李勇和李姣在《"媒介"考辨》一文中将媒介的定义分为广义和狭义两个方面。在他们看来,广义的"媒介"是两个或两个以上事物之间发生、确立关系的中介。而狭义的"媒介"是指建构人与人信息沟通关系的介质,如媒人、军号、报纸等。中国传播学者邵培仁从传播媒介实体的角度对"媒介"进行了界定,他认为媒介就是指"介于传播者与受传者之间的用以负载、传递、延伸特定符号和信息的物质实体"。② 这其中既包括传统的媒介形态如报纸、杂志、广播、电视,也包括新兴的网络媒介等。还有学者

---

① 出自清廷1911年颁布的《大清民律草案》。
② 邵培仁.传播学导论[M].杭州:浙江大学出版社,1997:227.

从信息传播的角度来理解媒介,认为"传播媒介处于信息传送者(简称传者)和信息接受者(简称受者)之间,是用以承载、运输信息的工具,如信函、报刊、电话和电视等"。①

综合以上学者对"媒介"的不同定义,我们不难看出"媒介"一词自古有之,尽管在时间的流逝中,其含义不断丰富和拓展,但其基本内核——连接和交流——始终未变,并且都强调媒介的功能性。如果说古代和当代界定的区别的话,古代的"媒介"主要是一个人际传播概念,行使着创建人际关系的功能,而传播学中的"媒介"则主要是一个大众传播概念,行使着传递信息的功能。②

二、媒介的分类

政府公共关系的顺利、有效开展离不开媒介。不同类型的传播媒介在政府公共关系中扮演着不同的角色,起着不同的作用,相应地,政府也要根据媒介的不同类型实施不同的媒介策略。因此,传播媒介的划分是政府公共关系中的重要一环。

按照不同的分类标准,传播媒介可以有很多种划分方式。传统的划分方式主要有以下几种:依据介质的物理属性,将媒介划分为口语媒介、印刷媒介和电子媒介;依据符号存在的时空特性,将媒介分为空间性媒介、时间性媒介和时空兼具性媒介;依据感知感官类型,将媒介分为视觉媒介、听觉媒介和视听媒介;依据传者与受者之间的时空分离关系,将媒介分为时空受限类媒介、时间自由类媒介、空间自由类媒介和时空自由类媒介。亦有专门对公共关系传播媒介进行划分的研究,国内学者黄栋法认为公共关系传播媒介在形式上可以分为四大类,即语言媒介、实物媒介、人体媒介和大众媒介。其中,语言媒介包括有声语言媒介(如谈判、口头报告、演讲等)、无声语言媒介(如报刊、书籍、图片等)、有声非语言媒介(如笑声、掌声、说话的语调等)和无声非语言媒介(如表情、动作等);实物媒介主要包括产品、象征物、公关礼品等;人体媒介主要指借助人的体态、服饰、行为、社会影响等作为传送信息的载体;大众

---

① 杨鹏.厘清"媒介"概念 规范学术用语[J].当代传播,2001(2):18-20.
② 张振宇,张西子.自"名"而"动"由"人"及"物"——中国古代"媒介"概念的意义变迁[J].国际新闻界,2011(5):81-86.

媒介主要包括印刷类传播媒介和电子类媒介。在全方位考察媒介划分标准和划分方式的基础上，结合政府公共关系的实际，本书试将政府公共关系中的传播媒介划分为大众传播媒介、人际传播媒介和网络传播媒介。

（一）大众传播媒介

大众传播媒介是指经由报纸、杂志、广播、电视等面向大众传播信息的媒介形态。通常情况下，大众传播媒介可以分为两类：印刷类媒介和电子类媒介。印刷类媒介主要包括报纸、杂志等以书面形式发行的媒介形态，它们的传播特点包括传播范围广、信息具有可选择性、可保留性、便于携带等。电子类媒介主要包括广播和电视，它们的特点是覆盖面广、信息传输速度快、形象逼真等。

大众传播媒介是我国政府公共关系的最佳媒介，这主要可以从以下三方面进行阐释。首先，大众传播媒介自身的特点决定了其在政府公共关系中的重要地位。正如上文所述，大众传播媒介的受众范围广、可保留性、可选择性、时效性强等特点，使其在快速发展的现代社会有很好的传播效果。再者，大众传播媒介的采编人员基本都经过专业的技能培训、职业道德培训等，对所刊文章和所发表的言论有很强的责任意识。这也在很大程度上保障了大众传播媒介的可信性和权威性。现有的学术研究也证明，相较于其他媒介，公众对大众媒介上发布的信息的信任度较高。其次，我国大众传播媒介的发展现状要求政府公共关系要充分利用和发挥大众传播媒介的优势，积极配合政府公关工作。改革开放以后，我国的大众传媒产业得到了空前的扩展。报纸、杂志的数量和种类激增，尽管进入21世纪以后随着互联网的崛起，纸媒的处境越发困难，但其作为主要大众传播媒介的地位仍未改变。广播和电视的发展更可以用日新月异来形容。据广电总局2010年发布的信息显示，中国广播电视综合覆盖率已经超过96.95%，成为世界上覆盖人口最多、公众信息传送量最大，有线、无线、卫星等多种现代技术手段并用的广播电视网络。① 时隔五年，中国的广播电视网络又有了长足的发展。可以说，中国大众传播媒介是公众获取政府信息的最重要渠道。再次，大众传播媒介对以往政府公共关系活动的有效开展起到了很好的助推作用，成为政府公共关系的最佳"搭

---

① 转引自 http://www.c114.net/news/44/a521668.html.

档"。以香港政府借助大众传播媒介介绍香港的都市形象为例。1997年香港回归以后,为了吸引更多的海外投资和商贸活动,香港特区政府开展了以"旅游之都"为主体的世界性的公共关系活动。在进行充分调研的基础上,他们采取以杂志为主的媒介策略,如每年邀请千名来自世界各地的知名旅游杂志的记者到香港采访。特别是2002年邀请世界著名的旅游杂志《国家地理》的摄影师来香港制作了"香港一日"的专题摄影报道,向世界传播回归后的香港依然是一流的旅游胜地这个信息。① 香港政府以杂志为主要传媒手段的宣传方式赢得了很好的传播效果,提升了香港作为国际旅游大都市的城市形象。

综上所述,大众传播媒介自身的特点、发展现状以及以往的成功经验决定了其在政府公共关系传播中的重要地位。同时,在众多传播媒介中,大众传播媒介是一种公共资源,充分利用和发挥其公共性也体现着政府公共关系的本质特征。因此,政府在开展公共关系活动时要积极主动地运用大众传播媒介,与媒介联手传播政府的政策信息,引导公众舆论。与此同时,也要发挥好大众传播媒介对政府的舆论监督作用,使政府公共关系沿着健康的轨道推进。

(二)人际传播媒介

人际传播是与大众传播相对应的传播方式。因此人际传播主要是指不借助于媒介的面对面的沟通方式和借助于媒介的非面对面的沟通方式,如电话、传真、电子邮件等。人际传播是最古老的一种传播形态。古代的结绳记事以及"捎口信"都是古老的人际传播方式的典型代表。

人际传播媒介既可以实现政府组织内部的沟通交流,提高组织一体化程度和公众效率,也可以面向组织外部成员进行相互了解,达成交流合作、强化政府公关效果的目的。因此,人际传播媒介对于政府公共关系的开展有重要作用。这主要由以下三个方面所决定。首先,人际传播媒介的自身特点决定了在政府公共关系中要重视人际传播媒介作用的发挥。人际传播媒介具有私人性的特点。通常情况下,是一对一的传播,即受传者是特定的,传播者知道他的传播对象是谁。这种受传身份得以明确的特点保障了受传双方比较

---

① 廖为建.政府公共关系[M].北京:中国人民大学出版社,2010:133.

直接的交流,能够达到比较好的沟通效果。同时,人际传播媒介具有双向交流的特性,信息的传播和接收是互动的。例如,写一封信看起来是单向传播,对方回信,就是双向的了,大多数情况下,"不回信"也是一种信息回报。在双向交流过程中,传播者和受传者可以互换角色,加深彼此对信息的理解程度,从而实现更好的交流效果。其次,传播主体个人化的趋势逐渐显现,人际传播媒介的作用日益增强。社交网络化、移动化的发展使传播主体逐渐呈现出个人化的特征,传统的大众传播媒介的受众群体变得越来越小,最终会发展为只针对身份明确的个体。现在的报纸、杂志、广播和电视节目都趋向迎合小众,尤其是电视节目表现得更加明显,主要表现为频道设置专业化、节目设置本土化和服务范围社区化。各地选秀类、生活类、相亲类节目的兴起标志着电视节目已经由传统的"大众狂欢"进入到了"小众之路"。精准、个性化的市场定位使电视媒体能够吸引有限但确定的受众。与"大众"的宽泛、无限、不确定相比,"小众化"更具有目标性、更加明确且有针对性。所以,大众传播媒介的"大众化"式微,"小众化"甚至是"个人化"趋势越来越明显,人际传播媒介作为个人化交流的典范作用会逐渐凸显。最后,人际沟通媒介的私人性保证了传播者和受传者双方地位的平等,有利于公共关系的顺利开展。传统的大众传播媒介由于使用了强有效的技术媒介,使传播者的地位在传播平台上远远高于个体的受众。通常情况下,大众传播媒介的受众被看作被动的接收者,严重影响传播的效果。而利用人际传播媒介进行沟通时,由于传播者和接收者都是个人或人数较少的群体,使用的媒介也不具有强力传播的性质,因此比较容易获得好的传播效果。尤其是对于组织外部成员而言,这种地位上的平等和交流上的尊重意味着信息接收的顺畅和心理情感上的认同。这为政府公共关系的顺利开展奠定了坚实的群众基础。

因此,人际传播媒介既是古老的传媒形态又具有鲜活的生命力,尤其是在传播主体日趋个人化的今天,人际传播媒介的作用更不可小视。只有在人际传播媒介的密切配合下,政府公共关系才能在组织成员内部协调和组织成员外部沟通方面取得令人满意的效果。

(三)网络传播媒介

网络媒介是随着1969年互联网诞生于美国之后逐渐发展和兴起的集人际传播、大众传播、群体传播、组织传播于一身的新型媒介传播形式。自网络媒介出现以来,人类信息传播的观念、内容、方式都被彻底颠覆,并深刻影响着人们的思维模式和生活方式。正如著名的美国科技作家尼古拉斯·卡尔(Nicholas G. Carr)所说:"网络正在浸淫着人类的注意力和思考力,使得人的大脑对信息的渴望和接收不得不向网络信息传播的方式靠拢,这种方式就是信息高速流动并快速被接收。"①

  网络媒介以其极强的时效性、多样化的信息以及广泛的传播性深刻地影响着社会生活的方方面面。自 1986 年互联网传入中国以来,经过 30 年的发展,中国的互联网已经获得了飞速发展。据中国互联网络信息中心发布的《中国互联网络发展状况统计报告(2018)》显示,截止到 2018 年 12 月,中国域名总数为 3 792.8 万个,中国网站总数为 523 万个,中国网民规模达到 8.29 亿,互联网普及率达 59.6%②。中国在互联网用户数量上已经远超美国成为互联网头号大国。同时,据市场研究公司尼尔森(Nielsen)的报告显示,手机互联网在中国比在美国更普及。③ 可见,互联网已经成为中国影响最广、增长最快、市场潜力最大的产业之一,并以超出我们想象的深度和广度迅速发展着。

  在当今网络化时代,网络媒体作为信息传播的最便捷的平台已经被越来越多的普通大众所接受,它在政府公共关系中的应用也逐渐变得越来越频繁。政府在开展公共关系进行信息交流、引导舆论、管理政府形象等方面都要充分发挥网络传播媒介的优势。首先,在信息交流方面,网络媒介自身在传播上的优势,决定了其在政府与公众信息交流中不可替代的作用。通过网络为公众提供信息是信息化时代政府的基本功能之一。一方面,网络传播媒介的兴起为政府信息及时、准确地到达公众营造了良好的环境;另一方面,网络的开放性、平等性保证了普通公众有进入网络和发表言论的自由,使民意及时上达政府,为政府和公众之间的双向交流创造了条件。以近年如"雨后春笋"般出现的政府网站为例。据新华网报道,截止到 2015 年 7 月 7 日,全国各地区、各部门通过全国政府网站信息报送系统上报的政府网站共 85 890

---

① 转引自 http://faculty.winthrop.edu/beasleyk/Is%20Google%20Making%20VS%20Stupid.pdf
② 详见中国互联网络信息中心(CNNIC)发布《中国互联网络发展状况统计报告(2018)》。
③ 转引自 http://www.199it.com/archives/2786.html。

个,其中地方82 674个,国务院部门3 216个。① 这些政府网站为社会公众提供了多种服务,如网上申请证件、网报户籍、查询个人的税收资料和社会保险资料等等,使公众足不出户就可以轻松地接受政府的各项服务,既方便了公众,又提高了政府的工作效率,真正实现了"24小时不下班政府"的愿望,使政府与公众之间的交流保持永久畅通。其次,网络媒介的及时性、生动性等特点有利于政府部门对舆论的引导,尤其是面对灾难事件发生时,及时、全面、准确地传递信息对于消除民众恐慌、焦虑、遏制流言的产生十分必要。在"东方之星"沉船事件中,作为官方网站的新华网在及时呈现事实、准确传达灾情、引导社会舆论中表现突出。2015年6月1日21时30分,"东方之星"客轮沉没。新华网的第一则报道刊发于6月2日5时29分,紧接着几乎每隔半小时就会有一则最新的报道,跟进最新的灾难情况。仅6月2日一天,新华网上关于"东方之星"翻沉的报道就多达2 000条。新华网还专门开设了"东方之星旅游客船翻沉事件"的专题,从天气情况、服务信息、救援行动、网民行动等方面对翻沉事件做更深入全面的报道。在信息呈现方面,新华网采用了更先进的技术和全方位的报道模式。除了常规的文字、图片以外,新华网还制作"3D还原翻沉瞬间""3D还原水下营救65岁老人细节"等多个动画,以可视化手段再现复杂的救援过程。可以说,及时、全面、多角度的报道为公众了解事态进展提供了便利,防止了公众在"信息真空"状态下的种种猜测,起到了很好的舆论引导的作用。最后,网络传播媒介对于塑造政府形象、提升公众对政府信任、凝聚民族信心和力量亦有着重要作用。例如新华网和人民网对于2003年10月中国"神舟五号"发射的报道就很好地体现了网络传播媒介在政府形象塑造方面的作用。2003年10月15日早上9点12分新华网率先发布了"神舟五号"发射的信息,并以六国语言在全球发布流动信息,使这一盛事很快传播到世界各地。同时,人民网利用其官方网站的优势积极报道现场信息和国外的反响,还在强国论坛上邀请相关知名人士与网民在线交流,收到了很好的传播效果。一时间,中国航天的成就令每一个中国人感到骄傲和自豪,使民族凝聚力得到了增强,政府的形象获得了很好的提升。另外,一年一度的春晚也通过爱奇艺等网站全球直播,使世界有了更多了解中国的机

---

① 转引自 http://it.people.com.cn/n/2015/0721/C1009-27334897.html。

会,对于提升国际公众对中国政府的印象和信任有很大帮助。

网络传播媒介在信息传递的过程中尽管存在着因监督机制欠缺而导致的信息失真等问题,但网络传播媒介所提供的双向交流平台为政府与公众之间的沟通开辟了新的渠道。而且,从网络技术的发展来看,网络传播媒介在政府公共关系中的作用会越来越突出。因此,政府公共关系部门应该重视网络传播媒介的作用,尽快建立更有效、更灵活的政府网络传播机制,充分发挥网络传播媒介对政府公共关系的积极作用。

第二节 媒介在政府公共关系中的角色

一、信息传递

正如第一章中所阐述的那样,媒介最早的含义是介绍婚姻对象的媒人或为上级介绍人才的引荐者,可以说,其传递信息的功能是与生俱来的,同时也是媒介的首要职能。在政府公共关系中,政府与公众之间良好关系的建立有赖于准确、及时、策略性的信息传达。依据媒介进行信息传递的基本程序,即信息的收集、制作和发布,我们可以在以下三个方面加强媒介对信息的传达功能,从而实现政府与公众之间的良性沟通及和谐共处。

首先,在信息收集方面,媒介从业人员需遵从新闻从业者的职业规范,全面、真实、准确地收集社会信息,尤其是不能遗漏社会的重大信息,更不能以吸引注意力和媒体利益为导向专门收集所谓的"奇闻逸事",置社会和公众的需求于不顾。在互联网盛行的今天,从网络上获取信息已经逐渐成为人们信息获取的主要途径。据中国互联网络信息中心发布的《第36次中国互联网络发展状况统计报告》显示,截至2015年7月,搜索引擎、网络新闻作为互联网的基础应用,使用率均在80%以上,仅次于即时通信的使用频率。[1] 同时,搜索技术与前沿技术(自然语言识别、人工智能与机器学习等)融合发展,使网民更准确、更快速地获取信息。加之,大数据、云计算等技术的引入,使媒介部门在收集信息的效率和时效方面有很大改进。然而,在及时性增强的同

---

[1] 转引自 http://www.cnnic.net.cn/hlwfzyj/hlwxzbg/hlwtjbg/201507/P020150723549500667087.pdf.

时,媒介如何保障信息收集的质量,其与公众日常生活的贴近性以及政府公共服务的能力仍是一项长期而艰巨的任务。

其次,在信息制作方面,媒介工作人员对收集来的信息要进行适当的加工和处理,生产出信息成品,供媒介传播使用。媒介信息制作的质量不仅取决于媒介从业者的专业技能,更多的还是其职业道德在其中扮演着更为重要的作用。在一切比速度的今天,如何在标题处就抓住大家的眼球成为各大网络媒体激战的焦点。最近几年广受诟病但又屡试不爽的"标题党"现象就在很大程度上反映出媒介在信息制作过程中存在的一些问题。2012年5月,腾讯网转载《环球时报》的社论文章《反腐败是中国社会发展的攻坚战》时,将标题改为《环球时报:要允许中国适度腐败,民众应理解》,一时间引起轩然大波。《环球时报》官网指责腾讯网随意篡改、误导读者;网上舆论打起了口水战。然而,其中的一个结果是显而易见的,即这篇评论文章一下子被全国乃至全世界瞩目。不得不承认,在互联网成为主要信息获取渠道的今天,出于广告收益和增加点击率的考虑,相关的"标题党"的案例举不胜举。网络新闻标题制作显然不只是编辑业务技巧问题,还是其职业道德、社会责任感的具体表现。因此,在加强媒介从业者专业技能培训的同时,更要关注其职业道德意识的建立,只有这样才能制作出公众和政府都满意的新闻作品。

最后,在信息发布方面,媒介工作人员选取适当的媒体部门将制作好的信息传播出去。随着技术的进步,各种媒介形式不断涌现。报纸、广播、电视、手机、数码电影、数字电视、网络、触摸媒体、可穿戴设备等各式媒介层出不穷,使人们在媒介选择上有了很高的自由度和选择性。面对纷繁复杂的媒介,媒体工作者要根据所传播的内容选择适当的媒介,做到信息充分、有效地传播。以2015年6月1日发生的"东方之星"客轮沉没事件为例。这一惨痛事件最终造成了442人遇难,仅有12人获救。面对这一灾难,全国各家媒体都进行了跟踪报道,作为国家官方重点新闻网站的新华网专门开设了"东方之星旅游客船翻沉事件"的专题,还制作"3D还原翻沉瞬间""3D还原水下营救65岁老人细节"等多个动画,以可视化手段再现复杂的救援过程。可视化手段的运用既真实再现了沉船的全过程,准确、生动地向公众传达了客轮沉没的信息,同时还便于公众全面、多角度地了解事态的进展。这可以说是媒介运用多媒体手段进行信息发布的典型范例。

二、社会动员

政府公共关系活动的有效开展需要公众的支持与参与,而媒介在政府与公众之间的桥梁作用有利于政府通过媒介唤起公众的热情,在社会上形成一定的影响力,导致公众态度、价值观与期望值的变化。

媒介在社会动员方面具有以下三个方面的特点。首先,动员的及时性。现代传媒的一大特点就是时效性强。各种媒介形式可以在瞬间将信息传送至世界各地,全球的观众几乎在同一时间同步知晓,因此,这种社会动员的效率是空前的,其影响也是空前的。其次,媒介在社会动员方面具有多样性的特点。正如前文所述,媒介形式的多样性决定了媒介在社会动员过程中所采用的形式也是千变万化的,给人以耳目一新的感觉。最后,媒介动员的刺激性。由于媒介动员的内容和形式处于不断的变化中,人们在利用媒介进行社会动员时,往往增加了传播的频率和幅度,提高了刺激度,容易给观众留下深刻的印象。

一个国家公共关系的面貌往往被当地的政治、文化、经济、媒体等因素所塑造。媒介动员是随着我国经济、技术的发展而逐渐兴起的。尤其是近30年来,电视、电话、网络等多媒体技术迅速渗入人们的日常生活,成为人们生活中不可缺少的一部分。科技的发展加快了人们之间的交流,扩大了人们交流的空间,个人在一定程度上获得了更大的自由,但同时也使个人在更大程度上依附于社会环境,受到社会的影响。尤其是在民意激荡的网络空间中,个人情绪很容易受到影响,最终左右个人的行为。

以2008年的"家乐福事件"为例,我们可以清晰地看到媒介在社会动员方面不可忽视的力量。2008年4月,北京奥运火炬在巴黎传递受阻,此后巴黎市政厅打出"支持西藏独立"的横幅,更激发了中国民众的情绪。当家乐福的最大股东法国路易威登·莫特轩尼诗集团曾资助达赖集团的消息传出后,作为在中国享有较高知名度的法国企业家乐福成为众矢之的。一时间,天涯社区、西祠胡同、猫扑等各大论坛相继推出抵制法货的帖子,众多网友纷纷响应。几天之内,"抵制家乐福""5月1日,让全国的家乐福冷场"的口号与相关资料通过网站、聊天工具、短信被迅速广泛转载和热烈讨论。北京、青岛、福州、武汉、西安等地相继出现抵制家乐福的活动,甚至出现不少群众围攻家乐福卖场的行为。直到后来"家乐福澄清资助达赖"的新闻在央视《新闻联播》

播出后,抵制活动才逐渐平息。但由多种媒介共同发挥作用,影响公众的行动决策在此次事件中表现得淋漓尽致。同时,也让政府看到了媒介在社会动员方面的巨大力量。一方面,正确引导和发挥媒介社会动员的功能可以最大限度地唤起民众参与的热情,为社会建设服务;另一方面,对媒介社会动员的能力缺乏认识和适当的导引将严重危及党和政府执政的合法性。因此,现代政府公共关系应当注重媒介作用的引导和发挥。

三、政府监督

媒体对政府(包括政府部门以及政府部门的相关工作人员)的监督是媒体的重要职能之一。可以说,没有媒体的支持与监督,政府形象的树立与公众的沟通交流也会受到影响,政府行为的公信力就会受到质疑。[①] 同时,媒体对政府的监督也是规范行政权力、保护人民利益、加强民主政治建设的需要。

各种媒体部门代表广大公众监督政府的执政行为,天生具有合法性。另外,媒体的监督是面向社会公开发表的,因此还具有以下三个基本特征。第一,受众的广泛性决定了媒体监督的威力十分巨大。在当今这个媒介"横行"的时代,一旦政府的违法行为被曝光,很快就会被各种媒介转载,形成社会舆论,并很快变成全社会的公开谴责和批评,对政府形成巨大的压力。第二,媒体的监督范围广。与传统的监督形式相比,媒体监督不受地域、行业、领域的限制,社会各个阶层的公众都可以通过媒体对政府进行监督。第三,成本低,收效快。网络时代为公众通过媒体监督政府提供了最便捷、最低廉的监督模式。许多媒体的市场化运作,使其在一定程度上实现了自负盈亏,自我消化了社会的监督成本。同时,媒体能够以最快的速度对新闻事实进行曝光,使"肇事者"及违法或不道德行为在很短的时间内得到应有的处罚和纠正。

当然,在中国,要建设民主社会,加强媒体对政府的监督需要政府和媒体双方的努力。首先,对于政府而言,要依法授予媒体独立进行舆论监督的权力,确保媒体的相对独立地位,允许媒体独立地对政府部门及相关人员进行调查、取证、曝光和批评。同时,政府要重视和支持媒体监督,并自觉接受媒体监督,不能将自己置于媒体的对立面,视记者为"洪水猛兽"。在政府对媒

---

① 洪建设.政府公关[M].北京:北京大学出版社,2010:26.

体的管理方式上也要做出相应改变,从过去包办式的微观管理转变为引导式的宏观管理。其次,对于媒体而言,要加强自身素质建设,提供媒体的公信力。媒体在利用舆论公器对政府进行监督时,也要坚持理性、科学,尊重新闻报道规律,充分发挥"社会公器"的作用。媒体要敢于说实话、说真话,而不是说政府或公众爱听的话,要保持不偏不倚的公正立场。现在社会上流行一种说法称媒体监督政府就是要揭政府的短、爆政府的丑闻,否则就称不上媒体监督。这实际上体现出当下社会对媒体监督的功能认识不足,极大地制约了媒体监督作用的发挥。媒体监督并不等于批评报道,批评报道只是媒体监督的一种方式而已,解决社会矛盾、促进和谐才是媒体监督的根本目的。媒体监督要以促进社会发展及和谐为重点,而非采取极端化手段激化社会矛盾。

四、舆论导引

从哲学上的定义来看,舆论是一种社会意识的反映,是对象意识与自我意识相互交织的产物,意识性是舆论的重要特征。舆论具有广泛的群众性、表达主体的非理性、"穿透力强"等特点,尤其是在网络时代,自由的话语表达使公众可以随时随地发表任何意见,这在容易引起"群体极化"现象的今天对政府公共关系作用的发挥影响巨大。因此,加强媒介对社会舆论的导引,发挥舆论的积极作用对于政府工作的开展以及政府公共关系活动的顺利实施十分重要。

媒介的舆论导引能够有效地抑制社会的不良因素,刺激效能因素,使庞大、复杂的社会生活沿着健康的轨道发展,如中国政府掀起一轮轮的反腐风暴离不开众多公众经由多种媒介的监督和声讨。在反腐过程中,报纸、电视、网络等媒体对各种违法违纪行为进行揭露、报道、评论或抨击,正向引导着公众对腐败行为的监督。同时,媒体在政府公共事件,尤其是危机事件中的舆论导引发挥着团结民众、凝聚力量的重要作用。我们仍以新华网对"东方之星"沉船事件的报道为例。在此次重大灾难面前,新华网不仅对灾情进行了及时报道,还适当打"温情牌",转移民众的悲伤情绪,同时营造社会主义大家庭互帮互助的团结氛围。在这些报道中,我们能看到总理李克强冒雨指挥救援,官兵们挑灯夜战,潜水员将装具让给被困者以及很多人自发聚集起来举行烛光祈福活动。这其中对湖北监利民众的救援报道居多。例如在监利有些私家车发起了"黄丝带"行动,免费接送客船人员家属;当地部分宾馆无偿提供食宿；湖南村民冒雨驾船于长江救人；等等。即使在虚拟的互联网上，数以亿计的网民也在表达着希望和祝福。一则则感人的报道向国民和世界传达着"灾难无情人有情"以及"万众一心"的信号。民族凝聚力和团结精神在这些报道中被表现得淋漓尽致，舆论导引作用得到了很好的发挥。

随着新媒体的崛起，如何发挥传统媒体和新媒体的综合优势，营造有利于社会发展的舆论环境成为我国媒体面临的新问题。一方面，传统媒体要善于利用新媒体的长处，增强宣传的吸引力和可读性；另一方面，传统媒体要占领舆论的主导地位，引导民间舆论和网上舆论。网上舆论容易感性化和情绪化，具有很强的非理性色彩，需要传统的主流媒体站出来"一锤定音"。只有传统媒体和新媒体发挥合力作用才能有效地进行社会舆论的引导。

第三节 政府公共关系发展中的媒介策略

"如果你是从事公关行业，你一定要了解如何应付媒体"[1]，发展和掌握必要的媒介策略是建立良好媒体关系的必备条件。策略指为了实现特定传播目的而对各种不同的传播方式进行的选择与结合——从其最基本的层面上讲，策略指选择，是对所有可供选择的方式方法的选择。[2] 在政府公共关系中，政府可以采用更多方式、方法处理其与媒介的关系，发挥媒介的功用。本书从积极发挥、引导并接受媒介的监督；改进和规范信息传播，加强信息反馈；勇于承担责任，与媒体建立良好关系三个角度入手解析政府公共关系发展中的媒介策略。

一、积极发挥、引导并接受媒介的监督

监督是媒介的重要职能之一，也是新时期提高政府工作效率，实现真正为人民服务的重要一环。尤其是随着新媒体的出现，发挥和引导媒介监督的重要性更加凸显。新媒体的开放性和虚拟性保证了受众自由的、互动的参与，但同时也为不良舆论的产生创造了空间。所以，政府公共关系发展过程

---

[1] Seitel F P. The practice of public relations[M]. New Jersey: Prentice Hall, 2004: 211.
[2] Center A H, Jackson P. Public relations practices: managerial case studies and problems[M]. New Jersey: Prentice Hall, 2003: 18.

中既要充分发挥媒介的监督作用,也要抵制不良舆论的滋生。

在发挥媒介的监督作用方面,中国各级政府部门还存在着落后意识,认为既然媒介归政府管,那么媒介就要替政府说话,而不是给政府添乱。有一些政府部门在面对突发事件或者负面舆论时,以各种方式掩盖遮蔽,甚至动用政府权力直接给新闻部门下命令,要求新闻部门必须服从"大局"。据报道,2008年,《南方人物周刊》记者在调查陕西绥德一名校长找县长签字被拘事件时被阻,绥德宣传部长竟说:"以前没有网络的时候多好啊,想让他们怎么说就怎么说。"这种把媒介监督看成洪水猛兽的思想在很多地方政府部门依旧存在。殊不知,媒介监督的本质就是帮政府解决难题,在问题没有恶化之前给政府敲响警钟。当然,媒介监督要坚持真实性原则,不夸张,不搞噱头,以客观公正的态度面对实际情况,争取听取多方面的意见,确保信息来源的真实可靠。在加强舆论引导方面,自从"非典"以后,我国政府深切地意识到舆论引导的重要性。新闻发布制度的确立就是政府重视舆论引导的切实表现。新闻发布制度是指国家机构任命或指定的专职或兼职新闻发布人员,在一定时间内就某一重大事件或时局的问题,举行新闻发布会,或约见个别记者,发布有关新闻或阐述本部门的观点立场,并代表有关部门回答记者提问的一项社会活动。现在,新闻发布制度已经成为各级政府的一项常规工作,尤其是在发生重大突发事件时,新闻发布会成为人们获取事件最新、最权威信息的主要来源。当然,从"7·23"动车事件、上海外滩踩踏事件到天津港爆炸事件等一系列突发事件的新闻发布来看,中国的新闻发布还存在着发布不规范、官本位思想严重、发言人能力有待提高等诸多问题,但中国政府引导舆论的决心可见一斑。同时,缺乏舆论引导的一些反面事例也在不断向政府公关敲响警钟。例如2012年发生的钓鱼岛事件,由于钓鱼岛事件的敏感性,加之日本政府决定将钓鱼岛"国有化"的消息在网络上疯狂传播,一时间,民众群情激愤。在民间出现了保钓反日游行、抵制日货、日本驻中国大使在京遭遇拦车拔旗,甚至部分地区出现了破坏日系车等一系列重大社会事件。政府舆论引导的滞后直接影响了政府形象的构建和社会的和谐稳定。

最后,如何心平气和地接受媒介的监督,并在此基础上改进政府公关工作是媒介监督的最终目的。首先,政府要深刻认识媒介监督的实质。1989年11月25日,李瑞环同志在新闻工作研讨班上关于《坚持正面宣传为主的方针》讲话中指出:"新闻舆论的监督,实质上是人民的监督,是人民群众通过新闻工具对党和政府的公众及其工作人员进行的监督;是党和人民通过新闻工具对社会进行的监督,不应仅仅看成是新闻工作者个人或是新闻单位的监督。"也就是说,政府部门要在思想上提高认识,不能狭隘地理解媒介监督。其次,在现实中还存在着一些地方政府时常误读媒介监督的情况,这就需要政府部门转变对舆论监督的偏见,不要将自己置于媒体和公众的对立面。例如,2009 年 6 月,河南郑州市规划局副局长就划拨的经济适用房用地建了 12 幢连体别墅和两幢楼中楼一事接受采访时,竟然训斥记者:"是准备替党说话,还是准备替老百姓说话?"①这种权力异化和高高在上的表现,常常加剧权力与公众利益的冲突,很难使媒介监督职能落到实处,最终影响政府形象的构建和社会的良好秩序。

二、改进和规范信息传播,加强信息反馈

信息是政府公共关系中将政府与公众联系在一起的重要纽带。面对当前媒介形式复杂多样的媒介环境,尤其是网络媒介的虚拟和碎片化特性,如何将政府公共关系信息全面有效地传达给受众是媒介面临的一大难题。对此,政府公共关系的构建必须建立起规范有效的信息传播渠道与方式。例如,我们在上一章提到近年来中国各级政府相继开设了官方网站,做到了"24 小时不下班的政府",公众可以随时在政府官方网站上了解到政务信息。同时,为加强政务信息的可读性,网站还针对不同的内容设置了不同的版块,通过文字、图片、音频和视频等多媒体化的承载方式向公众传输信息,及时有效地针对政府的各项决策与举动进行开放式的呈现,使得公众能够全方位地加深对政府的了解程度。在规范信息传播方面,媒体部门需要依据不同的政府信息内容制定相应的传播策略,并在传播时间、受众范围、受众反馈等方面做出相应规划。

政府及时有效地进行信息反馈是双向沟通、赢得民心的重要一环。尤其是在政府危机事件发生的时候,信息反馈的重要性尤为凸显。以下两个案例的对比,十分鲜明地表明政府做好信息反馈工作的重要性。2011 年 6 月,有

---

① 高雁.我国政府公共关系传播与媒体路径纠偏[J].当代传播,2013(4):19-20,58.

网友在天涯论坛上发布帖子,称四川省凉山彝族自治州会理县政府网站发布的一则新闻中使用了合成痕迹明显的照片。照片中的三位领导"漂浮"在一条公路上,而图片说明称几位领导在"检查新建成的通乡公路"。此事件在网络传播后,立即引起了网友的"围观"、热议及网友们恶搞的大量"会理县PS照"。一时间,"会理三杰""磁悬浮""让领导飘"等恶搞词汇风行网络,白宫、利比亚战场,甚至火星,会理县的三位领导都"走"了个遍。这些恶搞的背后反映的是网友们对以这三位官员为代表的地方政府官员的不信任,对频繁出现的某些地方政府以"捞政绩"为目的的假新闻的讽刺和嘲笑。这一事件使地方政府的形象大受影响,甚至所有人都觉得会理县从此将与"丑闻"二字相伴,"永世不得翻身"。令人没有想到的是,面对网友的狂轰滥炸,会理县政府迅速做出回应,不仅于次日在官网挂出了《向网络媒体、各位网友致歉信》,还在天涯论坛、新浪微博上纷纷贴出相同的道歉信向全国网友道歉。不得不说这种主动承认错误的态度已经在很大程度上挽救了政府的形象。道歉信中工作人员承认了自己合成图片的行为并解释了实情,该信被转贴了上万次。在道歉信的最后,作者还用风趣的"川式幽默"对会理小城进行了宣传。信中这样写道:"首先感谢网友让会理县领导有机会在短短的时间内免费'周游世界','旅行'归来后,领导已回到正常的工作轨道,也希望大家在关注帖子之余可以观看会理县没PS的摄影图片,绝对没有PS哦!"这种风趣的调侃成功地将网友的注意力转移,网友的批评和嘲讽随之消散。从这一案例可见,会理县政府及时、策略性地将这场形象危机转化为成功的城市营销,堪称政府危机公关中的经典案例。

  与上一案例相对应,郭美美事件可以作为一个反例。2011年6月,一个微博名叫"郭美美baby"的女孩进入人们的视线。事件源起于她在微博中的一系列炫富行为,更重要的是她的认证身份是"红十字会商业总经理"。有很多网友质疑一个年仅20岁的女孩就当上了总经理,而且微博照片中各种名表、豪车加豪宅,这些财产是否与公益组织"红十字会"有关。种种质疑指向了红十字会这个慈善组织。事后尽管红十字会官方微博声明郭美美与红十字会无关,但仍旧不能消除人们的疑虑,捐款数额急剧下降。这一事件的社会影响十分恶劣,对政府和公共组织的信任危机影响巨大。在各种质疑、敌对和愤怒情绪来临之时,尽管红十字会发布了声明,但只在其官方微博上发布,且只是邀请几家中央级媒体参与通报会,这对红十字会来说是信息传播环境边缘化。对于红十字会的质疑最早来源于网络,兴盛于网络,而红十字会的做法明显忽略了信源的特点,只是采取常规的危机应对机制,因此很难有效化解危机。可见,如何发挥各种媒体平台优势,澄清事实并赢取信任是做好信息反馈的关键。同时,政府部门多样、及时、策略性的回应也是必不可少的关键因素。

三、勇于承担责任,与媒体建立良好关系

在现实生活中,政府给人的印象经常是高高在上,面对媒体部门的采访不是采取各种公关手段"避而远之",就是"互相扯皮",互相推诿。在很多公众看来,政府与媒体的关系一直是对立的。这不仅影响了政府与媒体和谐关系的建立,更重要的是严重影响了公众从媒体获知政府信息的数量和质量。因此,政府部门要从以下两个方面加强自身建设,力争与媒体建立和谐关系,最终通过媒体优势的发挥树立在公众心目中的形象。

首先,政府勇于担当的姿态十分重要。政府工作的出发点是为满足公众的社会需求,从公众的立场出发去解释事件原因始末,不回避政府部门及官员应该承担的责任,而不能只站在维护政府形象的立场上,强词夺理地为失职部门或官员开脱。在经由媒体部门向公众转达真相的同时,政府部门更要建立追责机制并公开处理结果,让公众看到政府部门的责任心,避免给公众留下"官官相护"的印象,以致影响政府的整体形象。现在的政府公共事件尤其是危机事件处理中存在这样的想象,在事件处理过程中往往是"风风火火",但最后不了了之,经常是以"烂尾"结束,或者以处理几个无关紧要的"替罪羊"草草收尾。以2014年12月31日造成了36人死亡、49人受伤的上海外滩踩踏事件为例。虽然这起事件最终被官方定性为一起对群众性活动预防准备不足、现场管理不力、应对处置不当而引发的拥挤踩踏,但其暴露了我国在经济大发展环境下城市管理、公共安全管理方面存在着重大安全问题。公众期待政府能够对这起事件做出深刻反思,并给公众一个满意的交代。随着事件后期处理结果的公布,相关人员受到了免职、降职和行政处分的处罚,但只有黄浦区的官员在处罚之列,对于这一大型群体性事件的处理远远超出了人们的预想。上海外滩踩踏事件虽为一时一地之事件,但其中折射出的政

府在城市管理中的失职并非外滩所属地黄埔区一区可以"承担"的。尤其是上海作为中国最大的经济实体,在发生如此重大的公共安全事件之后,中国政府的上层机构未表现出对事件的足够重视,上海市政府和中央相关部门没有承担责任的勇气,而把事故责任归咎于黄浦区的区级干部。公众认为由黄浦区承担踩踏事件的责任未免有"小材大用"之嫌,实际上表达了公众对政府部门不敢承担责任、推诿、寻找"替罪羊"的做法的怀疑。这严重威胁着政府在公众心目中的形象,无形中为今后政府工作的开展设置了障碍。

其次,政府部门要尽力与媒体建立和谐关系。事实上,政府与媒体在根本利益上是一致的,公共关系和新闻报道存在共同的价值观。2010年1月,李长春提出了"善待媒体、善用媒体、善管媒体",为地方政府与媒体关系的建立指明了方向。"三善论"就是要求政府把握好身为媒体管理者的权力使用度,提高与媒体打交道的能力,理解媒体并为之提供采访保障,尊重媒体的采访权、报道权。但在现实中,记者报道土地占用、农民工工资拖欠、环境污染、房屋拆迁等敏感话题时,时常遭受到某些地方政府部门工作人员的粗暴阻挠甚至殴打。据报道,2012年8月,浙江湖州市养殖户杨水江鱼塘出现大面积死鱼,浙江一家电视台摄像记者前往采访过程中,受到湖州市吴兴区八里店镇党委副书记的阻挠,并被推入水塘。虽然事后这名政府部门官员遭到了撤职的处分,但此类事件并非偶发,因此政府与媒体关系的紧张程度可见一斑。"三善论"的基础是善待媒体,政府如果缺乏对媒体的理解和"优待",何谈"善用"和"善管"。当然,这里也存在记者专业素养缺失、采访方式欠妥等问题,但政府部门先要从自身做起,敢讲真话,勇于承担责任,善待媒体,增强自己与媒体打交道的能力。只有与媒体建立和谐互信的关系,才能有效地发挥媒体优势,提升政府的形象、威望和公信力。

思考题

1. 什么是媒介?
2. 举例说明媒介在政府公共关系中的作用。

第六章　互联网与融媒体时代的政府公共关系

互联网的诞生和发展让整个人类社会发生了巨大的变革,公共关系的理论和实践也在互联网的影响下出现了新的发展。本章包括融媒体时代概述、互联网对公共关系的影响、政府公共关系的变革、政府网络公关等方面,系统论述了在互联网时代的政府公共关系的新面貌。

第一节　互联网与融媒体时代

一、互联网技术革命与政府公共关系

技术是推动社会发展的根本动力,而现代社会在本质上是一个技术社会,或者说,现代社会的变革,在相当程度上是由技术革命推动的。[①] 20 世纪最伟大的技术变革莫过于互联网的崛起与广泛应用。今天,由于互联网所引发的数字化、信息化与全球化革命,正以极其迅捷的速度广泛影响着人们的社会生活,并全方位地改变着人类社会的面貌,改变着我们的思考方式、行为倾向。可以说,互联网的兴起是一场具有引发社会结构转型和重构力量的技术革命。互联网对社会结构的重塑、人们思维方式的改变主要体现在以下四个方面。

第一,全球化。互联网是一种分布式的网络,在技术上不存在中央控制的问题。也就是说,互联网技术在本质上是全球性的。这种技术的全球化保证了互联网可以穿越时空的局限将世界各地的人们连接在一起。由于国家和地区

---

① 黄少华,翟本瑞.网络社会学:学科定位与议题[M].北京:中国社会科学出版社,2006:13.

之间地域的限制而缺乏沟通和交流的状况在互联网时代得以彻底解决。处于地球任何一个角落的任何人都可以通过一台电脑、一条光缆或一根电话线的简单连接随时实现与他人交流的目的。互联网将距离和时间缩减到零,打破了传统的时空限制,使所有人生活在一个由互联网编织的"地球村"。

第二,自由与开放。互联网的关键概念在于,它不是为某一种需求设计的,而是一种可以接受任何新的需求的总的基础结构。[①] 也就是说,互联网不是僵化的电脑资源,作为使用者的网民可以在网络空间中根据个人需要创造一个个新的关系。网络的管理模式是一种松散的、去中心化的模式,当互联网使用者在网络中确定了个人的位置(即节点)以后,其在网络中的活动就是自由的、开放的、无中心的。现实生活中的性别、地位、职业、等级等传统身份特征在网络空间中皆化为乌有。在网络所打造的虚拟空间中,人们可以根据个人喜好扮演不同的角色,发表在现实生活中不敢或不愿发表的言论。总之,网络技术所带来的虚拟性使人们在网络空间中的言行有了更大的自由度和开放性。网络空间的自由与开放特性为公开讨论提供了理想的平台,这也解释了为什么很多相关研究都认为网络空间是哈贝马斯意义上的公共领域。

第三,个人化。互联网对社会结构的重大影响还表现在对个人日常生活方式的改变。自古以来,个人的社会生活历程基本上是由社会和家庭给定的。尤其是在中国,个人是难以脱离其原有的由亲缘、地缘、血缘关系所决定的身份和角色的。而网络空间则为个体脱离对地方、社会、家庭、社群甚至性别角色的依附创造了条件,使个体拥有更多的自主意识,能够通过对现代性的反思,脱离对集体的单向度认同而重构自我认同。网络空间赋予个人身份的解放使人们能够自由地游弋于网络中,发表自己的观点和看法,而不用顾忌过多的现实羁绊,使人们在网络空间呈现出更自由的"畅所欲言"的倾向。

第四,虚拟性。正如上文所述,互联网创造的是由众多节点所连接的虚拟空间,人们在网络空间可以按照自己的意图随意创建角色和关系。然而,网络空间虽然是虚拟的,但它同时具有物理空间和心灵空间的双重特征,使人们的生存同时保持多个维度和层面。同时,随着互联网对日常生活的渗透日益加深,现实生活与网络虚拟空间的生活已经日益融为一体,虚拟空间中

---

① 转引自 http//:www.isoc.org/internet/history/brief.shtm。

的言行会对现实社会产生重大影响,并成为现实生活的一部分。因此,网络空间的虚拟性只是连接形式的虚拟,其对现实的影响是真实而深刻的。以个人在网络空间的言行为例。一方面,网络的虚拟性使人们减少了对权威的顾忌,增强了人们言论的自由度,鼓励舆论的形成和传播;但另一方面也使网络空间的追责和伦理道德受到挑战。由网络空间的舆论引发的各种社会行动就是虚拟空间对现实社会影响深远的重要例证。

互联网对社会结构和人们行为方式的改变是深刻的,并且体现在人们生活的方方面面。政府公共关系作为协调社会关系、树立政府形象的重要手段必然深受互联网革命的影响。互联网所带来的全球化加速了世界各地人们之间的联系,这就要求政府公共关系面对新形势的变化,需加快政府国际公共关系体系的构建。互联网作为新的传播媒体,其自由、开放、虚拟、个人化等特性在创造新型舆论环境的同时,也为政府公共关系在如何利用新兴媒体、管理媒体、引导积极舆论、抵制不良舆论等方面提出了新的挑战。总之,互联网的兴起为政府公共关系的发展带来了新的契机,同时也使政府公共关系面临前所未有的挑战。如何在新形势下充分发挥网络的优势并为政府公共关系所用,是关系到政府公共关系发展的重大议题。

二、融媒体时代与政府公共关系

1968 年,被誉为"个人计算机之父"的美国科学家阿伦·凯首次提出超媒体这一概念。[①] 虽然在当时这一概念还停留在想象阶段,缺乏足够的技术背景支撑,但它扩展了人们对计算机的认识。到了 20 世纪 80 年代,随着新媒体技术的发展和超文本技术的出现,用户不仅可以在不同文本之间自由跳跃,而且可以同时激活一段声音、显示一个图形,甚至播放一段视频。后来的学者们将这种可以使多种电子媒体联结成一个有机系统的技术,称为融媒体。

融媒体时代的到来为社会传媒领域、人们的生活方式带来了深刻的变革。近年来,数字技术和网络技术的发展、云计算的广泛应用改变了传统的传媒环境,只靠单一媒介"打天下"的时代已经一去不复返。基于多种媒体的联合互动成为主要的传播形态。2010 年,全国各地开展的三网融合计划就是

---

① 张君昌,曾文莉.超媒体时代的传媒创新与人才升级[J].现代传播,2012(4):123-126.

将融媒体技术运用于人们日常生活的重要举措。通过广电、通信、计算机三个领域的高度融合,电视机、电脑、手机三种媒介载体终将合而为一,从而使人们充分享受文字、图像、声音、视频等综合信息服务。同时,融媒体环境下的传播机制也赋予了公众更多的自由度和自主性。媒介选择范围的扩大和媒介使用便利程度的提高都有利于公众积极参与到社会生活之中,使得未来的传播更加开放、自由、互动和个性化,而且会呈现出越来越以受众为本的发展趋势。

　　政府公共关系的传播离不开其所处的传播环境。传播环境是传播活动顺利进行的一切条件的总和。其中,媒体环境和公众环境是最为重要和突出的,而融媒体的兴起和发展直接导致了政府公共关系中媒体环境和公众环境的变化。相应地,这些变化也要求政府公共关系做出调整和变革。首先,融媒体对传统的媒体环境形成了冲击,促使政府调整与媒体的关系。在我国,"党管媒体"的理念深入人心。传媒业的重要任务是完成党和政府交给的宣传任务,做好党和政府的"耳目喉舌"。同时,行政隶属关系保证了这种服务与被服务机制的顺利实施。然而,随着融媒体技术的出现和发展,传统的只有中央、省、市、县一级政府才有权办媒体的规制被打破。只要有电脑、手机或一根电话线,人人都可以参与到对传播媒介的建构中。也就是说,媒体环境不再是由几家政府媒体机构掌控的,它已经成为全民共建的体系。面对媒体环境的巨变,政府公共关系也要做出适当调整以建立政府与媒体的和谐关系。在传统的媒体框架下,政府以行政命令实现对媒体的直接监管,包括信息发布、人事安排、资源调配、内部管理等等。媒体环境的变化使政府与媒体的关系已经被重新定义,这种简单的硬性调控方式不再适用。如今,政府与媒体之间的关系更多的是互相监督,政府也不再动辄以行政命令限制媒体对信息的报道。因为政府已经逐渐意识到与媒体合作,及时、准确地向公众传达信息,可以为自己公关活动的开展赢得宝贵的时间,如果一味地遮遮掩掩,最终可能带来更加严重的后果。尤其是在负面消息的传达方面,政府能否处理好与媒体的关系直接影响政府公关活动的效果。

　　其次,融媒体的发展促进了公众自主意识的觉醒,为政府公共关系营造了新的公众环境。在我国,由于传统的利益表达渠道的不畅通,公众的自我权利意识淡薄,对政治的参与积极性不高,这直接导致了公众民主意识的缺失。长久以来,我国公众的权利意识和自主意识淡薄的状况广受西方国家诟病。融媒体的兴起为我国公众提升自身的民主意识开创了有效途径。在技术上,多种媒体形式的自由开放特性保障了公众能够参政议政。媒体环境的宽松也在很大程度上鼓励公众对政府实行监督。加之,文化水平的提高使公众的自主意识得到增强,参政问政的积极性有所提高。公众主体地位的提升要求政府公共关系也要随之做出相应调整以适应公众和社会的需要。也就是说,在政府公共关系中,公众不再是"被动的客体",他们已经成为重要的"参与者",并对政府公关活动的走向有深刻的影响。这就要求政府在公共关系的开展过程中,将公众的意愿纳入考量,以最广大的公众利益为自己工作的出发点。

融媒体带来的媒体环境和公众环境的变化为政府公共关系的发展带来了新的机遇和挑战。一方面,媒体形态的结合和丰富有利于政府公共关系以更灵活多样的方式得到宣传。公众自主意识的提高会增强其对政府公共事务的参与和监督,提升政府公共关系活动的质量。但另一方面,如何处理好政府与媒体之间、政府与公众之间的关系也成为一项艰巨的议题。既要接受媒体与公众的监督,又要保持对舆论的引导和社会情势的掌控,在融媒体时代,政府公共关系面临着更加严峻的挑战。

第二节 互联网公共关系

一、互联网公共关系概述

公共关系虽然拥有比较久远的历史,但其进入现代企业和现代政府也是比较晚近的事,而互联网的兴起和广泛应用更是近30年的事。因此,不论在理论上还是在实践上,互联网与公共关系的结合都处于探索阶段。目前,学界和业界对于互联网公共关系尚无清晰的界定。多数学者认为,互联网公共关系是指在互联网的情境下,借助联机网络、电脑通信和数字交互式媒体开展公共关系活动、实现公共关系目标的行为。此外,需要指出的是,本书采用互联网公共关系的提法而非传统的网络公共关系是因为网络所涵盖的范围较广,它既可以指称互联网,也可以指称传统的人际关系网络、社会网络等。

为避免混淆,本书使用互联网公共关系一词。在此基础上,下文的政府网络公关特指政府在新形势下运用互联网媒体开展的公共关系活动。

互联网自身的技术和传播特性使互联网公共关系具有以下三个特点。

第一,互联网公共关系实现了组织与公众的双向互动。传统的媒体如报纸、收音机、电视等的传播方式都是单向的、自上而下的。通常情况下,社会组织都是经由媒体向公众硬性地传输信息,公众作为传播链条的末端,只是被动地接受信息。社会组织与公众之间没有交流与沟通,公众也很少能找到渠道发表自己的意见和建议。因此,传统的公关传播方式多是"单轨制"的。社会组织如果想获得公众的反馈,不得不另外组织调查、访谈等活动。这无疑增加了公关活动的预算,同时难以保证反馈的速度和时效性。互联网在公共关系中的应用在很大程度上缓解了这个问题。互联网一对一的互动传播模式可以实现组织与公众的充分交流,使组织及时接受公众对产品和服务的反馈,了解公众的需求和想法。互联网媒体中的论坛、博客、公众号、社会组织的官网等新型传播渠道都是公众得以发表个人意见的平台。组织也可以在互联网上对公众关切的议题进行反馈。通过在互联网上的双向互动,一方面,可以增进组织与公众之间的感情;另一方面,通过接纳公众意见改进组织工作方式,提升组织为公众服务的能力,最终实现提升组织形象的目标。可以说,互动的对话是网络给公共关系带来的最重要的变化之一。

第二,互联网公共关系以公众为取向,更关注公众的话语权。传统媒体主导的公共关系活动中,社会组织一直是"主角",整个公关活动以及传播的信息都是经过组织精心策划的,想让公众获得什么样的信息,获得多少信息,怎样获得等都是组织可以掌控的。以联合利华在中国的降价活动为例。1993年,联合利华公司的奥妙品牌产品开始进入中国市场,到了1999年联合利华准备在中国推出新产品时,准备将老的产品降价。在这过程中,联合利华公司策划了一场新闻发布会,精心准备了敏感问题的答案,准备好不同的新闻稿供记者选用,巧妙回避了降价对中资品牌的冲击、环保、下岗等问题,引导媒体进行偏向自己的宣传和报道。也就是说,公众看到的、听到的都是组织想说的。这样的传播技巧在互联网情境下不再适用。如今,公众可以通过互联网随时获得自己想获得的信息,多元的信息获取渠道使社会组织的"一家之说"不攻自破。同时,网络平台发表言论的自由性也使公众可以对组织的公关活动提出质疑。公众的话语权在互联网时代得到充分保障,公众的地位在互联网公共关系中得到提升。

第三,互联网公共关系细化了传播对象,真正实现了"小众"传播。传播对象的界定清晰与否决定着信息传播的有效性和到达率,直接影响着传播效果。传统的对传播对象的分类主要依据公众的特征和兴趣,进而将产品的主力推广人群进行目标设定。组织在做公关活动的时候,也是按照目标公众群体进行有针对性的公关设计。但通常情况下,这样的公众设定经常会存在定位模糊的缺陷,进而导致传播到达率不高,影响传播效果。互联网公共关系充分发挥互联网的优势,利用大数据、云计算等先进的技术深入挖掘公众的使用偏好、个人兴趣、行为特点等特征,能够更加有效地锁定目标人群,实现精准传播。以淘宝的信息推送为例。淘宝会对所收集的用户购买信息、搜索信息、交谈信息、支付信息等进行分析,了解用户的喜好、购买倾向、消费能力甚至人际关系脉络等,并依此向用户推送符合用户本人品位的产品。这种近乎一对一的推送做到了信息的精准传播。可以说,针对细化的公众分类进行的公关活动能够及时、有效地传递公众所希望得到的信息,对公关活动来说大有裨益。

二、构建互联网公共关系传播平台

在"信息就是生命"的互联网时代,如何发挥互联网信息传播的优势、打造多元的公共关系传播平台是社会组织获得发展、赢得公众的重要策略。随着社会的进步和科技的发展,公众注意力越来越成为一个稀缺资源。互联网传播的及时性在保证信息快速到达公众的同时,也容易造成信息的分散,很难使关键信息对公众产生长久的、深刻的影响。此时,就需要多种网络平台共同发挥作用,并针对不同网络平台的特点采用不同的传播策略,分工合作,突出重点。本书以民族企业——吉利汽车控股有限公司互联网公共关系传播平台的搭建为例,阐述在互联网时代社会组织如何构建自己的公共关系网络。

第一,吉利非常注重企业官网的打造。企业的官方网站是由企业自己设立的、拥有完全掌控能力的开放式公关平台。有调查显示,76%的车主在购买车子之前都会浏览企业的官方网站以了解企业的发展情况、所购车型的基本信息等。可以说,企业官网是企业面向客户宣传自己的重要平台。吉利充分意识到官方网站的重要性,在官方网站的打造上下足了功夫;不仅设置了相关的企业、车型、导购、车友俱乐部等栏目,还嵌入了 minisite(活动网站)这种新颖的传播形式,以配合吉利以及各品牌的市场活动。官网不仅是组织单向的信息传递平台,同时,组织也可以与公众进行互动交流。吉利网站设有"在线服务"等栏目,企业既可以在线发布新闻、接受媒体采访,也可以解答客户的咨询等。此外,官网有别于其他网络平台的最大特点在于企业对于官网拥有完全的掌控权,企业可以发挥自己的主动性、依据自己的意图打造符合自己利益的公共关系传播平台。

第二,吉利充分利用汽车类论坛积聚人气,提升公众满意度。各大汽车论坛是车主、准车主进行信息交流的自由空间,很多消费者在这里了解汽车性能、学习汽车修理和改装技术,甚至建立自己的汽车文化。可以说,汽车论坛为消费者提供了一个畅所欲言甚至以车交友的空间。因此,汽车论坛是汽车消费者聚集最多的地方,人气很旺。吉利充分认识到汽车论坛中蕴藏的巨大潜力,积极开拓论坛空间。吉利先后开设了帝豪、英伦、全球鹰等品牌车的专属论坛,为消费者提供专门的互动交流平台,并委派专员进行论坛的管理,引导网友正面性的交流,同时对网友提出的建议和问题迅速有效地处理和解决。专属论坛的建立有利于与最广泛的客户和潜在客户进行自由交流,相对于企业官网而言,论坛的自由度更高,消费者在发表意见时顾忌更少,有利于企业听到消费者的心声。然而,与此相伴的问题就是发言的随意性容易导致不良情绪的出现,造成论坛氛围的不可控,因此需要专门人员进行适当的引导。

第三,与淘宝网络销售平台进行合作,打造营销新模式。近年来,电子商务网站发展得十分迅速。省去了实体店的营销成本,凭借快捷的物流系统,网购在国内消费市场正发展得如火如荼。尤其是以淘宝为代表的网络销售平台,凭借着良好的口碑和用户的忠诚度成为电子商务行业的"领头羊"。面对新型购物模式的出现,吉利积极转换思维,与淘宝展开合作。2010年12月,在淘宝上开设了全球鹰网店。这也是国内第一家在电子商务网站上开张的汽车企业,充分向公众展示了其创新求变的形象。同时,营销渠道的拓展也使得吉利的销售额有所提高。吉利与淘宝的合作不仅提升了企业和品牌的社会影响力,更重要的是,企业创新进取的形象更加深入人心。可以说,吉利不仅打造了营销的新模式,也为企业形象的构建创造了新的模式。

第四,加大微博、博客等社会化交流平台的开设,与客户进行深入交流。中国的新浪汽车博客、搜狐汽车博客、网易汽车博客、太平洋汽车博客等博客网站都是人气较高、点击率较高的汽车博客网站。但目前为止,只有部分吉利4S店以吉利之名开设了部分博客,吉利企业自己尚未开设专属的博客网站。因此,吉利可在网易、腾讯等知名门户网站或汽车专业网站上建立企业博客和微博,定期发布企业信息,与公众进行互动,组织线上和线下的公关活动等。

除了以上互联网形式的运用,社会组织还可以根据自身条件建立SNS社区、开设威客等,增进与公众的互动。总之,在互联网情境下,多元公共关系传播平台的打造关系着社会组织与公众交流的深度和广度,关系着公众对社会组织的认知程度。因此,在注重发挥传统媒体传播优势的同时,社会组织要利用互联网这一新兴传播方式,建立与公众的充分互动和交流,为自身形象的树立搭建平台。

三、互联网公共关系策略

互联网的出现为新形势下的公共关系提出了更高要求。传统的公关技巧和策略可能不再适用或需要进行适当改进。面对互联网信息传播的新环境,社会组织必须充分发挥网络平台的优势,建立和完善企业的网络传播体系。此外,在复杂多变的社会环境中,企业的运行风险不断提高,建立企业网络危机公关预警机制和应对策略势在必行。

第一,正如上文所述,除了传统媒体以外,社会组织还可以通过建立自己的官方网站、论坛、微博、博客等方式构建互联网公共关系传播平台。此类网上社区的建立有利于组织与公众之间的交流与互动,在促进网络营销的基础上,更能提高组织的知名度和社会影响力,从而为组织树立良好的形象。

第二,在互联网情境下,社会组织的危机公关意识变得更加重要。在社会环境的复杂性、市场竞争的压力、网络空间的虚拟性、公众民主意识的增强等多种因素的共同作用下，社会组织随时都面临着来自各方面的风险。所以，建立危机预警机制和危机应对策略对任何组织来说都是必不可少的。首先，在危机发生之前就要有危机意识，并制定好相应的防范措施。正如戴维斯所说："面对危机，首要目标是尽快结束危机，但更重要的是要做到防患于未然。"[1]在日常工作中通过培训等活动的开展培养员工的忧患意识和领导层的决策能力，避免危机事件发生时"手足无措"。同时，安排专人实时监测网络舆论环境，密切注意与自身有关的网络信息，并及时做好沟通工作，力争将危机化解在萌芽状态。其次，一旦危机事件发生，社会组织要做到"快、准、真"。"快"是指组织要对危机事件迅速做出反应，而不是充当"鸵鸟"。同时，这个"快"包括快速找出危机源头，确定危机级别；快速表明态度，勇于承担责任；快速发布危机信息，澄清不实谣言等。"准"是指组织对危机事件的准确定位。危机策略的制定有赖于对危机本质的准确认识。因此，危机事件发生时，组织要切实行动，深入挖掘危机本质，并根据不断变化的实际情况做出调整，妥善解决危机。"真"是指组织面对危机时真诚的态度。危机事件的发生有其深层次的原因，但一味地责备、推诿、找托词不利于事情的解决，反倒会加重其不利影响。要想快速化解危机、挽回组织声誉，社会组织必须放平身段，多做换位思考并以真诚的态度与公众进行沟通。

四、互联网公共关系乱象及治理

互联网的出现为网络公关的开展提供了充分的技术条件，但限于网络的虚拟性、流动性、碎片化等特点，加之，我国对网络公关行为的性质认定、行业监管、网上自律等方面存在不足，因此各种网络公关乱象层出不穷。比较有代表性的网络公关乱象主要有以下三种：一是网络推手和网络水军，通过网上策划，制造热点事件和人物，发布虚假或不实信息，骗取网民信任，煽动网民情绪；二是网络攻击，通过网络口碑营销，进行品牌攻击或事件炒作，向网民传播对产品与服务的不利评价，大肆在网络上诽谤竞争对手，进行敲诈勒索；三是进行网络危机公关，对网站进行骚扰，以非法发帖、删帖、转发等方式

---

[1] 叶皓.突发事件的舆论引导[M].南京:江苏人民出版社,2009:60.

造成负面影响,然后通过"删帖公司"来删除负面信息,以私下交易方式以获取不当得利。① 这些做法以"公关"为名,实际上是游走于法律和道德的边缘,借助网络的虚拟性,采用非法手段从中获益。

以上互联网公共关系乱象在破坏互联网空间健康氛围的同时,也对互联网使用者的正当权益造成了侵害。首先,社会组织追求个体利益本是无可厚非,但不应以损害社会的公共利益为前提,以社会的公平正义为代价。在"三鹿奶粉"事件中,非法网络公关以 300 万为代价,屏蔽、封锁关于三鹿集团的负面消息,致使公众很难获得真实的信息,严重危害了公众的知情权和切身利益。其次,非法网络公关的泛滥严重破坏了网络公信力。网络空间的虚拟性、信息模糊性被诸多非法网络公关所利用,致使网民难辨真假。一旦网民的自身利益受损,其对互联网上发布信息的可信性以及言论的出处、合理性等就会产生质疑,从而降低对网络的信任。最后,互联网公共关系的乱象容易造成虚假网上舆论,甚至影响社会秩序。非法网络公关经常打着"人民"的旗号,自诩代表人民的利益,煽动公众的情绪,甚至将这种虚假的网上舆论发展到线下,引起社会的动荡和混乱。

第三节　政府公共关系的变革

一、政府公共关系变革的必要性

据中国互联网络信息中心发布的《中国互联网络发展状况统计报告(2018)》显示,截至 2018 年 12 月,中国网民规模达到 8.29 亿,互联网普及率达 59.6%②。互联网的迅速发展已经超过了以往所有媒介的普及速度。同时,互联网的迅速发展所引起的社会关系和结构变革深刻影响着社会生活的方方面面。也就是说,几乎所有形式的社会组织都在互联网的冲击下做出相应变革以适应网络时代的新要求。当然,政府公共关系作为政府协调社会关系的重要手段也要跟上时代的步伐,做出变革。这既是政府公共关系与时俱进的要求,同时也是新形势下的必然举措。综合来看,互联网时代政府公共

---

① 王永翔.浅谈非法网络公关的现状:危害及其治理[J].经济与社会发展,2014(6):63-65.
② 详见中国互联网络信息中心(CNNIC)发布《中国互联网络发展状况统计报告(2018)》。

关系变革主要受以下三方面因素的影响。

首先,互联网时代的到来对原有科层制的政府机构模式形成巨大冲击,内部变革势在必行。政府部门是政府公共关系的实施主体,政府部门组织机构的有效、完善直接决定着公关活动的成效。因此,进行政府内部的变革对政府公共关系的整体转型意义深远。传统社会,政府曾一度被看作是等级森严的"衙门",对信息处于垄断地位,同时信息处理方式较为封闭,办事效率很低。互联网的出现大大拓宽了人们对信息的获取渠道,传统的沿着政府一级一级往下传达的信息发布方式受到了挑战。以前政府需要对有关信息进行审查过滤后,再由官方传播渠道统一向外扩散的信息处理方式也不再适用。公众可以自行从互联网上获得多元的信息,省去了很多的中间环节。政府机构内部原有的金字塔式的信息收集、整理、发布机构逐步消失,传统的中间管理层随之减少,取而代之的是扁平化、虚拟式的政府公共关系模式。现在,很多政府机构都建立了自己的网上办事系统,公众可以足不出户短时间内完成项目审批、费用交付等与日常生活密切相关事物的办理。事实证明,信息化时代的到来呼唤新型政府机构模式的建立,现代政府公共关系也应该是一个不断发展变化的动态过程。

其次,互联网所引发的政治环境的变化要求政府增进与公众的互动与交流,这也是促成政府公共关系变革的一大动因。互联网以其储量大、传播范围广、流通速度快等特点,已经成为信息集散的重要载体。同时,网络为信息扩散和流通创造了多元渠道,使政府垄断资源的权威地位受到冲击。传统的政府对信息的优势占有已经被互联网情境下多元主体、众多"意见领袖"所取代。在人人都既是信息传播者也是信息接受者的时代,政府与公众在信息享有上创造性地形成了平等的关系。这就意味着政府对公共事务不再享有特权,民众必须被纳入到对公共事务的讨论之中。当然,在网络赋权的过程中,公众第一次有了与政府平等对话的权利,他们愿意参与到公共事物的决策中来。可以说,公众已经逐渐成为社会利益的主体,公众参政议政意识也在逐渐增强。这种政治环境的变化要求政府改变传统的高高在上的姿态,主动加强与公众的交流,重视公众意见的听取与接纳。近年来诸多网络事件的发生有很大一部分原因都是因为政府忽视公众的声音,忽视舆论的力量,最终造成惨重的代价。因此,政府必须适应变化了的政治环境,只有政府在新形势下摆正了姿态,政府公共关系才能在正确的领导和指引下顺利开展。

最后,互联网所蕴藏的社会风险也要求政府公共关系做出相应变革。一方面,互联网的迅猛发展使社会和公众从中受益;但另一方面,互联网本身所带有的结构性风险也在考验着社会的承受能力。以电子商务为例,如黑客入侵、电脑病毒、资料保密不周的疑虑等,都是当前大家所关心的事项。电子商务中,因为欺诈而引起的商务争端不少,赖以维持常态交易顺畅的人际信任机制仍然存在相当多的问题。[1] 不仅在电子商务领域,社会生活的诸多领域都面临着数字化、虚拟化后的一些全新冲击与挑战。坦白来说,互联网给社会生活带来的影响多数是积极的、正面的,但这不意味着我们要忽视其负面效应和结构性风险。只有在正确应对其所引发的风险的基础上才能充分发挥互联网的积极作用。目前,我国针对互联网经营、互联网站管理、信息发布等已经制定了一些法律规范,如《非经营性互联网信息服务备案管理办法》《中国互联网域名管理办法》《互联网站管理工作细则》《互联网信息服务管理办法》《计算机信息网络国际联网管理暂行规定》《互联网电子邮件服务管理办法》等,但各种网络风险事件仍然是层出不穷。这就需要政府加强对网络的管理,将网络风险降到最低。对于政府公共关系而言,一方面要积极利用互联网的传播、互动优势;另一方面也要加强对网络空间的监督和管理,制定相关条例,将法制建设落实到网络空间的实践中去。

二、政府公共关系变革的途径

互联网时代的到来要求政府公共关系在内部组织结构、运行模式等诸多方面都要做出变革。本书将目光聚焦于新型公关队伍的建设、多元公关力量的整合以及政府网络公关的开展这三个方面,并通过这三个方面的阐述探寻政府公共关系变革的基本途径。

第一,建立新型公关队伍。政府公关人员是政府公共关系的基本力量,他们的公关意识、公关素质、公关能力对公关活动的实施和效果有直接的影响。可以说,公关队伍的建设对于政府公共关系而言意义重大、影响深远。

---

[1] 黄少华,翟本瑞. 网络社会学:学科定位与议题[M]. 北京:中国社会科学出版社,2006:146.

有鉴于此,在互联网技术的冲击下,政府部门首先要加强公关队伍的现代化建设。除了要求公关人员从观念上更新以外,还要从根本上改变以前靠人脑和文件处理信息的公关技能模式,建立一系列专业性、规范性较强的传播沟通业务模式。要完成这样艰巨的培训任务,需要政府部门成立专门的职能机构,也需要高素质的政府公关人员运用专门技术,制定专门的目标和计划来实施。在政府公关队伍的建设过程中,政府部门要做好三方面的工作。首先,对于公关人员个体的培养要注意德与能的结合。既注重思想政治觉悟、理论政策水平和职业道德的培养,也注重丰富的综合知识、扎实的专业技能和实际操作能力的培养,使政府公关人员在思想上和行动上都符合信息化时代的要求。其次,政府公关队伍的建设要注重整体力量的发挥,同时培养公关人员的团结合作意识。在信息社会里,知识的爆炸与更新使个体在庞大的信息量面前显得十分渺小,这时团队作用的发挥就显得尤为重要。因此,在结构上优化组织人员的构成,既要包括通才型人员也要包括专才型人员,使公关人员队伍"既深又精"。另外,加强人员之间的团结协作,培养集体合作意识。最后,政府公关队伍建设也要注重后备人才的培养。信息化社会的最大特征就是瞬息万变。要适应高速发展的现代社会,政府公共关系还要时刻保持危机意识,吸纳高层次人才,做好公关人员储备和培训工作。这些培训的开展既可以面向专业协会、高校、公关公司,也可以通过"网上培训学校"的形式向社会人员开放,鼓励和吸纳各行各业的高素质人才成为公关队伍的一部分。

第二,整合多元公关力量。正如上一章中所阐述的,各种类型的媒体在政府公关活动中发挥着信息传递、社会动员、政府监督和舆论导引的重要作用。特别是在互联网逐渐成为人们获取、发布信息主要渠道的今天,媒体在政府公共关系中的作用进一步加强。除此之外,各种群众自发组织、非营利组织、企业、社区等社会组织都对政府公共关系的传播发挥着不可或缺的作用。因此,信息时代政府公共关系的发展必须整合这些力量的优势,充分调动它们的参与积极性,及时沟通相互间的关系,利用各种力量的技术、人员优势,发挥它们的整体效应。当然,各种力量的发挥并不是"各自为政""一盘散沙"的,它们只有在统一的安排和领导下,依循共同的目标才能发挥出各自的力量。这就需要建立统一、协调灵活的政府公共关系机构来调配、安排各方面的资源。现代政府公共关系机构可以参照隶属型、并列型和虚拟型这三种模式进行设立。

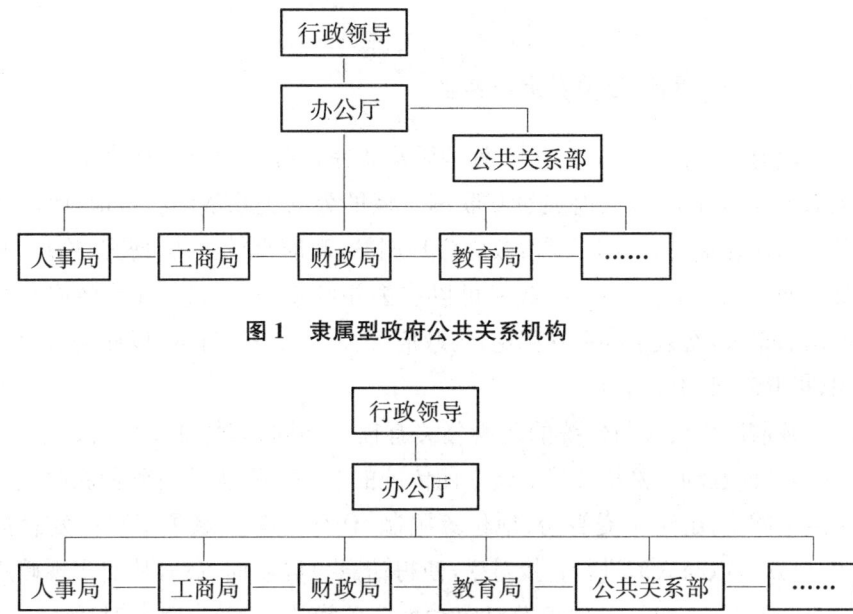

图1 隶属型政府公共关系机构

图2 并列型公共关系机构

隶属型政府公共关系机构的设置便于公共关系部门获取其他部门的信息,做好整体的协调工作;并列型政府公共关系机构的设置有利于各部门之间的配合;虚拟型政府公共关系机构是在信息化时代建立的虚拟沟通平台,具有很大的灵活性和自由度。三种机构设置各有各的优势和缺点,但都可以在一定程度上发挥集中统一的作用,从组织上保障政府公关的有效开展。

第三,积极开展政府网络公关。互联网的发展为政府公共关系的开展开辟了新的途径。互联网的交互性、及时性、去中心化、多样化等特性保证了信息的有效传播、自由流动和及时反馈,是政府与公众沟通的有效渠道。例如政府官员博客、政务微博、政府官网等都可以成为政府公众信息管理、公众舆论管理、公众形象管理和公共关系管理的重要手段。政府可以利用网络开展各种个性化、形式独特的公关服务,同时,这也是公共关系信息化的发展趋势。

第四节 政府网络公关

一、政府网络公关界定及特征

政府网络公关是指在互联网迅猛发展并日益成为改变社会结构和人们生活方式的背景下,政府通过互联网开展的公共关系活动。目前,政府网络公关的途径主要有以下几种:政府门户网站、政府官员微博、博客、论坛、邮件等。通过网络平台的运用,政府可以收集并发布公共信息,建立政府与公众的沟通渠道,有效引导大众舆论,为政府公关活动提供咨询,以此完善政府形象,提升政府的公信力。

政府网络公关与传统的政府公关有很大不同,其特征主要有以下几点。第一,双向互动。网络环境的建立使传统的"上对下"模式得到彻底改变。在网络空间中,由于不受身份、地位等限制,任何人都被赋予了自由发言的权力,公众可以与政府进行直接对话,使得信息可以双向流动,从而实现政府与公众间的互应,践行了理想的双向对称公关模式。第二,直接对话。传统媒体时代,公众很难有直接与政府对话的机会。即使可以借助电视、报纸等大众传媒的帮助,但时效性很差,也很容易出现信息的失真。而在互联网时代,政府网络公关使政府组织与公众直接"面对面",减少了很多中间环节,这对于避免信息失真具有重要意义。第三,平等交流。在中国社会,传统的"官本位"观念深入人心。老百姓经常出于对官员的敬畏而对其"畏言畏语"或干脆避而远之。这严重影响了官民之间的沟通,使政府很难真正听到公众的心声,不利于政府工作的改进和提高。互联网的出现为普通民众与政府之间的平等交流创造了条件。网络的虚拟性使人们可以不受身份限制而自由游弋于网络之中,对所关心的政府议题提出建议或意见而不用担心后续的追责与惩罚。当然随之而来的问题就是网络发言的随意性和攻击性,但至少它为政府网络公关提供了新的平等交流的平台。第四,形式多样。传统政府公共关系的传播形式比较单一。一般情况下,政府通过电视、广播、报纸、宣传栏、黑板报等传播媒介向公众提供形式统一的政府信息。但在互联网时代,政府可以针对不同的群体采用不同的传播方式,综合运用文字、图像、声音、视频等传播手段,多方位、立体化地呈现政府公共关系信息。第五,节约成本。政府网络公关是政府公关的数字化变革,适应了现代社会的网络公共领域事物复杂化的发展趋势。对于政府来说,网络化使政府内部管理模式由金字塔式向扁平化过渡,精简了管理环节和层次,简化了行政步骤,提高了行政效率。同时,数字化技术实现了对信息收集、处理、传递的一体化操作,提升了信息管理效率,节约了政府公关成本。

二、政府网络公关的现状

随着互联网逐渐成为人们政治、经济、社会生活中的重要资源,我国政府部门逐渐意识到其对于公关活动的重要性。各级政府部门陆续开展了形式多样的网络公关活动,增进了与公众的对话和沟通,打开了政府网络公关的新局面。但由于互联网仍然是一个新事物,政府对互联网的认识和监管还存在诸多不到位之处,因此,政府网络公关中难免出现一些问题。综合来看,我国政府网络公关的现状可以概括为以下几点。

首先,网络公关已成为政府与公众互动的重要渠道,促进了官民交流和沟通。尤其是直接对话的官民沟通形式,突破了空间和时间的限制,公众可以随时随地、重复观看和收听,对于政府网络公共关系来说效果显著。因为,"公众交往最密切、最能相互了解、最有影响的手段,是直接交流意见,并促进其他交往关系的发生"[1]。对话形式较之传统的文件下达更具亲和力,更能有效地传达传受双方的意见,消除隔阂。网络对话,尤其是由政府主要领导干部带头参与的直接对话,既保证了对话的权威性也体现了对民声的密切关注和回应公众诉求的诚意,能够获取公众的信任和支持。温家宝总理与网友在线交流就很好地诠释了政府网络公关对官民对话的促进作用。2009年2月28日,"两会"召开前夕,温家宝总理通过中国政府网和新华网与全球网民进行在线文字与视频交流。一方面,温总理代表着国家的最高行政机构,保证了官民沟通的权威性;另一方面,温总理真诚的交流方式和个人魅力也拉近了政府与公众之间的心理距离。温总理说:"我只是带着心来的,带着诚意来的,我并不以为每个问题都回答得好。但是我讲的话是诚实的,我希望我许

---

[1] 刘建明.舆论学概论[M].北京:中国传媒大学出版社,2009:56.

诺的事情能够真正做到!"从效果上看,这样的网络公关取得了非常好的效果。全球网民反应热烈,在两个小时的在线交流中,共收到 30 多万个帖子的提问和留言,数万个手机用户的信息反馈,页面访问量达到 1.5 亿人次,100 多万人同时在线观看视频。此次网络交流引起了国内外多家媒体的广泛关注,赢得了人们的好评。同时,在线交流中所涉及的医疗、教育、就业、住房、三农等问题也在现实中得到了很好的落实,极大增强了公众对政府的信心。

其次,网络公关平台建设日趋多样和完善。在开通政府官方网站发布权威信息、获悉社会舆情、与公众互动交流、为民服务的重要渠道的同时,政府部门还建立了多样化的网络公关平台。这其中以政务微博的兴起和发展最为典型。截至 2015 年 6 月,新浪认证的政务微博数就已超过 14 万,其中政务机构官方微博 10 万多,公务人员微博接近 4 万。微博问政已经成为一种时尚,政务微博进入了深入、稳定发展期。从成效上看,党政机构的微博创造了官民平等沟通的交流平台,而官员微博则凸显了官员的个性、感染力及其对网民日常生活的关注。微博确实是塑造领导人形象、政府形象的重要途径。经历了 2011 年政务微博元年对于整体数量的关注,2012 年政务微博进入了民生应用年。注重亲民、务实与应用以及真正利用微博为群众解决实际问题成为政务微博所肩负的历史使命及存在的根本价值。这一年出现了很多务实的政务微博案例,教育部利用微博征集教改意见和建议就是其中比较典型的一例。教育部新闻办公室在新浪独家开通了专项微博,重点介绍和宣传优秀教育任务以及基层教改经验。同时,该账号在微博平台和专题页面发起"说教育""晒校园""看课堂""赞老师"等话题,邀请广大网友共同关注身边的教育变化,共同讨论对我国教育工作的期待和建议。教育部因此成为首个公开面向网友征集改革方案建议的部委,并且此微博极其擅长策划各类与教育相关的话题和活动,便于和网友的交流和沟通,提升部门亲和力,吸纳网友对教育工作的意见和建议。此举是对传统宣传和官民互动方式的一种革新。传统的提意见方式,大家都是各提各的,互相都不知道对方的意见是什么,最终政府采纳的意见是否是大家最关注的也未尝可知。而网络征集意见的方式避免了暗箱操作,一切都公开透明。政府的最终决策都处在网民的监督之下,如果合理化建议未被采纳,政府会招致公众的批评。这样的意见征集才是有效的和有实际意义的,也才真正达到了网络公关的目的。

最后,政府网络公关在形式上日益新颖,以适应现代社会的需求和青年人的审美品位。受企业营销理念的影响,"企业家政府"成为政府改革中比较流行的观念。这种对效率和效益的追求是将诸多企业管理手段和方式直接引用或嫁接到政府的管理活动中。如某些城市品牌营销,将城市的官方网站加入到百度竞价排名的活动之中,当你"百度"的时候会发现某政府网站列在搜索结果的第一位,末尾还注明了参加百度竞价的标志——"推广"二字。这种从企业营销中获得启发的城市营销方式,通过新媒体的运用可以在极短时间内实现城市的形象传播,对于提升城市知名度和美誉度有很好的效果。但同时也会引发政府企业化、低俗宣传等相关问题。对于政府网络公关中的类似问题,我们将在第七章中具体讨论。

三、政府网络公关的问题及成因

政府网络公关仍然属于新生事物。虽然,其在我国当前的社会主义现代化建设中已经表现出积极作用,但仍存在很多值得关注的问题。本书从公民参与意识薄弱、互联网本身的虚拟性、政府网络公关的运行效率以及网络公关中的乱象四个方面总结政府网络公关中存在的主要问题。

第一,公民意识淡薄使公众对政府网络公关的参与度不高。社会主义公民意识就是公民在头脑里清醒地意识到自己作为社会主义公民的存在,意识到自己的权利和义务。相对于西方国家,我国公民的公民意识比较薄弱。结合相关研究,主要有两大原因导致这一结果。首先,塑造公民意识的实践条件严重不足。所谓实践出真知,没有公民意识践行的环境,自然无法形成对权利、义务的认知和理解。这与我国一直以来经济发展水平落后,人民的受教育程度不高有很大关系。其次,中国传统道德在一定程度上制约了公民意识的形成。受中国社会环境的制约,启蒙、主体自由、民主的理念一直与中国民众"分分合合",直到改革开放以后,才逐步在中国得以广泛传播。因此,民众对自己所拥有的权利和义务不是十分了解,尤其是普通民众经常会有"政府大事与自己无关,那些都不是我应该操心的事"的想法,甚至将自己参政议政的权利看作一种负担。在农村的很多基层选举中,农民群众经常以农忙为由放弃自己选举的权利。另一方面,中国公众的上网活动还主要是以网络聊天、看娱乐信息为主，真正去关注政府、与政府进行沟通交流的实在是少之又少。正如流行的一句话说的那样："中国不缺乏网络政府，只是缺乏网络公民。"另外一个明显的现象是，即使在部分"网络领袖"的带领下，公众通过网络空间向政府传达声音，但这也仅限于与侵权、腐败等违法乱纪相关的事件，对日常型的政府网络公关参与非常少。总体而言，随着网络空间逐渐成为公众发表舆论的平台，公众在类似"孙志刚事件""钓鱼岛执法""躲猫猫""郭美美"等事件中表现出较强的公民意识，推动了事件的进展，但从整体上提升公众的参与热情，发动公众参政议政的积极性仍然任重而道远。

第二，网络本身的虚拟性等特点导致公众对网络信息的信任度不高，降低了政府网络公关的有效性，影响了政府形象的建设。网络空间的最大特征就是其虚拟性。互联网络以 TCP/IP 等网络协定为基础，在数字化层面虚拟和重构了现实社会的生存环境，架构了一个人生活于其中的虚拟社会空间。在这一虚拟空间中，现实与虚拟的界限已经模糊，或者说，现实与虚拟已经融为一体。而随着人们日益习惯于这种拟像化生存，虚拟已经变得比真实还要真实。经常游走于这个虚拟空间，难免造成公众对一切的怀疑情绪或不在乎的态度。甚至很多人是抱着"看热闹"的心理，完全不把网络上的报道当作事实的真相。例如在河南杞县集体逃亡事件、钱云会案、李刚父子房产数案、天津爆炸案等网络热点事件中，公众对政府官方公布的结果表现出怀疑的态度。当然，造成公众对政府持怀疑态度的原因不只是网络的虚拟性，公民自主意识的增强、政府官员不作为的刻板印象都在其中起到很大作用。但相较于传统的电视、报纸、广播等传统媒体，公众对网络的信任程度更低。这种不信任直接影响了政府网络公关效果。因此，从总体来看，网络公关对于提升政府形象和公信力的效果较为有限。

第三，对于公众而言，政府网络公关这种新形式还未深入人心；对于政府而言，网络公关运行效率低下。中国互联网络信息中心发布的《中国互联网络发展状况统计报告（2018）》显示，截至 2018 年 12 月，中国网民规模达到 8.29 亿，互联网普及率达 59.6%[①]。虽然网民的数量逐年增加，但正如上文所述，网民利用网络进行政治参与的意愿不强烈，仍然比较习惯于从电视、报

---

① 详见中国互联网络信息中心（CNNIC）发布《中国互联网络发展状况统计报告（2018）》。

纸等传统媒体接收政府信息。另一方面,对于政府而言,虽然全国几乎所有的地市一级政府都开设了自己的官方网站、论坛等,但在网站的建设、公关工作的实际内容和工作效率等方面还需要有很大提升。很多网站在政府信息公开方面欠缺规范性,政务信息公开的内容有较大的随意性;信息公开的质量不高,公民所关心的财政预算、决策程序等"敏感"信息公布的很少,而价值不大的信息却连篇累牍;政务信息公开各自为政,缺乏统一和协调;各个政府网站所设置的内容基本千篇一律,个性化的信息公开服务有待加强;信息公开程序不够规范,很多政府部门没有建立和实行依公民申请而公开信息的机制,而是按照自己的意愿,想公开哪些就公开哪些。由此可见,目前,我国的政府网络公关活动还处于起步阶段,无论是承担传播公共信息职能的政府门户网站和主流新闻网站还是政府组织及其成员采用的博客、微客等与公众沟通交流的新兴渠道,在提升政府公信力和塑造国家形象的影响力度方面都存在着一定局限。这主要表现在政府官方网络平台不高的知名度和较低的点击率上。运行效率的低下使很多政府网站成了"摆设",既浪费了人力、物力和财力,又无法起到网络公关的作用,造成了资源的极大浪费。

  造成以上政府网络公关问题的原因是复杂多样的,总体来看,主要包括以下几点。首先,政府部门还存在比较严重的官本思想,因而导致其公关意识淡薄。我国现在正在大张旗鼓地开展法制建设,一切都要以法律为准绳,需要法律法规等提供秩序保障,而非政府或官员的个人意志。同时,向服务型政府的转化同样需要政府建立以民为本、人民至上和为民服务的理念,使民主公关意识成为政府网络公关的指导思想。其次,政府网络信息公开制度缺失以及诸多网络公关乱象的出现与"无法可依"有很大关系。现有为数不多的互联网方面的法律法规多是政府面向网络经营商、网络管理者、网民制定的,政府针对自己的言行制定的相关法律法规还相当少。现有的《政府信息公开条例》以及省市相关的政府信息公开条例,都存在着不合理和不完善之处。最后,公关队伍整体水平低,公关素质不过硬。公关人员的职业定义是专门从事组织机构公共信息传播、关系协调与形象管理事务的调查、咨询、策划和实施的人员。依据这一定义对我国公关人员进行检视会发现,从人才队伍的知识结构来看,我国网络公关人员中,真正具备公关方面系统业务知识的人不多;网络公关人员不仅缺乏专业的公关知识,不具备熟练运用公关手段、形式、方法的能力,而且还存在专业人才总量不足和结构不合理等问题。

第五节 完善政府网络公关的途径

针对我国政府网络公关中存在的问题,未来的政府网络公关需要在培育公众公民意识、提高公众参政议政能力和积极性,强化网络公关平台实质化建设,加强网络公关的推广、提升公关工作效率,以及规范政府网络公关行为、完善网络平台信息公开制度等方面加以改进。

一、培育公民意识,提高公众参政议政能力和积极性

全方位提高公民意识,需要有稳定的社会秩序、宽松的政治氛围以及完善的制度保障。首先,公民意识属于公民的思想意识,既是对社会现状的反映,也会支配人们在社会生活实践中的行为,同时在社会生活实践中可以得到巩固和强化。可见,公民意识的培养直接受限于公民所处的社会实践环境。良好的社会秩序有利于成熟、向上公民意识的培养;相反,动荡不安的社会环境难以形成健康、积极的公民意识。同时,也只有在稳定的社会环境中公众才有参政议政的参与性和积极性。因此,在保障经济发展的同时,维持社会秩序的稳定与有序是培育公民意识的先决条件。其次,社会政治氛围的宽松与否也是影响公民意识的重要因素。而社会政治氛围的营造有赖于社会主义民主政治的发展。改革开放以来,随着我国的民主政治建设有所加强,社会政治氛围逐渐宽松起来。一切"以阶级斗争为纲"的日子成为历史,公民开始当家做主,行使参政议政的权利,公民意识水平得到了很大提高。我国是农业大国,农村人口占全国人口的四分之三左右,而限于文化水平和地理位置等因素的影响,农民的公民意识一直都很薄弱。针对此种情况,从1980年开始,我国就开始探索村民自治制度的规范化。经过三十几年的推广与发展,村民在民主选举、民主决策、民主管理、民主监督等方面都养成了积极参与的心理,培养了主体意识、权利意识和义务意识,广大农民的公民意识水平也有了很大提高。社会主义民主政治建设真正落实了人民当家做主的

原则,为公民意识的培养营造了宽松的政治生活氛围。最后,完善相关法律制度的建设,以制度形式保证公民参政议政的权利。社会生活总是处于不断的变化和发展中,而制度具有相对的稳定性,这使得制度建设难免落后于社会生活的发展。尤其是在网络时代,瞬息万变的社会环境给制度建设带来了新的挑战。因此,制度建设应该是一个不断完善,不断充实,不断消除盲区的过程。现阶段,我国处于社会转型时期,制度盲区很多。特别是社会主义的民主、自由、平等、正义等重要观念,更多的还只是停留在意识形态领域,还没有形成完整的制度要素。因此,我国政府要在充分保障人民利益的基础上,尽快制定相关法律法规以保障公民参政议政的权利,保证公民参与国家事务权利的有效实行。

二、强化网络公关平台实质化建设

网络虚拟化在给网民赋权的同时,也带来了信息失真、网络舆论情绪化等弊端。然而,政府可以通过建立实体性的网络公关部门、完善网络平台功能、加强网络基础设施建设来提高其实用性,发挥其塑造政府形象的功能。

首先,随着网络化时代的到来,政府网络公关逐渐成为政府的常态工作之一,因此,建立专门的网络公关部门就显得尤为重要。目前,网络公关职能大多分散在各职能部门之中。通过专门统一的网络公关部门的设立,使网络公关职能从分散的部门中独立出来,建立系统的网络公关管理体制,有针对性地弥补公关实体虚化的现象。同时,在人员配置上,网络公关部门不仅要有熟悉电脑操作的专门人员,更需要有公关意识强、业务素质过硬的公关人员。政府网络公关人员既要准确掌握政府的大政方针,有很强的政治觉悟,又要能及时了解民众需求,为民众解难答疑,并做好政府与民众之间的沟通工作。

其次,政府在配备专门的网络公关部门的基础上,要逐步完善网络平台功能。一方面,设置丰富多样的网络信息公开、服务功能。在对我国55个省(市)级政府网站的调查中,有学者发现,政府网站发布的信息大多千篇一律,个性化内容较少。[①] 另一方面,充分发挥网络公关平台的时效性。例如,提高

---

① 郑文晖.我国政府网站政务信息公开的现状及对策分析[J].现代情报,2007(12):19-22.

政府的回应力,建立网络回应平台。政府主体要在网络平台上保持较高的活跃度,积极主动地回应公众质疑,不避讳,不推诿。尤其是在关系财政、人事任免以及与老百姓切身利益相关的事件上要主动回应,主动接受人民群众的监督。

再次,政府网络公关不只是政府网络平台一家的"独角戏"。互联网的出现打破了传统的政府部门条块分割,各个部门之间工作的交叉与协调在所难免。因此,政府各部门间建立统一协调、联合互动、一体化的网络系统势在必行。在网络环境下,整合一体的网络平台是政府公关发展的方向。政府网络公关平台需要其他政府部门为它提供实时、准确的宣传材料。可以说,公众在网络平台上看到的政府信息是实体部门信息的电子化形式。这种电子化形式不仅破除了传统信息传播渠道速度慢、受众面狭窄等缺点,而且在交互性方面有了新的突破。公众可以在保护自己隐私的情况下,对政府工作提出自己的看法和评价。尔后,政府网络公关平台可以把收集到的公众意见和建议及时反映到有关部门,以督促其加强或改进。如此循环往复,政府与公众之间交流的渠道得以畅通。在网络虚拟平台和线下实体政府部门的互相配合和支持下,政府网络公关才能得以顺利开展。因此,建立线上、线下联合互动的一体化网络平台是政府网络公关建设的重中之重。

最后,政府网络公关平台的建设离不开技术和资金的扶持,搞好基础设施建设是网络公关顺利进行的物质保障。在网络环境下,技术是政府网络公关的必要保证,公关活动中的信息传播和民意沟通有赖于稳定、高效的网络平台。我国目前的网络系统存在着严重的地区差异、城乡差异和部门差异。要消除这些"数字鸿沟",加快信息网络的建设和分配布局,首先要将宽带入网工程纳入公共服务的重点项目,提升网络的普及率。同时,政府网络公关平台建设是一项长期的任务,需要大量、持续的资金投入。从网络公关人员的选拔、培训,网络平台的建设、维护、更新到维持网络平台的顺利运转,都需要资金的大力支持。政府部门需要设立专项基金来保证网络平台的建设。当然,在不违反相关法规的情况下,政府部门也可以与企业、团体合作,吸纳社会资源以投入网络公关基础平台的建设。

三、加强网络公关的推广,提升公关工作效率

为了让受众尽快了解并参与到政府网络公关平台中来,对于政府部门而

言,要做好以下工作。第一,扩大网络的普及率。据中国互联网络信息中心发布的《中国互联网络发展状况统计报告(2018)》显示,截至 2018 年 12 月,中国网民规模达到 8.29 亿,互联网普及率达 59.6%[①]。虽然,近几年来,中国的互联网普及率逐年提升,但从全世界范围来看,还是相当低的。德国、英国、荷兰、北欧国家、韩国等国互联网普及率均超过 80%,拉美国家大部分的互联网普及率也已超过中国。所以,中国互联网的普及率还有待进一步提高,尤其是在广大农村地区。

第二,加大政府网络平台的宣传力度,使网络平台成为信息传播和汇聚民意的重要渠道。当下,中国民众基本都知道有政府网络平台,但普遍认为那是政府自己的工作平台,与我们老百姓没什么关系,自然不会去关注。这反映出政府网络平台需要走到老百姓的"心坎儿"里,还有很多工作要做。首先,政府部门可以借助传统媒体的力量大力宣传自己。不仅要让公众知道政府网络平台为何物,更重要的是让公众感受到网络平台能够真正帮他们"发声",代替他们与政府部门交流。其次,发挥典型案例的示范引导作用。现在很多民众会通过网络平台向政府反映问题,并最终得到圆满解决。政府部门可以选取其中的典型案例进行宣传,用老百姓自己的切身体验来引导民众对网络平台的关注和信任。最后,加强网络平台的内容、形式、功能等设计。政府网络平台想要吸引公众的注意,要在自身建设上下功夫。例如,增加界面的友好性、拓展搜索引擎功能、简化在线服务操作步骤、加强在线交流的反馈速度、反馈效果等都会影响公众对网络平台的关注程度。

第三,全方位提高政府网络公关工作效率,使网络公关成为政府公关的有效途径。网络及时、快捷、双向沟通的优势为网络公关的崛起提供了基础,接下来,政府部门就要着重提高网络公关工作效率,保障网络平台的高效运转。在培养专业的网络公关人才队伍的基础上,政府网络公关工作的最大特点就是及时性。"朝九晚五"的政府工作模式在网络平台上不再适用。政府网络公关人员要保证 24 小时全天候在线关注网络平台的动态。尤其是网络平台的在线服务系统要一直保持畅通,对于公众的咨询要及时解答,一时解答不了的,在请示上级领导部门以后也要给公众做出及时的反馈。其次,善

[①] 详见中国互联网络信息中心(CNNIC)发布的《中国互联网络发展状况统计报告(2018)》。

于区分网络上的理性声音与情绪表达。网络上的声音比较多元、复杂,如果不加以区分、判断,很难正确把握民众的真实声音。因此,网络公关人员要具有理性甄别网络信息的能力,从中获取民声民意,对于不理性的情绪表达、网络发泄暂时搁置一边,而把精力放在关系民生的问题上。这样做的好处,一方面是提高了公关工作的效率,把时间和精力花在"点子"上;另一方面,也避免了网络公关受网络舆论所牵制,产生"听风即是雨"的现象,保证了政府部门对舆论的引导力和控制力。

四、规范政府网络公关行为,完善网络平台信息公开制度

联合国在1946年的第一次大会上,通过了第59号决议,宣告:"信息自由是一项基本人权,也是联合国追求的所有自由的基石。"世界上很多国家都制定了一套完整的信息公开制度以保障公民获取信息的权力。在一定程度上,政府信息的公开程度已经成为当今世界国家信息化程度和民主发达程度的重要指标之一。全球很多国家都制定了相关政府信息公开方面的法律。例如,美国1967年就实施了《信息自由法》,加拿大于1982年制定了《信息获取法》,日本于1988年颁布了《个人信息保护法》,随后又出台了《信息公开法》。但我国直到2008年才颁布实施《中华人民共和国政府信息公开条例》,界定了政府信息公开的范围、方式以及程序、监督和保障等相关条款。

目前,政府网络信息公开就是依据此条款的规定进行的。但由于网络的公开性、虚拟性、平等性等特点,网络公开信息的范围越来越广,内容越来越具体,政府部门应该制定适用于网络的信息公开条例或法规,以适应网络情境的要求。例如,按照《中华人民共和国政府信息公开条例》第三章第二十条的规定,"公民、法人或者其他组织依照本条例第十三条规定向行政机关申请获取政府信息的,应当采用书面形式(包括数据电文形式);采用书面形式确有困难的,申请人可以口头提出,由受理该申请的行政机关代为填写政府信息公开申请"。而在政府网络平台上,显然这一规定将不再适用。政府部门要在总结网络公关中信息公开工作经验的基础上,制定专项法律法规,对网络平台上的信息公开工作真正起到约束监督作用,保障公众在网络环境下的知情权。同时,严格贯彻"以公开为原则,以不公开为例外"的国际信息公开通行准则。对于应当公开的政府信息做到坚决公开,使其在数量上和广度上

都占据主导地位。对于某些特殊情况下不公开的信息,政府部门要对其制定严谨的范围,并依法严格执行。

为保障网络信息公开制度的完善,规范信息公开的行为准则,政府部门还要建立相关的配套机制。首先,健全责任机制。责任机制的明晰程度直接制约着制度建构的社会功能。依据《政府信息公开条例》的规定,在明确负责信息公开的网络各部门及其工作人员的权力内容和责任范围的基础上,建立权责密切相关的责任机制。其次,建立有效的监督机制。监督工作的开展既要包括政府内部的监督,同时也要赋予人民和社会对政府机关监督的权利。可以通过内部考核制度、社会评议制度和责任追究等制度将网络平台中政府信息公开行为置于全面的监督之下。最后,从战略高度来看,保密审查制度是必需的。没有政府信息的安全保密,就没有国家安全、社会稳定和正常的经济秩序,也就没有公民个人受法律保护的权利与自由。因此,政府信息公开首先必须处理好公开与保密的关系。政府网络信息公开要本着"谁公开谁审查、谁审查谁负责""先审查、后公开"和"一事一审"的原则,在信息公开前做好审查工作。当然,由于网络的特殊性对信息公开的速度要求比较高,因此可以相应地简化或变通审查程序。如:变文字形式申请为电子形式,变逐级申报为"特报特批"等,采取灵活形式、便捷的方式进行审查。

 思考题

1. 举例说明互联网对政府公共关系的影响。
2. 举例说明政府如何基于互联网开展公共关系活动。

第七章 政府公共关系与新闻发布

新闻发布是政府公共关系活动主体在信息发布的过程中直接面对公众、回应媒体的一种方式,是政府公共关系活动的重要组成部分,也是政府公共关系实践水平和能力的重要呈现。本章介绍了政府新闻发布制度、政府新闻发布的意义、新闻发布的方式及制度建构等内容。

第一节 政府新闻发布与政府新闻发布制度

一、政府新闻发布与政府新闻发布制度的内涵

政府新闻发布是政府传播活动的一种重要方式,文化部政务公开领导小组对政府新闻发布的定义为:通过举行新闻发布会、接受记者采访、提供新闻稿件等多种形式,发布有关新闻或阐述政府、部门的观点立场。[1] 国内学者也从多个视角对政府新闻发布做出各自的界定。例如,叶皓在《政府新闻学》中将政府新闻发布界定为:各级政府或政府有关部门,通过多种大众传播方式公开其政务活动,发布有利于公民实现其权利的信息资源。李明德从政府常态公关和危机公关的角度将政府新闻发布定义为:政府部门在日常工作以及公共突发事件发生时期及时或定期地通过一定的形式向社会、公众公开有新闻价值的信息。综合众多界定,我们不难看出,政府新闻发布是政府部门针对自己的工作情况以及公众所关心的社会热点事件所进行的信息传播活动,是政府公共关系活动的一种重要形式,也是满足公众知情权、保障信息畅通的重要方式。

---

[1] 文化部政务公开领导小组.试论新闻发布制度在政务公开中的作用[J].中国监察,2007(10):32-33.

政府新闻发布制度是为保障新闻发布工作的顺利开展而确立的一整套思想和原则。从政治学对制度的定义来看，制度既包括理念、规则也包括事件行为，是一个三位一体的系统。国内也有学者从制度是行为的规则角度对政府新闻发布制度进行界定，认为"所谓新闻发布制度，是约束政府新闻发布行为的一系列规则，包括新闻发布的法律、法规、惯例、内容、渠道和目的等等"。不论是从政治学广义的制度含义还是从国内学者对制度的狭义界定都可以看出，政府新闻发布制度规范并保障着政府新闻发布活动，政府新闻发布是政府新闻发布制度在实践中的应用，二者之间存在着密切的关系。

二、中国政府新闻发布的发展演变

中国政府的新闻发布活动可以追溯到中国共产党成立初期的党报体制。也就是说，中国的新闻制度是在党报体制的基础上形成和发展起来的。中国共产党党报体制所追求的系统化、规范化、以党和国家为中心的原则在建党初期的中国新闻发布活动中得到了很好的体现。随着中国共产党在全国范围内政治权力的确立，党的意志被逐渐贯彻到社会生活的方方面面。在改革开放的大潮来临后，随着自由民主思想的渗入、民众民主意识的加深以及社会政治改革的开展，中国新闻发布活动和新闻发布制度也顺应时代形势，改革进取，不断在实践中发展和完善。总体来看，中国政府新闻发布实践是同中国社会的发展轨迹以及社会大环境紧密相连的。因此，本书将中国政府新闻发布大致分为以下四个阶段：第一个阶段是 1949 年至 1966 年，新闻发布初创期；第二个阶段是 1967 年至 1976 年，新闻发布迷失期；第三个阶段是 1977 年至 2003 年，新闻发布实践发展期；第四个阶段是 2003 年至今，新闻发布全面发展期。

在中华人民共和国成立初期，中国共产党领导人总结党报体制以及抗战中的经验和教训，十分注重发挥传播媒介的宣传作用。作为国家领导人的毛泽东经常亲自接见国内外记者、撰写新闻稿，向大众表明党的方针、政策和领导人民的决心。新中国比较具有标志性的中国政府新闻发布会是在 1965 年 9 月 29 日，由时任国务院副总理兼外交部部长的陈毅所举行的一场新闻发布会。这场新闻发布会是在中国试爆两颗原子弹，进而引起国际社会普遍关注的情况下召开的。这场新闻发布会吸引了超过 300 名的记者，其中包括港澳台地区记者和外国驻华记者。陈毅的幽默风趣首先打破了国内外记者的紧张心理,接着在记者提问环节,陈毅以高超的语言能力和真诚的态度打动了在场的每一位记者,同时也向世界传递了中国热爱和平、反对霸权的外交政策。此次记者招待会在国际上引起了很大反响。日本广播协会电台认为这场招待会"轰动了世界",日本《朝日新闻》称陈毅的谈话"具有巨大的逼人力量",法国前总理富尔认为此次招待会"反映了中国的民族自尊心"[1]。虽然处于新中国成立初期,但此次发布会组织完善,设有主持人,陈毅亲自担任发言人,并即席回答问题,显示了对现场超强的控制力。可以说,以此次招待会为代表的中国早期政府新闻发布活动已经具有较强的宣告意识、"以我为主"的把控能力,但尚未形成完善的新闻发布制度,缺乏系统化,政令意图比较明显。因此,这一时期的政府新闻发布活动通常被认为是党的"喉舌"。

1966年至1976年是历时十年的"文化大革命",不仅使中国的政治、经济以及社会的各个方面停滞不前,也给处于初创期的中国政府新闻发布活动蒙上了阴影,一度走入迷途。这一时期以报纸为代表的新闻媒介成为各个派别发动政治运动的工具。兴盛一时的"两报一刊"(即《人民日报》《解放军报》及《红旗》杂志)成为鼓吹"造反"和个人崇拜的宣传阵地。全国各地的报纸、广播电台全文刊发"两报一刊"上面的报道和评论。无政府主义和个人崇拜的歪风使全国民众处于极度的狂热状态,以致周恩来总理批判极"左"思潮的努力归于失败。在"文化大革命"后期,新闻媒介又成为"四人帮"的"御用"宣传工具,严重破坏了新闻事业客观性、真实性等原则。总之,这一时期,政府的新闻发布不仅没起到应有的传达正确信息、启发民众的作用,反而沦为不同政治势力的斗争工具,"为虎作伥",严重影响了中国政府新闻发布的发展。

1976年以后,经过几年的调整,中国的经济和社会秩序逐渐恢复。尤其是改革开放之后,中国政府的新闻发布工作有了长足进步。其中最明显的进步就是新闻发言人制度的建立。1983年3月1日,外交部率先建立发言人制度,并定期召开新闻发布会。同年,天津设立市长电话和市长接待日,政府主要领导开始直接与公众进行对话。1987年,中国公共关系协会成立,这是政

---

[1] 转引自 http://cpc.people.com.cn/GB/69112/69114/69123/4684642.html。

府、高校及科研院所、企业共同创办的专业协会,极大地促进了中国公共关系及政府公共关系理论与实践的发展。1991年,国务院新闻办公室宣告成立,这是我国新闻发布领域的里程碑事件,新闻发布已经上升为完善政治制度、提升政府工作机制的重要方面。从1993年开始,中国政府又展开了以转变政府职能为中心的行政改革,这使政府更加明确自己的政治使命,政府新闻发布活动和发布制度在一系列的改革和实践中不断成熟和完善。从1995年开始,国务院新闻办公室发布会改为一周两次,还设立了翻译和同声传译,发布会的时间也有所延长,信息量大大增加。除此之外,政治体制改革的配合也使政府新闻发布有了很大改观。以前的新闻发布都是以党和国家为核心,发布什么完全由政府所掌控,人民群众只能被动接受。随着改革的深入,民众要求权利、民主的呼声越来越高,从制度上做到公开透明、保障公民的知情权成为政治体制改革的主要促发力。因此,邓小平提出"党和国家领导制度的改革"要"从制度上保证党和国家政治生活的民主化、经济管理的民主化、整个社会生活的民主化"。此后,党的十三大报告提出了建立社会协商对话机制,第一次将人民的地位提高到国家层面。协商对话机制的施行保障了国家机关活动的透明度和开放度,使人民群众不仅知道政府在做什么,而且有权利监督政府做得怎么样。总体来说,这一时期,中国政府新闻发布进行了诸多改革,已经开始步入正轨,但"喉舌"的功能仍很突出,而且有重"外宣"轻"内宣"之嫌,与政府新闻发布制度配套的法律法规还需进一步完善。

  2003年是中国政府公关的转折点,因为这一年的"非典"危机彻底改变了政府控制信息的传统,公民的知情权成为广被讨论的话题,得到前所未有的重视。正是在这样的社会大环境下,政府意识到公开透明、及时通报的重要性,迅即确立由卫生部举行新闻发布会,详细通报事件进展,从而使政府的工作卓有成效,获得了公众的支持及信任。"非典"之后,中国各级各部门陆续建立了新闻发言人制度,政府新闻发布的数量和质量都有了大幅提高。从2004年开始,国务院新闻办公室连续三年保持年发布会50场以上,发布的主题涉及政府工作的方方面面。近几年新闻发布的数量和质量继续提高。以2015年为例,国务院新闻办公室共召开新闻发布会120场,平均一周至少2场,仅4月一个月就召开新闻发布会13场,内容涉及教育、银行、海关、铁路、农业、水利、财政、知识产权、外汇等等。除此之外,与政府新闻发布相关的政策法规也逐步落实和完善。2004年,中共中央下发了《中共中央关于加强和改进新形势下对外宣传工作的意见》,明确指出:"建立中央对外宣传办公室、国务院各部委及省级政府三个层次的新闻发布工作机制,明确职责,注重策划,加大对新闻发言人的培训力度,提高新闻发布的效果和权威性,做到经常化和制度化。"[①]同时,新闻发言人培训工作的逐步开展、政府支持力度的加大、领导层公关意识的提高、高校科研机构的介入都在很大程度上推动了政府新闻发布工作的完善。总之,无论是从制度建设层面还是活动开展层面,这一时期的政府新闻发布工作可谓硕果累累,取得了巨大的成就。中国的政府新闻发布工作步入全面发展、高歌猛进的新时期。

第二节 政府新闻发布的重要意义

一、政府新闻发布是对公民知情权的满足

1945年,美国著名记者肯特·库柏(Kent Cooper)第一次使用知情权借指"公民有权知道其应该知道的信息,国家应保障公民在最大范围内享有获取信息的权利,特别是有关国家政务信息的权利"[②]。此后,知情权的范围不断扩大,有"五权说"(即知政权、社会知情权、对个人信息了解权、法人的知情权和法定知情权),"三权说"(知政权、社会知情权和个人信息知情权)。但从狭义的角度来看,知情权就是知政权,是指公众获取官方的消息、情报或信息的权利。

随着社会的发展,知情权已经逐渐从一种单纯的消极权利变成一种积极的权利,也就是说政府部门主动公开政务信息是其义务所在,是其分内之事。知情权使民众可以"理直气壮"地获取政府的相关信息,而作为掌握政务信息的政府,有公开信息的义务。其实,前面我们已经提到过,在发达国家公民的知情权早已被写进各种法律制度。通常情况下,它是与信息公开联系在一起的。例如,美国早在1965年就制定了《信息自由法》。

我们之所以强调公民知情权的重要性是因为它与公民对国家事务的参

---

① 汪兴明,李希光. 政府发言人15讲[M]. 北京:清华大学出版社,2006:47.
② 李晓虎. 中国政府新闻发布制度研究[D/OL]. 上海:复旦大学,2007.

与直接相关。传统的古谚语有"两耳不闻窗外事,一心只读圣贤书",长久以来,一代代文人学子都以此谚语作为自己的座右铭,激励自己努力学习。殊不知,这是封建统治阶级"堵民众之口"的伎俩。试想,"不闻"何来"知","不知"又何来"参与"。唤起公众的主人翁意识,首先要全面落实公民的知情权,切实实行政府信息公开制度。对于哪些信息应该向公众公开应做出明确规定,并严格执行,不能故意隐瞒、谎报、漏报,尽量使公众对政府事务有充分的了解,逐渐形成"家事、国事、天下事,事事关心"的理念,进而自觉地参与到国家的管理和社会建设中去。

近年来,中国政府信息公开的力度逐渐加大,在满足公众知情权的同时,提升了政府工作的透明度,增加了民众对政府的信任。这不仅从整体上改善了政府与民众的关系,更有利于政府公关工作的进一步开展。

二、政府新闻发布是政府公共关系的重要组成部分

政府公共关系是一个有机的整体,它包括政府、媒体、公众的相互配合与互动。其中,媒体在中间起着沟通和桥梁作用。认识和发挥媒体的作用对于政府公关活动的开展大有裨益。政府新闻发布是发挥媒体作用的关键一环。通过政府新闻发布,政府与公众之间的关系得以协调,政府的形象得以塑造,民心得以安定。所以,现代政府把新闻发布看作其执政安邦的必备手段,这也是近年来中国政府新闻发布的频次和质量逐渐增加和改善的原因。

特别是在面对危机事件时,政府的新闻发布对于政府公关的开展必不可少。但现实是,一些政府部门存在着侥幸心理,对于政府新闻发布认识不足,经常是小事变大事之后,才站出来召开新闻发布会,最终导致事件的一再升级。以 2008 年的贵州瓮安群体事件为例。这是一起当地一些群众因对一名女学生死因鉴定结果不满,围攻政府部门而引发的严重的打砸烧事件。6 月 22 日,一名李姓学生溺水身亡;28 日,瓮安县发生打砸烧事件;7 月 1 日政府以贵州省新闻办名义召开新闻发布会。从时间和演变过程来看,政府部门的反应速度明显滞后。当地群众在得不到真实信息的情况下,对女学生的死因进行了各种猜测,一时间谣言四起,从而导致了 28 日的群体事件。在没有第一时间抢占舆论制高点的情况下,警方未正确对待公众的知情权,未及时告知家属案件进展情况,这也为事件的进一步发展埋下了伏笔。

从整体上看,贵州瓮安事件是社会矛盾长期积压的结果。正如时任贵州省委书记石宗源所说:"这起事件有深层次的因素,一些长期积累的社会矛盾没有得到应有的重视和妥善的解决,干群关系紧张、治安环境不好,一些地方、一些部门在思想意识、干部作风和工作方法上还存在很多问题,群众对我们的工作不满意。"但是,面对这样的社会情境,政府部门更应该意识到与民众及时沟通、澄清事实的重要性。就像在瓮安事件中,如果政府部门及早发现民众的质疑,早一点举办新闻发布会,向民众解释事情的始末,公布验尸的全过程,可能也就不会导致28日大规模的游行和打砸烧事件的发生;如果贵州新闻发布会能够提供更多的事实,不回避民意,可能也就不会引起公众更多的猜疑和不满。政府新闻发布本是帮助政府协调其与公众关系的有效手段,可是在瓮安事件中,政府新闻发布给政府公关活动"帮了倒忙"。究其原因,是政府部门没有充分认识到新闻发布在政府公关活动中的重要性,没有主动、及时利用新闻发布化解政府危机。

从近年来发生的众多危机事件中都可以看出,政府部门对新闻发布工作的懈怠和不重视,直接或间接地导致了政府公关活动的被动,致使民众对政府的不信任与日俱增,严重损害了政府在公众心目中的形象。因此,积极开展政府新闻发布活动,加强新闻发布制度建设是政府公关活动的重要组成部分。

三、政府新闻发布是塑造政府形象的重要举措

国家形象是一个集合概念。一个国家执政的"透明度"如何,直接关系到国家形象的整体建构。[①] 而政府形象是国家形象最高层面的代表,是政府在自身的活动和行为中产生出的总体表现和客观效应,以及公众对这种总体表现和客观效应所做出的较为稳定和公认的评价。政府形象的好坏直接关系到政府部门工作的有效性以及公众的认可度。新闻发布制度尤其是新闻发言人制度在塑造政府形象方面起着重要的作用。这是因为,政府新闻发布的职责就是由国家、政党、社会团体或指定的专职新闻发布人员,在一定时间内就某一重大事件举行新闻发布或约见个别记者,发布有关新闻或阐

---

① 孟建.国家形象建构与中国政府新闻发布制度[J].国际新闻界,2008(11):33-38.

述政府、本部门的观点立场,并代表政府或部门回答问题。政府新闻发布的最终目标就是要达到积极阐释事实,满足公众的知情权,建立与公众的双向互动,赢得公众的支持和理解,提升政府形象。可以说,随着政府信息的进一步公开和公民权利意识的增强,政府对新闻发布越来越重视,它已经成为政府形象塑造的一种新模式和新手段,也是新形势下的一种必然选择。

2008年3月,在奥运火炬的传递过程中,国内和国外都出现了干扰火炬传递的事件,这对中国政府形象造成了极大的负面影响。中西传播冲突在此时也达到了前所未有的程度。但在接下来的"5·12"汶川地震之后,西方媒体对我国政府的形象认知发生了极大的转变。这其中最重要的原因就是中国政府针对"5·12"汶川地震进行的新闻发布活动得到了国内外公众的认可。在地震的第二天,即5月13日,中国政府就召开了中外记者招待会,之后几乎天天都有。同时,作为地震发生省份的四川省也举办了十几场记者招待会。一方面,招待会数量之多,切实做到了及时通报;另一方面,权威人士的参与也保障了灾情传达的权威性。以5月14日国务院新闻办公室在北京举行的记者招待会为例,当时邀请了交通运输部副部长冯正霖、铁道部新闻发言人王勇平等介绍四川汶川地震、灾区道路交通抢险等情况,并回答了记者的提问。政府的迅速行动和媒体信息的及时公布,既使得国内民众及时了解灾情和救灾情况,也使得一直质疑中国政府的西方媒体转变了态度。在"5·12"地震之后,西方媒体对中国政府在救灾中的表现基本都是正面的报道,认为中国媒体的新闻发布达到了国际水准。新闻发布的及时使救灾得以顺利进行,显示出中国政府在灾难面前的从容、坚定以及带领民众战胜困难的决心和信念。可以说,新闻发布的及时有效对于塑造政府在国内民众心目中的形象,以及转变在国外心目中的形象都发挥了重要作用。

新闻发布对政府形象塑造的重要性已经为现代政府所熟知并采纳。新闻发布制度尤其是新闻发言人制度作为政府公共关系框架的一个组成部分,可以让公众及时了解政府,监督政府,提高政府为公众服务的意识和水平,从而在公众中塑造良好的形象,获得公众的参与和支持。

四、政府新闻发布是构建和谐社会的需要

我国正处于社会主义建设的关键时期,稳定的社会环境十分必要。如果

在流言满天飞的非常时期,社会的各项职能都无法正常发挥。公众对政府的猜测、质疑成为主流,政府的公关活动很难开展,和谐社会的愿望只能落空。政府新闻发布就是要在源头上保证公众对信息的全面、及时了解,澄清事实,消除公众的疑惑,避免激化事件的发生,保障良好的社会秩序。

上文中的贵州瓮安事件就是由于政府没有及时进行新闻发布导致谣言滋生,最终酿成了打砸烧的暴力事件。与之相反,2011年的"短命谣盐"事件就从正面印证了新闻发布对于构建和谐社会的重要性。2011年3月,受日本福岛核电站爆炸发生核泄漏事件的影响,外界盛传服用碘盐可以抵抗核辐射,从而引发民众大量抢购、囤积碘盐。舆论在短时间内迅速引爆,激发了公众的恐慌情绪。出于"保险"的心理,各地民众纷纷前往超市和便利店抢购食盐和紫菜等含碘的物品,致使当地的食盐销售量比平时猛增了十几倍。到16日晚间,广东个别地方食盐价格已经飙升至10多元一包。个别商贩甚至有"先囤货,再待价而售"的心理,这种哄抬物价的做法严重影响了正常的市场秩序。更重要的是,民众的恐慌心理逐渐蔓延。通过大众媒体、微信等传播方式,"碘盐能预防核辐射"的传言很快传播到东部沿海的绍兴、上海,数天之内,抢盐风潮席卷了我国大江南北。面对这样的情势,广东省首先开启了辟谣行动。16日,广东省盐务局紧急召开会议,启动了应急预案,同时召开新闻发布会,向媒体通告广东省食盐储备充足,日本核辐射不会对广东省海域造成影响,对于哄抬食盐价格的违法行为将予以严厉的打击等等。[①] 17日,国家发改委等部门也发出通知,要求各地"立即开展市场检查,坚决打击造谣惑众、恶意囤积、哄抬价格、扰乱市场等不法行为"。从18日开始,抢盐风潮逐渐平息。从总体上看,政府的积极介入,及时召开新闻发布会,通过媒体澄清事实,揭穿谣言等一系列行动保证了谣言在短时间内即被攻破,未对社会秩序造成严重的影响。此外,2005年"两会"期间,《反分裂国家法》的讨论和表决也一度成为影响两岸关系乃至世界格局的重大事件。一些别有用心的"台独"分子利用此法律煽动台湾民众的敌对情绪,制造谣言。为了破除谣言,维护两岸和平,时任国家主席胡锦涛就新形势下发展两岸关系发表了"四点意见",通过媒体告诉台湾民众,《反分裂国家法》是促进国家和平统一的,是反

---

① https://china.huanqiu.com/article/9CaKrnJqBbd.

"台独"的法律。国务院总理温家宝在随后召开的记者招待会上也表明了此法是和平的法律,是有利于台湾民众的。两位最高领导人的发言给台湾民众吃下了"定心丸",也使"台独"分子的阴谋没有得逞。

事实一再证明,政府的权威信息越早通过新闻媒体发布出去,就越有利于维护社会的稳定和政府的形象,也越容易将谣言扼杀在摇篮之中,否则就会给谣言的快速传播创造机会,导致谣言的滋生,严重的甚至还会造成社会秩序的混乱。因此,各级政府部门都要善于运用和发挥新闻发布会、记者招待会等新闻发布形式,及时准确地传达权威信息,消除公众疑虑,在政府与公众之间搭建起畅通、平等对话的信息平台。

第三节 政府新闻发布的方式

随着技术的进步和现代政府对新闻发布的重视,政府新闻发布的方式逐渐增多。同时,针对不同的社会情境采取不同的发布方式已经成为政府的共识。总体来说,政府新闻发布有以下五种方式:新闻发布会、新闻通报会、媒体座谈会、记者招待会以及新媒体发布。

一、新闻发布会

新闻发布会是政府新闻发布中最常见、应用最广泛的方式之一。按照大英百科全书对新闻发布会(press conference)的定义,新闻发布会是由一名公众人物同指定的新闻传媒进行会谈或向其发布公告的活动。本书中所讨论的新闻发布会是以政府为主体所进行的信息发布行为。所以,从这个意义上,可以将政府新闻发布定义为:由政府机构主办并邀请大众媒体的记者参与的,围绕与政府机构职能相关的议题,由指定新闻发言人或机构负责发布、介绍相关信息或表明立场态度,同时回答记者提问的会议。从定义中可知,政府新闻发布会的三个关键因素是:主体——政府机构,客体——大众媒体以及其背后的社会公众,内容——与政府职能相关的议题。

新闻发布会作为现代公共关系学中的基本概念,其起源亦与公共关系的起源直接相关,最早出现在美国等西方发达国家。20世纪初美国新闻界掀起的"扒粪运动",使美国各大社会组织意识到舆论的巨大力量。为了协调与媒体的关系,企业广泛开展了各种公关活动,新闻发布会这种拉近与传媒关系的活动形式应运而生。随后,美国政府也逐渐采用新闻发布会的形式进行政府公关。其中,罗斯福总统是最善于发挥新闻发布会职能的总统之一。他在第一任期期间就先后召开了340次新闻发布会。他"炉边谈话"式的非正式新闻发布会令美国民众倍感亲切。到了哈丁、柯立芝和胡佛时代,新闻发布会已经形成了定期召开的制度。① 此后,美国政府一直沿用规范的政府新闻发布会制度,致力于向传媒和公民及时提供信息,塑造良好的政府和个人形象。相较而言,中国政府新闻发布会的历史有一个发展的过程。上文我们提到,在20世纪60年代,陈毅同志曾举行过成功的新闻发布会。1983年4月,新闻发言人制度的建立是中国政府新闻发布会制度化的开端。但在早期,政府新闻发布只限于中央一级政府,外交部的新闻发布会是其中最稳定和规范的,地方政府机构还未将新闻发布会列入其日常工作。直到2003年"非典"以后,以上海、广州、成都、深圳等为首的大中型城市才开始颁布各自的政府信息公开规定。而建立新闻发布制度、定期召开新闻发布会是规章中规定的信息公开形式之一。随后,各省、市、自治区、计划单列市都逐渐建立了相应的新闻发布会制度。现在新闻发布会已经成为政府向公众传达信息的主要途径。尤其是在有危机事件发生时,需要向大量的记者发布相同的信息并允许这些记者直接向领导层询问时,采取新闻发布会是比较理想的形式。②

新闻发布会是政府机构向新闻媒体以及社会公众传递信息的重要平台。它的成功召开和举行需要严密的、顺畅的流程做保障。也就是说,新闻发布会的准备情况、现场应对以及后期评估直接决定了一场新闻发布会的效果。首先,在发布会的准备阶段,召开新闻发布会的政府部门要事先举行策划会,对发布会的时间、地点、内容、受邀媒体、媒体可能关注的问题、发布要点等做出提前安排。尤其是对于记者可能关注的问题,要提前列好清单。其次,现场应对主要是指发言人发布完新闻要点以后,针对记者的提问做出相应回

---

① [美]埃德温·埃默里,迈克尔·埃默里. 美国新闻史[M]. 苏金琥,等译. 北京:新华出版社,1982:617.

② Wragg D W. Public relations for sales and marketing management[M]. London: Kogan Page Ltd, 1987:47.

答。这一环节是政府新闻发布会的重中之重,也是决定新闻发布会效果好坏的关键。一方面,发言人要尽量使用通俗易懂的话表达深刻的问题,这样有利于记者理解和传播;另一方面,发言人要掌握回答问题的技巧,做到既真诚坦率又能灵活自如地应对各种问题。这就要求发言人能够适当控制现场发言时间、发言语气,注意与记者的眼神交流,适当利用身体语言。同时,避免长时间的停顿、语无伦次,灵活运用多种诉求,妥善组织语言和材料,善于控制现场气氛。最后,新闻发布会结束以后,政府部门要举行总结会,认真收集记者以及公众的反馈信息,总结经验和不足,为下一次新闻发布会的召开做更充分的准备。

从政府新闻发布会的基本流程中我们可以看到,政府新闻发布会具有公开性、规范化、权威性、及时性、互动性等特点。这些特点也保障了政府新闻发布会为大众所熟知和信赖,成为公众获取政府信息的重要平台。第一,公开性。新闻发布会是政府信息公开的重要渠道。通过新闻发布会,公众可以清楚地看到政府机构内的运作情况。同时,通过受邀到场的新闻记者的提问,公众关心的话题得以公开向政府机构表达。这实际上做到了双重的公开。第二,规范化。经过 30 多年的发展,中国的政府新闻发布会已经形成了长期的、稳定的发布模式,从发布时间、地点、议题的确定到发言人的培训、媒体应对、发布策略等各个方面都已经形成了较为规范的一套体系。第三,权威性。政府新闻发布会都会邀请相关政府部门的一把手或二把手担任发言人,回答记者的提问。这就保障了所发布信息的可信性和权威性,使媒体记者以及社会公众以官方信息为准,避免受不实信息的影响。第四,及时性。一般情况下,新闻发布会都是在事件发生后的第一时间召开,通常不超过 24 小时。然后,根据事件的进展,再不定期地召开发布会通报最新情况。这保证了信息的及时性、连续性和完整性,充分满足公众的知情权。第五,互动性。记者提问环节是新闻发布会的"重头戏",通常情况下,发言人的开场白会被控制在 10 分钟以内,接下来都是记者与发言人的互动环节。在近几年突发事件的新闻发布会中,我们经常看到剑拔弩张、针锋相对的场面。这一方面体现了记者以及公众对事实、真相的诉求越来越强烈,对自己知情权的捍卫;另一方面,也反映出政府新闻发布会仍有许多需要完善和提高的地方。但无论如何,这种充分互动、探求真相的理念是可贵的,而且需要在今后的新闻发布工作中继续发扬。

二、新闻通报会

新闻通报会,也可以称为新闻吹风会或者新闻通气会,是国家、政党、机关、团体、企业举行的向新闻界介绍情况、发布信息的会议。而政府新闻通报会就是政府机构向大众媒体发布信息的会议。相对于政府新闻发布会,新闻通报会一般是在政府做出重大决策之前,试探性地邀请大众媒体就已经开展和准备开展的工作向媒体单位做介绍,并请媒体部门在新闻宣传上予以指导和帮助。尤其是对于争议性较大的政策,通过新闻通报会小范围的传播,观测舆论的反应。如果舆论的反应不好,政府可以立即收回或者出面澄清,从而不会造成较大的损失。所以,新闻通报会一般不做直接的报道,不公布具体的发布人。新闻通报会结束以后一般也不发新闻稿。同时,与新闻发布会相比,新闻通报会可以根据情况决定是否设立记者提问环节。即使有记者提问环节,相对来说气氛会比较轻松,答问也能详细一些。

为了保障新闻的及时性,很多政府部门采取先召开新闻通报会汇报情况,待比较全面地掌握了事件的前因后果之后再召开新闻发布会的方式。例如,2015年12月20日,深圳光明新区发生严重的山体滑坡事件,造成33栋建筑物被掩埋,58人遇难,77人失联。由于事发突然,政府需要经过仔细排查和核实后才能对事件进行认定和处理。然而,对于外界公众来说,第一时间了解现场灾情的心情十分迫切,尤其是涉事家属。所以深圳市政府在灾难发生后第一时间就召开新闻通报会,通报现场灾情。截至12月22日,政府已经召开了5次新闻通报会,并邀请深圳市副市长、市住建局局长、光明新区管委会主任介绍遇难者、受伤者和失联者情况以及现场救援安排、救援过程、救援进展等情况。全场新闻通报会未设置记者提问环节,但主持人宣布抢险救援的最新情况会通过新闻发布会再予以发布。可见,对于危机事件的政府公关来说,政府部门有所区别地发挥新闻发布会和通报会的作用是很有必要的。通报会主要以"短、平、快"的方式向媒体通报事件进展,满足受众对信息及时性的需求;新闻发布会相对来说更加具有解释性,对事件的来龙去脉把握得更加全面,尤其是在记者提问环节会有更加充分的互动。

三、媒体座谈会

媒体座谈会一般是在年末的时候,政府部门邀请大众媒体以座谈会的形式,听取媒体部门对政府工作的意见和建议,以推进政府部门的工作。近几年来,我国各级政府十分重视与媒体的关系,各省市级政府在每年的年终岁尾基本都会召开媒体座谈会。在媒体招待会上,政府部门在对即将过去的一年进行总结的基础上,充分听取媒体对政府工作的意见。媒体部门作为政府和公众之间桥梁的作用在此时得以充分展现,同时政府通过媒体招待会的形式拉近与媒体的距离,为政府未来的公关宣传奠定基础。

从另外一个角度来看,媒体招待会在很大程度上也是政府部门明确媒体任务、加强对媒体领导的一种途径。特别是在中国,媒体在行政隶属上仍然从属于政府,其职能作用的发挥要以政府工作为核心。以2015年1月山东的媒体招待会为例。招待会时间选取在1月8日,正是对前一年工作进行总结,对下一年工作进行安排的关键时期。山东省委书记、省长主持会议,副省长、宣传部长以及山东省各大报社、记者站、广播电台的主要负责人都参加了此次座谈会。在座谈会上,山东省长在听取媒体部门的发言后,与他们进行了充分的交流。他一方面强调政府部门各级领导干部要提高公共宣传和公共关系素养,加强对传媒规律的学习和把握,支持媒体工作,学会与媒体打交道;另一方面,在肯定了过去一年中媒体对于山东经济和社会建设的重大推动作用的同时,也强调媒体要强化责任担当,紧紧围绕省委、省政府的重大决策部署,为改革发展创造和谐稳定的舆论环境。由此不难看出,政府以召开媒体招待会的形式,听取媒体意见,并对媒体的工作方向和工作原则加以强化,以保证媒体的宣传符合政府的需求。

四、记者招待会

记者招待会发布信息的形式比较正规、隆重且规格高,较有深度和广度。同时,记者招待会成本较高,对发言人和主持人的要求也高,需要占用新闻记者和会议组织者较多的时间和精力。

记者招待会与新闻发布会是现在政府机构比较常用的两种新闻发布方式。二者主要区别有以下几点:第一,从会议的主要内容来看,记者招待会往往不先发布新闻,而是立足于与记者的交流,直接回答记者的提问。而新闻发布会一般由发言人先发布新闻,再回答记者提问。第二,从会议召开的时间长度上来看,记者招待会一般持续的时间较长,一个多小时或者更长。因此,在回答问题的范围方面就更加广博,一般需要国家高层领导来回答记者的提问。如常见的总统记者招待会、总理记者招待会、部长记者招待会等等。相对而言,新闻发布会持续的时间较短,一般在半小时到一小时之间,记者的问题也多集中于新闻发布会所发布的内容。第三,从会议的人员安排来看,记者招待会一般设一个专门的主持人。主持人不回答问题,只负责会议的主持工作以及点名提问,由总理、部长或其他领导回答问题。而新闻发布会现在越来越倾向于由发言人自己主持、自己发布新闻、自己点名提问,然后自己回答提问。

在中国,最为民众所熟知的是"两会"总理招待会。从 1987 年开始,"两会"记者招待会走向规范化,1988 年开始向全国人民直播。1989 年 4 月第七届全国人大二次会议通过《全国人民代表大会议事规则》明确规定:"全国人民代表大会会议举行新闻发布会、记者招待会。"由此,在全国人大会议期间举行记者招待会被赋予了法律效力,并一直延续至今。从 1993 年开始,"两会"总理记者招待会逐步走向制度化。时至今日,总理记者招待会已经有 23 年的历程,由于总理记者招待会的高规格,历年都会受到中外记者、中外民众的密切关注,被看作树立中国领导人形象、中国政府形象的重要舞台。有学者在对 1993 年至 2015 年这 23 年间的总理记者招待会进行分析后发现:从提问次数来看,经历了 1993 年到 1997 年的起伏期后,从 1997 年以后基本保持比较平稳的水平,这体现出中国政府愿意以更加开放的心态在总理记者招待会这个平台上与各国媒体交流,展现中国政府形象。代表着媒体招待会中最权威声音的总理招待会是本国民众了解政府政策的最优渠道和外媒解读中国的最佳媒介。因此,近年来我国政府逐渐调整记者招待会的形式,力求公开、透明,希望通过记者招待会听到多元的声音并展示出中国政府的真实形象。

五、新媒体发布

随着互联网的出现和发展,通过网络进行政府新闻发布的次数越来越多,因为网络传递的很多特点是传统媒体所不具备的。首先,网络传递的信息融声音、图像、文字于一体,并且可以结合广播、电视、新闻通讯稿等多种样式。在吸引受众方面表现出更多的优越性。其次,新媒体发布的形式打破了传统的时间限制,几乎可以在第一时间发布世界各地发生的所有新闻,并且能够在短时间内得到迅速而广泛的传播。最后,与传统媒体相比,新媒体传播最大的优点在于其互动性强的特点。在虚拟网络世界,传者与受者的身份已然模糊,接受信息的大众完全可以成为信息的传播者。这一方面扩大了政府信息的传播范围,另一方面"传受一体"的公众,意味着其在意识上和理念上已经认同了政府的信息,才会主动将政府信息传递出去,这在很大程度上证明了政府信息的有效性和公众对政府的信任与支持。

与传统的政府新闻发布形式相比,新媒体发布需要借助于新媒体发布运营平台。也就是说,新媒体运营平台的发展水平直接决定着政府新媒体发布的水平。新媒体发布运营平台是基于互联网面向公众用户的视频系统,它将来自多方的信息、视频内容进行整合加工并通过网络分发对各种终端用户进行分发,它的功能模块不同于传统信息发布类应用,它不仅关注自身信息的发布,满足不同终端视频格式需求,同时更注重三屏融合的展现与交互,提供基于个性化、订阅式、主动推送式的即时服务功能,打破用户的终端局限,使得信息无处不在。[①] 新媒体发布运营平台以上功能的实现有赖于其在整体设计上必须从安全性、实用性、先进性、开放性和高效性等多个方面进行充分的考量:采用各种有效的安全措施以保证系统的安全和高效;平台设计充分体现"以人为本"的思想,为用户着想;尽量选择主流、成熟、先进的技术,提高系统的生命周期等等。总之,建设安全、高效的新媒体发布平台是保证政府新媒体发布顺利开展的有效的、必备的途径,也是推进我国公共文化事业发展的有效平台。

互联网发展的趋势表明通过新媒体发布政府信息将越来越成为未来信息发布的主流。政府部门需要充分发挥新媒体的传播广度和深度,规避其传播过程中的风险和弊端,借鉴成熟的新媒体发布模式(例如欧盟机构的官方网站开设"欧盟新闻间",充分融合新媒体形式发布信息,利用社交媒体发布信息和互动等),将新媒体发布作为政府信息发布的重要渠道加以建设。

---

① 唐晓梅.新媒体发布与运营平台设计思考[J].中国传媒科技,2011(10):74-76.

第四节　政府新闻发布的制度建构

按照政治学对制度的定义,制度是理念(认识)、规则(法律法规)和实践(行为方式)的集合体。① 因此,政府新闻发布的制度构建可以从理念的更新、规则的保障以及实践的开展三个维度进行考量。

一、政府新闻发布理念更新

政府新闻发布理念的基础来源于充分尊重公众的知情权以及坚持政府信息的公开。而知情权和政府信息公开就如同一个硬币的两面,一面是公民参与政治生活的诉求,另一面是政府给予这种诉求的法律保障。

第一,从我国政府对知情权的理解脉络来看,经历了一个由缓慢到递进的过程。《论语·泰伯》有云:"子曰:民可使由之,不可使知之。"老百姓只是统治者行使政权所借助的工具,按照统治者的安排做事,至于为什么这样做,无须多问,政府也没有义务告知公众。在传统社会中,国家在安排统治者与被统治者之间的关系上,其指导思想无不出其右,以致今天我们有时仍然无法完全摆脱数千年来沉淀于历史黄卷残页中,如"法藏官府,威严莫测"之类思想的"阴魂"缠绕,有时仍会化作某些政府官员的实际行动。法治国家、法治社会的兴起,使一切行为都以宪法为准绳。因此,若要赋予公民知情权以合理合法的地位,必须从宪法角度加以改革,将知情权写入宪法。颁布于1982年的《中华人民共和国宪法》的第33条至第50条共计18条,它们构成了公民基本权利的全部内容。从法学专家的专业视野来看,这些关于公民基本权利的原则性宣言与西方很多法治国家并没有太大的差距。但是,对于这些权利实施方面的具体解释一直处于空白状态,例如:这些权利义务根据什么标准来确定,由谁来确定,侵犯公民权利如何追究等等都无详细阐释,致使宪法关于公民基本权利的规范体系与社会经济、政治变迁之间所产生的紧张关系日趋明显。但是我们也要看到,虽然知情权尚未纳入宪法的框架体系,但在地方性的条例和很多正式对外公开的重要文件中,知情权已经成为默认

---

① 孟建,李晓虎.中国政府新闻发布制度的理论探析[J].现代传播,2007(3):46-48.

的原则。早在2000年12月,中共中央办公厅、国务院办公厅联合公布的《在全国乡镇政权机关全面推行政务公开制度》就是践行公民知情权的一个范例。2007年,胡锦涛同志在中国共产党第十七次全国代表大会第六次全体会议报告中再次强调"要健全民主制度,丰富民主形式,拓宽民主渠道,依法实行民主选举、民主决策、民主管理、民主监督,保障人民的知情权、参与权、表达权、监督权"。

第二,政府信息公开的实施在法律层面为公民知情权提供了保障,完善了政府新闻发布的理念。中国共产党第十三次全国人民代表大会明确提出要提高党和国家机关的活动的透明度。1997年党的十五大报告进一步提出"坚持公平、公正、公开"的原则,实行"政务公开"。2006年3月5日,国务院总理温家宝在第十届全国人民代表大会第四次会议上做的政府工作报告中指出:"大力推行政务公开,完善政府新闻发布制度和信息公布制度,提高工作透明度和办事效率。建立健全行政问责制,提高政府执行力和公信力。"由此可见,中国政府将完善政府新闻发布制度和信息公布制度作为政务公开的一项重要手段①,通过政务公开在根本上保障公民充分了解政府部门的信息,保障公民的知情权,从而在理念上保障政府新闻发布的创新。

近年来,我国政府新闻发布取得了突飞猛进的发展,不论从发布频次还是发布质量上,都有了质的提高。尤其是在2015年的几场重大危机事件的新闻发布工作中,充分将满足公众知情权、保障信息公开的理念贯彻始终。以2015年8月12日天津港特别重大火灾爆炸事故为例,事件发生在夜间23时30分左右。虽然是在半夜,第一次通稿在事故发生的1小时13分后即0时43分就发出,总计召开新闻发布会14场之多,可谓实时向公众传递现场信息。虽然发言人的表现被广为诟病,但政府部门及时传达信息,不遮遮掩掩、告民以实情的理念已经开始成为政府新闻发布工作的常态。而这一步的迈出具有革命性的意义,中国各级政府及其官员的行事保密习惯被彻底颠覆。政府新闻发布理念的更新在根本上促进了政府新闻发布制度的建构。

二、政府新闻发布规则保障

政府新闻发布规则是一套以各种法律、法规、文件等文本形式固定下来

---

① 孟建.国家形象建构与中国政府新闻发布制度[J].国际新闻界,2011(11):33-38.

的保证新闻发布工作顺利开展的政策系统。按照议程设置的理论来看,政府部门制定的法律、法规、政策等即政府议程始终是具有决定性的力量并有能力影响到媒介和公众的议程。在中国,政府—媒介—公众三者之间呈现着极其微妙和特殊的关系。如果从传统的议程设置角度来看,媒介议程是其考察的重点,即考量媒介议程如何影响受众的收视行为和所思所想。但在中国的特定情境下,作为最高权力拥有者和实施者的政府掌控着媒介,对媒介有强烈的宣导意味。即使近年来随着互联网的兴起和公民民主意识的增强,政府在放松对媒介的规制的同时仍残存着强有力的舆论导向。所以,在中国,政府议程在很大程度上发挥着重要作用,而政府针对新闻发布制定的各项法律、法规有利于新闻发布的规范化和制度化,从而能更好地发挥其对媒介和公众的议程设置作用。

为实现政府部门信息传播的有效性,做到"既传且通",完善政府新闻发布制度,我国政府出台了相关措施和规定。2004年4月,中共中央在下发的《中共中央关于加强和改进新形势下对外宣传工作的意见》中明确指出:"建立中央对外宣传办公室、国务院各部委及省级政府三个层次的新闻发布工作机制,明确职责,注重策划,加大对新闻发言人的培训力度,提高新闻发布的效果和权威性,做到经常化和制度化。"[①]同年9月,党的十六届四中全会决议也强调,要完善新闻发布制度,健全国内外重大突发事件报道快速反应和应急机制。2006年国务院颁布了《国家突发公共事件总体应急预案》,2007年全国人大又通过了《突发事件应对法》,2008年5月1日《中华人民共和国政府信息公开条例》正式实施。以上这些法律、法规的颁布和实施对于政府部门依法发布信息,正面引导舆论,树立良好形象发挥了不可替代的作用。

同时,现在各国政府都十分重视新闻发布和信息公开制度的实体化建设。自从2003年的"非典"事件以后,我国政府也逐渐将政府新闻发布工作正规化、规范化,建立专门的机构对信息进行管理和发布,并且由专人负责信息的发布。从2004年12月开始到2015年12月,国务院已经连续11年公布各政府部门新闻发言人及新闻发布机构的电话,每年都会有新的政府部门出现

---

① 汪兴明,李希光. 政府发言人15讲[M]. 北京:清华大学出版社,2006:47.

在公布的名单之中。而且从 2014 年开始,出现了明显的变化,即全部"具体到人",真正做到落实责任。在 2016 年中央部门及地方新闻发言人名单及电话名单中,不仅包括中央有关部门新闻发言人名单及新闻发布机构电话,还包括各人民团体、最高人民法院、最高人民检察院、国务院各有关部门、各省、自治区、直辖市和新疆生产建设兵团党委新闻发言人名单及新闻发布机构电话,共计 155 个部门和团体的名单和电话。定时定点召开新闻发布会的制度也逐渐确立。可以说,这些措施的实施是政府主动为媒介和公众设置议程的过程,同时也是规范新闻发布制度,满足公众知情权,提升政府形象的有效举措。

三、政府新闻发布实践

有了理念更新和规则保障,政府新闻发布实践活动才得以顺利展开。同时,政府新闻发布实践活动也在相关理论的指导下逐渐走上了正轨。政府新闻发布是政府公共关系的重要组成部分,著名公共关系理论家卡特里普在《有效的公共关系》一书中提出了公共关系四步工作法,即调查研究、策划设计、传播执行和评估反馈。政府新闻发布在操作规范方面借鉴和运用了很多公共关系相关理论和方法。以政府新闻发布的操作流程为例,新闻发布会主办单位首先会成立会务组,根据前期社会调查的反馈对新闻发布的主题、发布目的、时间、费用、前期推广等做好策划,然后通过传统媒体和新媒体等途径进行宣传并实施,每一个环节都有专人或者部门负责,在评估反馈环节则委托第三方的学术研究机构清华大学新闻传播学院和复旦大学新闻学院进行评估,以保障评估的客观性和权威性。

近年来,政府新闻发布实践逐渐走向成熟,不仅发布场次一年比一年多,发布质量也逐渐提高,新闻发布逐渐成为政府部门与公众双向对话沟通的有效机制。其中,2014 年 1 月 14 日国务院新闻办公室召开的春运新闻发布会堪称政府部门新闻发布的典范。虽然铁路部门在多个议题上的态度令民众有些遗憾,但是理性、理解态度占主流地位,例如发言人表示"一票难求",没有"时间表"等,多家媒体将之作为政府部门的一次有效公关策略,并认为这将有助于政府公信力的重建。发言人的直面问题、坦诚态度等综合因素,很好地引导了媒体后续报道的议题趋向。从发布内容上看,出席新闻发布的各部门对2014年春运服务工作具体情况的介绍,涵盖了与春运工作密切相关的多个主题,事实陈述详尽细致,且多从客观情况出发,用可观可感的案例细节阐明问题,避免了官话、套话,如实呈现给媒体和民众2014年春运准备工作的整体情况。从发言人表现来看,7位发言人态度谦和,谈及春运挑战之时没有刻意回避困难,坦诚揭示各个部门面对春运的压力,介绍准备工作时也没有出现大量官话、套话,善于寓理于事,利用具体的安排部署表示对春运的信心。在记者提问环节,所提问的问题基本涵盖了出席新闻发布会的各个部门,包括"一票难求"、12306网站技术问题等等。针对这些提问,发言人都给予专业、通俗的解答,同时秉承谦逊、坦诚的态度,不仅做到与媒体记者礼貌文明地沟通,还以开放的姿态欢迎媒体的监督和支持,多次对媒体记者表示感谢。整个答记者问环节,会场氛围相对融洽。临近春运,铁路局、交通部、民航总局等7家部门联合召开新闻发布会体现了国家对民众关切的深刻体察和高度重视。在坚持发布权威性的同时,多部门协同发布,更有利于凸显专业性和对记者问题的深入解读。同时,在轻松愉快的氛围中,发言人与记者的双向对话沟通也体现了新闻发布实践的成熟。这意味着政府新闻发布制度在操作层面也在朝向公共关系双向对称沟通的方向实践。

思考题

1. 什么是新闻发布?
2. 举例说明政府如何通过新闻发布开展公共关系活动。

第八章　政府危机公关

危机公关是政府公共关系的重要领域，能否及时、妥善地处理好危机直接影响到公众对政府的态度和认知，也影响到政府的公信力。本章介绍了危机公关和政府危机公关，讨论了政府危机公关的原则、策略、应急预案、工作流程以及政府的网络危机公关等内容。

第一节　政府危机公关的概念界定

一、危机公关概念及相关理论

任何理论概念都不是凭空想象而来，而是以一定的实践为基础的。同样，危机公关的概念也是与现实活动密切联系在一起的。1906年，有"现代公共关系之父"美誉的艾维·李作为公共关系顾问受雇于美国煤矿公司，帮助处理旷工罢工事件。在事件处理过程中，艾维·李向报界发表《原则宣言》，代表煤矿当局起草《煤矿当局致新闻界的公开信》并积极协助记者了解罢工情况，最终劳资双方同时做出了让步，危机得到了化解。这也被认为是危机公关最早的案例之一。在这之后，危机公关被广泛用于政治、经济等多个领域。这其中比较有代表性的有1962年的古巴导弹危机、1982年泰诺胶囊危机、1989年埃克森公司石油泄漏事件、2003年中国的"非典"事件等等。

目前，理论界对危机公关的界定多以下面的假设为前提，即在发生危机事件时，原本对外沟通良好的组织，会比沟通不良的组织承受较轻微的财务与形象损失。基于以上假设，学者们从公共关系学的角度出发提出了以下定义，即危机公关指当组织遇到信任、形象危机或者工作失误时，通过一系列的公关活动来获得社会公众的谅解，进而挽回影响的一项工作。这一狭义的危机公关定义主要是对已经发生的危机事件的处理,适用范围较小。因此,结合国内外对危机公关理论的研究,本书主要从公共关系学的角度对危机公关做出以下定义:危机公关是指组织通过一系列的公关活动对影响组织形象、理念、准则等行为的预防、沟通与管理。虽然这一定义主要从公共关系学的学科视野切入,但随着危机事件的复杂化、多样化,在危机事件的处理过程中,加强公共关系学与传播学、管理学等学科的互动还是十分重要的。

危机公关的观念自形成以来,一直受到人们的重视。特别是在德国学者乌尔里希·贝克(Ulrich Beck)提出了"风险社会"这一概念以后,人们的风险意识逐渐加强。贝克认为,风险社会的特征有如下两个:一是具有不断扩散的人为不确定性逻辑;二是导致了现有社会结构、制度以及关系向更加复杂、偶然和分裂状态转变。① 风险社会理论使人们意识到风险的无处不在、无刻不在。对于正处于经济转轨和社会转型关键时期的中国来说,正是各种危机事件的高发期、易发期。因此,提高危机公关意识、增强应对危机能力显得尤为重要。

随着人们危机意识的增强以及危机公关在社会生活各方面的广泛应用,人们对危机公关理论的需求变得十分迫切。对此,学界从理论和实践两个层面拓展了危机公关的研究。目前,有代表性的理论主要有几种:第一,斯蒂文·芬克(Steven Fink)从危机传播的角度提出了危机的生命周期,即危机事件包括潜伏期、爆发期、持续期和解决期。每个周期都有不同的特征。因此,危机公关要根据危机事件所处的不同周期采取不同的处置措施。从传播学角度进行危机公关研究的还有班尼特(William L. Benoit),他提出了形象修复理论。该理论认为对于一个组织来说,声誉和公众形象是最重要的,当危机事件发生时,要积极采取否认、逃避责任、减少错误行为传播的宽度和程度、亡羊补牢和自责等方式挽回形象。第二,从危机管理的角度出发,有著名的企业辩护理论,即组织通过修辞、辩论等语言技巧的运用为组织自身辩护。② 这一理论的运用多在危机事件发生后,从组织的角度出发所做的辩护。第三,从公共关系学视角来看,危机公关力图在危机处置过程中通过公共关

---

① [德]乌尔里希·贝克.风险社会[M].何博闻,译.南京:译林出版社,2004:137.
② 孟建,钱海红.危机公关——融入中国社会发展的新战略[J].国际新闻界,2008(6):17-21.

系的运用,达到组织与公众之间的有效沟通。相关的理论包括詹姆斯·格鲁尼格(James E. Grunig)等总结的包含四种模式的公共关系模式体系(Models of Public Relations)。① 第四,建立在议程设置和对危机传播事件的公共政策运用基础之上的焦点事件理论。这一理论由托马斯·伯克兰在1997年提出。这里所说的焦点事件主要包括两类,一类是如自然灾害、事故灾难等"常规性"的焦点事件,另一类是如"9·11"恐怖袭击等以前从未发生过的"新型"的焦点事件。虽然危机研究涉及不同的理论流派,对危机处理会采用不同的术语,但他们最终目的是一致的,都是化解危机,将危机的损失降到最低。

二、政府危机公关的概念及分类

政府危机公关是危机公关的特殊形式,也是政府公共关系的重要组成部分。因此,它包含危机公关和政府公共关系的基本要素。结合危机公关和政府公共关系来看,政府危机公关的定义包括广义和狭义两个层面。广义的政府危机公关主要指政府对于危机前预警和在危机状态下,为了妥善处理危机事物、化解危机、渡过难关、重塑形象,与社会各界交往时开展的应对危机的各种公关活动。这是广义的政府危机概念,它包括政府为了应对危机所采取的任何政策行为、赈灾行动、新闻发布等。狭义的政府危机公关是指用公共关系的手段对危机事件进行处理的过程,是通过与公众进行传播沟通、协调关系,以求得公众的谅解、支持、重塑形象、化解危机的过程。狭义的政府危机公关主要是从政府公共关系的角度出发,体现政府在危机事件中的公关能力。本书的重点在于政府公共关系,因此比较倾向于从狭义的角度理解和建构政府危机公关。鉴于政府危机公关是政府、媒体、公众三者交流互动的过程,并且以塑造政府形象、提升政府美誉度为最终目标,本书将政府危机公关界定为:政府及其隶属部门和组织针对潜在的或当前正在发生的危机事件,为了维护公众、国家和社会的利益,减少公共危机可能或者已经带来的损失及不良影响,所采取的一系列有组织、有计划、持续动态的控制和公关行为,以期有效和及时地预防、处理和消灭公共危机事件的发生及其不良影响,同

---

① Grunig J E, Grunig L A. Toward a theory of the public relations behavior of organizations: review of a program of research[J]. Public Relations Research Annual, 1989(1): 27-66.

时达到传播信息、协调沟通和树立政府形象的目的。

就像政府公共关系与公共关系的紧密联系一样,政府危机公关与企业危机公关也有着一脉相承的关系。组织管理或企业管理以及企业危机管理的理念在政府危机公关中都有较充分的体现。例如格林(Green)从企业危机管理的角度出发认为,危机管理专家要尽可能控制事态,在危机事件中把损失控制在一定的范围内,在事态失控后要争取将其重新控制住。罗伯特·希斯认为,危机管理是指对危机事前、事中、事后所有方面的管理。哈瑞特(Hearit)针对企业的危机管理提出了名词重新定义、对事件表达关切或遗憾、区隔策略等辩解策略。[1] 这些危机管理的方法和理论为政府危机公关提供了借鉴和基础。然而,我们不能据此认为二者是一样的,认清危机公关与危机管理的区别对于政府危机公关工作的开展十分重要。首先,二者的理论基础不同。政府危机公关主要来源于公共关系理论,强调公众的作用以及政府与公众之间的双向互动;而政府危机管理主要植根于管理学,强调政府的权威性和强大权力,是以政府为中心和主导的。其次,目标不同。政府危机公关的目标是实现政府与公关对象的调和,也就是说政府危机公关的最终目标是恢复和强化政府原有的正面形象;而政府危机管理的目标相对比较简单,它只要求及时处理和应对公共突发事件,有针对性地及时妥善解决,减少给社会、公众等造成的损失。也就是说,政府危机管理以实现政府危机管理职能的实施和解决问题为最终目的,而对于政府形象等问题则较少关心。最后,二者在对待危机事件时的态度有明显差异。政府危机公关对待危机事件的态度比较严肃和谨慎,它会想方设法转化危机,从危机中学习,抓住一切机会变危机为机遇,利用危机恢复或重塑政府形象;而政府危机管理的目标是要以最小的付出尽快地消灭危机事件的隐患。所以,对于危机管理者来说,他们把危机事件放在自己的对立面,经常抱着一种"杀之而后快"的心理,很难有意识地利用或发掘危机事件对自己形象构建有利的一面。

我们可以采取不同的标准对政府危机公关进行划分。首先,政府危机公关可以按照危机事件的类型来划分。例如按照国家突发公共事件总体应急预案的规定,将突发公共事件分为四类:自然灾害,如地震、山洪、海啸、森林

---

[1] Hearit K M. Apologies and public relations crises at Chrysler, Toshiba and Volvo[J]. Public relations review, 1994, 20(2): 113-125.

大火等；事故灾难，如交通安全、生产安全、大面积污染等；公共卫生灾难，如疫病流行、食品安全、动物疫情等；社会安全事件，如恐怖袭击、群体性骚动、涉外突发事件等。政府可以针对不同的危机事件展开公关。其次，一种比较常见的划分方法是按照政府的公众危机公关、政府的媒体危机公关和政府的网络危机公关来划分。这种划分方法更加凸显了政府与其公关对象之间的紧密关系，更有针对性。

第二节 政府危机公关的原则与策略

一、政府危机公关的原则

近年来，政府公共关系在我国逐渐受到重视，不论是针对国际还是国内公众，国家和政府部门逐步开始制度化地采用公关来发布信息和修复形象。[①]我国政府通过利用公共关系与国内外公众沟通——在危机情景中更是如此，政府公关被用以改善与目标公众间的关系。[②]自从"非典"事件以后，我国政府建立了新闻发言人制度，这是政府危机应对中的一个重大进步。同时，危机预警机制和危机处理方式不断健全和完善。虽然危机事件种类繁多，而且危机事件在每个阶段往往会表现出不同的特点，政府会因时、因地、因势而采取不同的应对策略，但其中仍有一些共通的原则。既有研究中有的按照危机发生的不同时期，即潜伏期、发生期和解决期来阐述政府危机公关的原则，有的按照政府、公众和媒体三方在危机事件中的地位和作用来阐述，但本书认为危机事件是一个动态流动的过程，所谓三个阶段的划分是在事件尘埃落定后人们的主观划分，不能反映出事件发生时的本来样态。另外，政府、公众和媒体三者之间在危机事件中彼此渗透、彼此牵制，很难做出明确的区分。因此，本书试着结合国内外对政府危机公关原则的相关研究，从以下几个方面总结政府危机的原则。

---

① Chen N. Institutionalizing public relations: a case study of Chinese government crisis communication on the 2008 Sichuan Earthquake[J]. Public Relations Review, 2009, 35(3):187-198.

② Liu X, Chang Z & Zhao P. Is it simple a matter of managerial competence? Interpreting Chinese executives' perceptions of crisis management[J]. Public Relations Review, 2009, 35(3):232-239.

第一,预防为主原则。由于危机事件的高度隐蔽性和不可预测性,政府、公众和媒体都无法准确地预测或判断可能发生的危机事件,但危机事件的高突发性又决定了其对社会的强危害性。因此,政府部门要在危机事件未发生时做好充分的准备和预防工作,降低危机事件发生的可能性和危害性。2007年8月30日,我国通过的《中华人民共和国突发事件应对法》第五条就明确规定:"突发事件应对工作实行预防为主,预防与应急相结合的原则。国家建立重大突发事件风险评估体系,对可能发生的突发事件进行综合性评估,减少重大突发事件的发生,最大限度地减轻重大突发事件的影响。"政府可以通过建立危机预警信息网络,及时搜集和反馈社会舆情,通过媒体向公众传递防范信息,培养公众的危机意识,经常开展危机培训和演练。尽管这是一项长期的、效果显现较慢的工程,但其对于社会整体危机意识的培养至关重要。第二,政府积极主动原则。危机事件不是凭一个人一个单位之力可以解决的,通常情况下都需要政府主动的、全力的介入。因此,政府部门要积极主动地参与到危机事件的控制和解决当中,避免危机事件的升级,造成更大的社会危害。由英国危机公关专家里杰斯特提出的著名的3T原则就是要求政府在危机事件面前积极主动,有所作为。这一原则认为发生危机事件后,政府要主动向公众公开信息,牢牢掌握信息发布的主动权;政府要及时向公众提供信息,不断地发布信息,避免信息真空所引起的恐慌;政府必须全面地发布信息,告知公众以实情。在此基础上,我国学者游昌乔提出的5S原则更加明确了政府部门在危机事件中的作用。这一原则包括政府要主动承担责任,不推诿;政府部门要以诚意、诚恳和诚实的态度与公众和媒体主动沟通;政府部门要第一时间发布信息,掌握主动权;政府部门要建立应对危机的有效机制和系统,按部就班,积极应对;政府部门要善于发挥第三方权威证实的作用,不能"王婆卖瓜,自卖自夸"。第三,政府部门要兼顾效率与维稳原则。危机事件具有转瞬即变的特点,这就需要政府部门尤其是政府的最高领导者能够保持冷静、临危不惧、指挥得当,稳定局势,给公众以信心;同时必须敢于决策、敢于拍板,决策时要果断及时,不拖泥带水,敢于授权第一线的领导人,敢于承担责任。

近年来,危机事件频发。政府部门在危机事件的应对中暴露出诸多不足之处,政府危机公关原则运用不够充分。这其中以"8·12"天津滨海新区爆炸事故最为典型。2015年8月12日23时30分左右,位于天津滨海新区塘沽开发区的天津东疆保税港区瑞海国际物流有限公司所属危险品仓库发生爆炸。截至8月25日下午3时,共发现遇难者人数135人,住院治疗人数582人,绝大多数都是消防人员。在此次事故中,首先,政府部门忽视了危机预防的重要性。本次爆炸起因于天津港库房存储的高危化学品。我国对于含有氰化物的危化品存储有严格的规定。天津港瑞海公司虽然具有危险化学品经营资质,但高达700吨的氰化物有的甚至没有登记、申报就直接进入库房,这很明显存在着巨大的安全隐患。另外,根据2001年出台的《危险化学品经营企业开业条件和技术要求》的规定,危险品与居民区之间的距离不少于1 000米,而天津港危化品核心区域距离居民区仅有500米。以上两大安全隐患直接导致了爆炸事件的发生。如果当地政府能够对港区的危化品存储进行监管,严格执行国家的相关规定,提前做好预警工作,可能惨剧就不会发生。其次,在事件处理过程中,政府部门危机应对先是漏洞频出,其后才有积极改进的迹象。8月13日下午4时30分,距离爆炸发生约17小时后,天津市召开了爆炸事故后的第一场新闻发布会,通报事故处置的总体情况。随后每天均召开发布会,公布最新数据,截至8月23日,共召开了14场新闻发布会。从第一次新闻发布会的召开时间来看,天津市政府没有掌握住第一时间发布信息的主动权。在网络媒体和微信媒体已经开始大肆关注此事件之后才发出官方的声音,显然缺乏必要的权威性。再次,从前几次发布会的效果来看,发言人对起火原因、爆炸品来源、瑞海公司背景、消防人员失联人数等关键信息都掌握得不够充分,或直接将问题推给主持人和其他部门负责人。这反映出相关政府部门不仅没有全面发布信息,而且显然缺乏承担责任的勇气和魄力。最后,发言人面对记者多次提问的较尖锐问题,如"天津港与天津市政府的关系""天津港在此次事故中扮演的角色""安评问题"等都选择回避问题或直接不做出回答。分管主政官员、安监部门领导、天津市副市长等主要官员、责任官员屡次缺席发布会。这些搪塞、躲避、遮掩等行为严重违背了政府应与公众真诚沟通、给公众权威信息的原则。前几次的新闻发布会不仅没有达到解除公众疑惑、平息事件的目的,反而引发了网络传播中不断生成新的质疑和吐槽,导致政府公信力受损。最后,关于危险品的品种、数量以及污染情况直到8月17日的第七场发布会才给出明确答复,这对于密切关注事件进展的公众来说可谓是"迟到的"答案。新京报就曾刊文《6场发布会的已知与未知》中指出"新京报记者整理的数据显示,在6场发布会中,记者提问超过60个,其中过半问题未能当场得到答案"。网络上对于政府应对危机的不力也颇有微词。虽然后期的新闻发布会有了积极的转变,不论是发布信息还是与记者互动都有了很大改善,但事件初期政府的公关应对能力显然没有得到很好的彰显。因此,"8·12天津滨海新区爆炸事故"成为近些年来我国政府公共关系实践的重要经验教训,也为之后我国各级政府处理好类似事件提供了重要的学习材料。

二、政府危机公关的策略

危机公关已经成为各国政府应对危机事件、树立政府形象的重要途径。20世纪90年代以来,随着世界范围内的危机事件逐渐增多,以美国、日本等发达国家为代表的危机事件高危国家开始建立起相对完善的政府危机应对体系。这其中包括设立专门的政府危机公关部门、建立科学的危机应急体系、培养公众的危机意识、完善危机应对相关法制以及对危机公关理论的深入研究等等。

第一,健全政府危机公关部门。政府危机公关需要健全的机构做支撑。在这方面,美国、日本等国家已经有了丰富的经验。美国的政府危机公关部门有包括海关、海岸防卫队、联邦紧急事故处理局、边防警察等在内的22个危机处理机构。而且,为了有效应对危机事件,科学开展危机公关工作,早在1979年美国政府就将这些不同的危机管理机构合并成了一个联邦紧急事务管理署,即FEMA。而在2003年,其又正式隶属国土安全部,使国土安全部成为美国全面应对危机的综合性国家机构。① 这样,国土安全部作为一个统一的机构可以全面有效地协调社会的人力、物力和财力,做到统一指挥,物尽其用。借鉴国外的先进经验,我国政府也逐渐建立起以国务院为核心的危机公关管理模式。国务院下设有中国国际减灾委员会、国务院安全生产委员会等各类组织机构,负责统一领导和协调相关领域的公共危机事件的公关管理。一旦有重大的危机事件发生时,通常由国务院设专门的指挥机构或成立

---

① 夏琼,周榕.大众媒介与政府危机公关[M].北京:人民出版社,2014:82.

临时性指挥中心进行统一协调和领导,同时由分管领导人担任总指挥,国务院有关部门参加。

第二,建立科学的危机应急体系。危机应急体系的建立能够保障危机事件发生时,政府部门及时采取措施,而不至于手忙脚乱。我国的危机公关除了由国务院统一领导以外,还采取了分类别分部门的方式进行管理。由公关危机事件的对口主管部门为主负责预防和处理工作,其他相关政府部门负责协调配合。国务院各应急部门为了应对职责范围内的重大公共危机,分别建立了各自的应急指挥体系、应急救援体系和专业应急队伍,并形成相应的危机预警机制和部门协调机制。目前,我国各政府部门都建立了相应的应急指挥机构、信息通信系统、防灾设施装备、应急救援部队。在公安、消防、医疗事故、气象、地震、洪水、核事故、海事、矿山以及环保等特殊领域都建立了检测预防体系、组织指挥体系和救援救助体系,但是由于各地区具体情况差异较大,应急体系的完善程度参差不齐。

第三,培养公众的危机意识。政府部门要在日常生活中注重对公众危机意识的培养。这其中包括加大媒体对危机事件预防、危机应对策略的宣传,在学校和社会上开展危机应急演练等。其中,以应急演练的效果最好,最实用。目前国家和地方各级政府的相关法律法规、部门规章和预案都对应急演练的频次、内容等提出了多方面的要求。在实际应急管理工作中,政府和企事业单位对应急演练工作都十分重视。以北京为例,据不完全统计,每年开展的各级各类应急演练活动至少有数千次。[①] 当然,各地区、各行业在演练策划的科学性、演练的系统性、演练与预案和实际应急处置行动的一致性等方面还有待提高。美国和加拿大在演练策划方面的标准指南最有特色。我国可以在借鉴的基础上,结合本行业的特点,提高演练的科学性,达到将危机应对和处理的接班理念传达给公众的目的,通过演练培养公众的危机意识和应对危机的能力。

第四,完善危机应对相关法制。从世界范围来看,我国不仅是建立危机应对相关法律体系较晚的国家之一,而且在法理的完善程度上也远远落后于其他国家。2006年1月,我国出台了《国家突发公共事件总体应急预案》。这

---

① 姜传胜,等.突发事件应急演练的理论思辨与实践探索[J].中国安全科学学报,2011,21(6):153－159.

一法案的框架非常粗糙,仅仅粗略地对突发公共事件所涉及的部门任务进行了阐述,而缺乏对各部门的权利、义务以及相互协作的方式等进行明确的规定。因此,完善公共危机应对法律体系的建设是必要的,而且是一项艰巨的长期任务。2007年11月,我国开始实施《中华人民共和国突发事件应对法》。这标志着我国应急管理领域的立法取得了重大进展,它对我国突发事件的预防、监测、预警、处置、救援、回复、重建等方面进行了规范,这对我国加强突发事件应对,以及在突发事件的处理上有法可依做出了重大贡献。2009年9月,国务院应急办出台了《突发事件应急演练指南》,这是国内专门用于规范全国各领域应急演练活动的指导性文件,相应国家标准正在编制报批过程中。同年,应急办又颁布实施了《生产安全事故应急演练指南》等相关法律法规。然而,总体来看,我国政府针对突发事件的法律法规还缺乏系统性,存在着对于紧急状态的确认不清,尚未建立完善的应急预案制度,应急指挥机构以及辅助机构的职责界定不清等问题。

第五,深入研究危机公关理论。理论与实践的紧密联系决定了政府危机公关实践取得的成效和未来发展离不开相关理论的指导。虽然我国自古以来就有许多政府化解危机的经典案例,但缺乏对它们的提取和归纳,尚未形成一定的系统。从20世纪90年代以来,我国开始对国外引进的危机公关理论展开深入研究,但在这方面的成果还显得相对匮乏。在今后的一段时间内,我国政府要加大对以高校为代表的科研机构的支持力度,给予他们相对的独立性,杜绝以各种手段进行干预而导致信息的滞后或失真。各科研机构和社会学术群体之间也要加强合作和沟通,对于危机公关的相关理论以及实践问题开展深入研究。

第三节 政府危机应急预案管理

一、应急预案的界定与作用

根据《中华人民共和国行业标准——生产经营单位生产安全事故应急预案编制导则》,应急预案是指针对可能发生的突发公共事件,为迅速、有序地开展应急行动而预先制定的行动计划或方案。

我国政府应急预案的制定始于新中国建立初期,当时我国政府高度重视防灾减灾、安全生产、公共卫生等领域的工作,成立了专门工作机构,编制了相应的规章制度、工作方案与规划,这一时期成为应急预案编制的萌芽阶段。彼时,我国政府制定了《工厂安全卫生规程》、传染病防治预案、各大江河流域综合性防洪规划等等。20世纪80年代以后,我国有关部门开始制定、出台部门性的应急预案。水利、林业、地震、国防科工等部门借鉴国际同行经验,编制了防御洪水方案、森林火灾事故预案、破坏性地震应急预案、核应急计划等。[1] 这一时期,我国应急预案编制比较零散,还没有形成体系;部门特征明显,还没有形成综合性的合作模式,多为单打独斗,部门之间缺少配合和沟通。2003年的"非典"事件是我国应急预案发展的转折点。它不仅开启了我国应急管理体系建设进程,同时也推动我国应急预案体系建设进入快速发展阶段。以《国家突发公共事件总体应急预案》为标志,我国各级政府开始全面大规模编制应急预案。国务院陆续印发1件国家总体预案、25件专项预案和80件部门预案,并在国务院办公厅内设国务院应急管理办公室,专职承担应急值守、信息汇总和综合协调等职能。截至2005年底,全国基本完成应急预案编制工作,并初步建立起应急预案框架体系。[2] 此后,经历了汶川大地震、温州动车事故等一次次突发事件,我国的应急预案体系在实践中不断被检验和考量,并不断加以改进。2013年10月以国务院办公厅的名义印发《突发事件应急预案管理办法》,重新对应急预案的概念、分类与编制程序等内容进行界定,规范应急预案管理办法,优化现有应急预案体系。经过近60年的发展以及在现实中的锤炼,我国的应急预案体系虽然还存在着针对性不强、预见性不足、数字化程度不高等缺陷,但其发展势头是好的,在借鉴国外相关经验基础之上,发展出了适应我国国情的一套应急体系。未来我国应急预案体系要在突出差异化,加强数字化、科学化,完善以应急演练检验为重点的应急预案优化机制方面下功夫。

应急预案是应急管理的重要内容,应急预案制定得科学与否直接关系着政府对突发事件应对的效果。具体说来,应急预案有以下几方面的作用。首先,从应急预案的制定来看,应急预案的编制具有科学性,对危机事件有很强

---

[1] 董泽宇,宋劲松. 我国应急预案体系建设与完善的思考[J]. 中国应急管理,2014(11):17-21.
[2] 沈路涛,等. 突发公共事件应急预案框架体系透视[J]. 中国减灾,2005(3):32-33.

的指导作用。根据《中华人民共和国突发事件应对法》规定:"应急预案应当根据本法和其他有关法律、法规的规定,针对突发事件的性质、特点和可能造成的社会危害,具体规定突发事件应急管理工作的组织指挥体系与职责和突发事件的预防与预警机制、处置程序、应急保障措施以及事后恢复与重建措施等内容。"从学理的角度来看,应急预案是一个过程,该过程需要确定目标,制定发展策略、管理办法和详尽的实施计划,并成立或指定具体机构去实施,还包括对预案自身的评价和完善,"是一整套关于如何应对和从应急事件中恢复的协议或安排,它描述了责任、管理机构、战略以及资源"。从以上描述中可以看出,应急预案是依据法律制定的一整套的科学应对措施,具有较好的适用性以及广泛的应用性,有助于政府部门识别风险隐患,了解突发事件的发生机理,明确应急救援的范围和体系,使突发事件应对处置的各个环节有章可循。其次,应急预案明确了各级政府、各个部门以及各个组织在应急体系中的职能,以便形成精简、统一、高效和协调的突发事件应急处置体制。在明确各部门职能的基础上,配以适当的培训和训练,可以使应急人员熟悉自己的任务,具备完成指定任务所需的相应能力,并检验预案和行动程序,评估应急人员的整体协调性。因此,从这个意义上讲,应急预案既是对政府各级部门应对突发事件的指导性文件,同时也从实际出发,有利于加强对应急人员的培训。再次,应急预案的制定有利于应急人员做出及时的应急响应,降低事故后果。突发事件的最大特点就是事发突然,不给人以思考和反应的机会。应急预案预先明确了应急各方的职责和响应程序,在应急资源等方面进行先期准备。通过事先合理规划、储备和管理各类应急资源,在突发事件发生时,按照预案明确的程序,保障资源尽快投入使用。这样可以保证应急救援迅速、高效、有序地开展,将事故造成的人员伤亡、财产损失和环境破坏降到最低限度。最后,应急预案有利于从整体上提高公众以及政府部门的风险防范意识。应急预案的编制、评审、发布、宣传、演练、教育以及培训,是对全体公民风险意识的潜移默化的熏陶过程,有利于各方了解所面临的重大事故及其相应的应急措施,有利于促进各方提高风险防范意识和危机应对能力。

二、应急预案的级别与分类

2015年2月,国务院办公厅印发了修订后的《国家突发环境事件应急预案》，调整了分级标准，从人员伤亡、经济损失、生态环境破坏、辐射污染和社会影响等方面对事件分级的具体标准进行了统一规定。根据突发环境事件的严重程度和发展态势，将应急响应设定为Ⅰ级、Ⅱ级、Ⅲ级和Ⅳ级四个等级。初判发生特别重大、重大突发环境事件，分别启动Ⅰ级、Ⅱ级应急响应，由事发地省级人民政府负责应对工作；初判发生较大突发环境事件，启动Ⅲ级应急响应，由事发地设区的市级人民政府负责应对工作；初判发生一般突发环境事件，启动Ⅳ级应急响应，由事发地县级人民政府负责应对工作。

除了以上分级方法，还可以根据可能发生的事故后果的影响范围、地点及应急方式进行分类。例如我国学者吴宗之等人就将事故应急预案分为Ⅰ级（企业级）、Ⅱ级（县、市社区级）、Ⅲ级（地区市级）、Ⅳ级（省级）、Ⅴ（国家级）。当然，也有人在省级与国家级之间加入区域级。不论哪种分级方法都是为了明确突发事件的性质和危害程度，力争在突发事件发生之前做出充分预估，将损失降到最低。

与分级一样，根据不同的标准和需要，应急预案可以有不同的分类。首先，从层次上来看，应急预案可以分为总体、专项、现场和单项四个类别。总体应急预案位于顶层，是从整体上分析行政辖区的危险源、应急资源、应急能力等，并明确应急组织体系及相应职责等。专项应急预案是针对某种具体、特定的突发事件而制定的应急体系，是在总体应急体系基础上充分考虑了某种特定危险的特点，对应急的形式、组织机构、应急活动等进行了具体的阐述，具有较强的针对性。现场应急预案较专项应急预案更具有针对性和操作性。单项应急预案是针对大型公众聚集活动和高风险的建筑施工活动而制定的临时性应急行动方案。其次，从类别上看，应急预案可以分为自然灾害类、生产安全类、公共卫生类和社会安全类四类。最后，根据事故应急预案的对象和级别，应急预案可分为应急行动指南、应急响应预案、互助应急预案和应急管理预案。应急行动指南是对已识别的危险源所采取的特定的应急行动。应急响应预案是针对每项设施和场所可能发生的事故情况编制的预案，它只说明处理紧急事务所必需的行动，不包括事前要求和事后措施。互助应急预案是指相邻、相似部门之间在事故应急处理中共享资源、相互制定的预案。应急管理预案是综合性的预案，包括预防、预备、响应和恢复四个步骤。

三、应急预案的评价

对应急预案的评价可以全面考量应急预案的编制质量、实施过程和效果,并在此基础上总结经验,从而为应急预案的修正、调整提出建议,使应急预案的运作过程进入良性循环,使之在突发事件的应对中起到应有的作用。

目前,国内外学者从多个视角提出了应急预案的评价机制。例如张英菊将预案评价分为事前评价和实施后的事后评价两个阶段。[①] 于瑛英等从网络计划的角度来探讨其在应急预案管理中的应用,指出使用网络计划图来表达应急预案的应对过程,以进行应急预案可操作性的评估。[②] 国外学者对于疾病、社区风险、火灾等方面的应急预案评价的研究也相当丰富。综合来看,对应急预案评价的关键之处在于评价指标的选择和确定,而不同类型的突发事件需要有不同的评价指标。因此,评价指标的制定和选择是一项十分艰巨但必须完成的任务。目前,学者们对于通用的预案评价标准已经提出了一些指导性方针。如大卫(David)针对目前预案编制缺乏同质性、一致性及质量控制的问题,为预案编制提出了18条建议,以帮助预案编制部门把握预案编制的原则和预案应该包括的内容,从而使人们对于预案好坏的评价有一个可以对比的基准和模板。[③] 除此之外,对于具体的突发事件评价标准的研究也在逐步推进。我国学者曹静等在研究应急交通疏散特点的基础上,结合2008年北京奥运会的预计情况,提出了奥运应急交通疏散预案评价指标体系,并提出疏散时间、疏散路网畅通可靠性、平均疏散距离、救援到位率、避难所服务水平以及疏散代价6项评价指标。[④] 可见,应急预案评价指标是影响应急预案实施效果的关键因素。准确定位这些关键因素,就能有针对性地改进现有的预案,使之变得更具有科学性和可操作性。

---

① 张英菊,等.突发公共事件应急预案评价中关键问题的探究[J].华中科技大学学报(社会科学版),2008,22(6):41-48.
② 于瑛英,池宏.基于网络计划的应急预案的可操作性研究[J].公共管理学报,2007,4(2):100-107.
③ Alexander D. Towards the development of a standard in emergency planning[J]. Disaster prevention and management, 2005, 14(2):158-175.
④ 曹静,宫建,等.奥运应急交通疏散预案评价指标体系研究[J].武汉理工大学学报(交通科学与工程版),2008,32(3):431-434.

第四节 政府危机公关的流程

危机事件一旦发生,极容易在社会上引起巨大恐慌。为了将恐慌和损失降到最低限度,有条不紊地按照危机公关流程处理危机事件就变得十分必要。现有研究多从危机潜伏期、爆发期、处理期、解决期四个阶段对危机应对进行分析。本书将焦点聚集于危机事件发生后政府的主动行为,分别从危机发生后政府对危机的判断与应急响应,政府的积极应对与部署,政府如何在稳定内部的同时对外口径一致地召开新闻发布会,以及在危机事件基本解决以后政府部门对危机事件的评估四个方面分析政府危机公关的流程。

一、危机的判断与应急响应

在危机发生的初始阶段,由于信息量不足,公众极易产生关于危机的种种猜测,而这种猜测一旦汇聚成为合力就会在社会上产生重大的舆论影响。因此,当危机事件发生时,政府不能等,更不能靠期望"大事化小,小事化了",而要迅速对危机的性质做出判断,给民众以权威的信息。这其中包括哪些人或哪些群体将受到影响,受影响者会如何看待危机和自己的损失,这些群体对政府的重要性,危机的源头在哪里,危机发生的背景,等等。

从 2003 年的"非典"到 2013 年的 H7N9,我国政府在对危机事件的判断方面有了很大改进。从 2002 年 11 月 16 日在广东佛山首次发现"非典"病例以后,在未得到官方权威证实的基础上,公众仅能凭借其他渠道或谣传对事件的性质和进展进行猜测。南京大学周晓虹教授进行的一项调查显示:我国公众在从正规媒体得到 SARS 疫情信息之前,已经有 40.19% 的居民通过其他渠道听说了与疫情相关的消息,尤其是在最先发现疫情的广州,有 58.12% 的居民通过非正式渠道获知了此事。非正规渠道信息的获取很难有说服力而且信息真假难辨,一些危言耸听的道听途说在普通民众中极有市场。因此,对"非典"事件定性过晚造成了 2003 年年初人们"谈典色变"。官方的所谓"控制消息以免引起恐慌"的做法反倒引起了民众更大的恐慌。而在 2013 年应对 H7N9 的过程中,政府的反应速度明显提升,在事件发生几天内就迅速做出判断和决策。2013 年 3 月 31 日,国家卫生和计划生育委员会通报了全球范围内首例人类感染 H7N9 病例；在同一天上海市政府决定从 4 月 2 日起启动流感流行三级防控应急预案；4 月 4 日，上海全面捕杀检出病毒活禽；6 日，暂时关闭活禽交易市场；7 日，国家农业部印发有关 H7N9 的监测方案和应急处置指南，全面开展家禽疫情排查和病毒监测。在半个月的时间内，就完成了从病毒确认到全面防治的工作。从中央到地方这一系列的应急举动可以看出，各级政府在应急响应方面的明显进步。

二、积极部署和应对

危机事件发生后，政府部门要在第一时间做出反应。所谓的第一时间做出反应包括以下几点：首先，政府部门要立即组建正式或临时性的危机公关应对小组，主要负责领导赶赴现场指挥，相关人员及时到达指定的位置参与到救援工作中。其次，迅速展开对信息的搜集，通过信息中心检测媒体传播的各种关于危机的信息，并及时匡正社会上流传的不实信息。再次，根据情况设立专门避难所，建立起与受害者和相关公众之间的沟通平台，争取媒体、受害者和其他公众的理解和支持。最后，在第一时间向上级汇报灾情，寻求支持，以便在得到上级同意和支持的前提下，调动更多的资源投入到救援工作中。

政府部门在危机事件发生时能否抓住黄金时间积极部署和应对直接关系到危机事件的解决和政府形象的塑造。汶川大地震是对政府危机应对能力的一场巨大考验。事实证明，我国政府在积极部署和危机应对方面已经取得了长足的进步。2008 年 5 月 12 日 14 时 28 分地震发生，不到 20 分钟即 14 时 46 分就成立了危机新闻处理中心，及时澄清各种负面消息。在内容上发布政府权威的声明、危机新闻稿；在页面设计和措辞上，做到注意色彩和措辞的平和，让公众能够接受；同时，开通了电子邮箱和 24 小时有人接听的电话号码，加强与公众线上和线下的互动，听取公众意见，化解公众的不满情绪。紧接着在 15 时 50 分，成立危机处理小组，军队参加到救援活动中。危机处理小组的成立为事件的整体协调和安排打下了基础。在接下来的救灾过程中，危机处理小组发挥了巨大的作用。17 时整，国务院总理温家宝紧急赶赴灾区，指挥救灾。国家领导人在第一时间亲赴灾区指挥救援给灾区人民带去了希望和信心，同时也让全国乃至全世界人民看到了政府对灾区情况的关切和救灾救人的决心。18时28分,也就是在灾情发生4小时后,派出武警四川总队和武警某师的2 900名官兵参加救灾。18时44分,设立专门的新闻发言人,统一对外发布权威信息。在网络时代,终结流言的最佳方式就是设立专门发言人。一方面,危机发生时,政府不能隐瞒谎报,态度不明。通过专门新闻发言人,政府的态度可以得到充分表达,让公众了解政府的态度和救灾过程。另一方面,危机事件最忌讳"政出多门",由专门的新闻发言人统一发布信息有利于保证信息的权威性和一致性。从我国政府部门对汶川地震的处置情况来看,政府部门做到了积极应对,及时反应,抓住黄金时间协调不同部门的资源和人力,在最短时间内安排好应急处理措施,使灾难损失降到最小。

三、稳定内部统一思想

在危机事件中,政府部门内部的协调一致十分重要。也就是说,只有政府内部团结一致,统一思想和口径才能给公众树立坚强的心理后盾,也才能在对外传播中发出一致的声音。危机事件的解决要涉及诸多部门的联合运作,这就需要及时召集有关部门负责人明确分工,制定解决方案,协调行动。例如在汶川地震救灾中就涉及中央以及四川省地方政府、医疗急救、军队、心理咨询等多个部门。这些部门要想在危机中充分发挥各自的作用,必须各自担负起各自的责任,并在危机处理小组的统一领导下协调合作。同时,危机事件中,工作人员要统一思想,互相帮助,共渡难关。只有这样,才能在政府内部形成合力。在2015年6月1日东方之星号翻沉事件的处理中,尽管中国政府的危机应对还存在着不足,但公众看到的是领导人在翻沉现场向遇难者遗体鞠躬,潜水员将氧气面具让给被救乘客,救援人员有条不紊地进行搜救和船体切割,消防官兵深夜和衣而眠。这些感人瞬间无不体现着搜救人员将救人作为第一要务,不顾个人私利,统一思想,积极配合。正是政府部门内部的团结一致感染了公众,才有了监利小镇的"满城黄丝带"和全国人民群众的爱心祈福。政府工作人员内部的团结力和向心力鼓舞着公众战胜困难的决心和信心。

四、新闻发布

新闻发布工作在保障公众对危机事件的及时了解的同时,还有利于加强公众与政府部门的互动，使政府获知公众的意见和建议，消除公众的疑虑，了解公众的关切。总之，积极妥善的新闻发布工作能够在政府与公众之间建起互信的桥梁；相反，透明度不高、缺乏互动的新闻发布只会增加公众对政府的不信任。

近年来，一些地方政府在新闻发布中屡屡出现失信于民的状况。例如在2012年哈尔滨的塌桥事故中，政府部门的3场新闻发布会就招致公众的诸多质疑。2012年8月24日，哈尔滨市三环路高架桥的匝道处钢混叠合梁发生侧滑，导致4辆货车翻车，事故造成了3死5伤，事故地点距离阳明滩大桥3.5公里。截至8月30日，哈尔滨市政府共召开3场新闻发布会，分别就事故的原因、性质和有关责任对象等公众关心的问题进行了发布。但总体看来，发布会没有达到预想的效果，不仅没有消除公众疑虑，反而暴露出政府部门躲避责任、回应不足等弊端。哈尔滨市政府在发布会上极力区别垮塌位置和阳明滩大桥之间的关系，并不断重复说明该事故的性质是侧滑而非坍塌。当天晚上，人民网发布消息称："哈尔滨市建委表示，由于阳明滩大桥的施工指挥部已经解散因此查询不到该段桥梁由哪家单位负责施工。"这一说法引起了网络上网友们的不满，甚至有网友查出了大桥建设单位的名单。直到第三场新闻发布会的时候，有关部门才对事故桥段的设计、施工和监理等单位给予公布。由此不难看出，哈尔滨市政府的这一举动是在舆论之下的无奈之举，也暴露出哈尔滨市政府欲躲避责任、蒙混过关的本来面目。同时，哈尔滨市政府在新闻发布中还存在着轻易下结论、回应不足的状况。例如，其在缺乏确凿证据的情况下，当天就宣称事故原因是货车超载，但对于具体行车数据，即那个时间段有多少辆车，以及车辆的重量等却没有给出详细说明，这不得不让公众质疑。而在公众质疑之后，政府部门一直也没有给出回应，不仅没有从技术上说服公众，反而还留下了政府相关部门推诿责任、转移舆论中心的嫌疑，更加激起了公众的不满和对政府的不信任。在哈尔滨塌桥事故中，市政府确实有积极召开新闻发布会汇报事件的处理情况，但由于缺乏真诚的态度、负责任的意识和灵活的公关技巧，新闻发布会反倒成为公众舆论的发起之地，为政府形象增添了新的不确定因素。由此可见，政府新闻发布工作必须做到及时、准确、高效、真诚、全面、互动，才能满足公众对危机事件信息的需求，政府才能通过新闻发布工作引导舆论，获知公众态度和意见。

五、危机评估与形象重塑

正如学者保夏特和米特罗夫(Pauchant & Mitroff)所认为的那样,危机"将实质影响甚至瓦解整个系统,并足以威胁组织的根基或其存在的核心成分"[①]。因此,危机事件过后的评估和总结是整个政府危机公关中重要的一环,也是政府重塑形象的关键步骤。通常情况下,对危机公关的评估包括对于事件本身、法律、机构设置、制度等几个方面的评估。

首先,最主要也是最直接的评估是对所发生危机本身的评估。这包括对危机事件本质的重新认知,危机事件发生的社会背景,危机事件发生的原因,处理过程中的经验和教训有哪些,政府在应对危机中所做的决策和所采取的行动有哪些不足之处,等等。这样做的目的在于避免相似事件再次发生或即使相似事件发生了也能够采取更有效的方式进行应对。实际上,2013年H7N9事件比较顺利的应对就是在对2003年SARS事件进行认真总结和评估基础之上取得的。在应对H7N9过程中,政府应对的及时性、沟通渠道的进一步畅通以及信息发布的及时准确都充分证明了对危机事件本身进行评估的重要作用。

其次,对现行的国家危机管理法律、法规进行检视,从中发现可供完善或修补之处。正如前文所述,自从"非典"事件以后,我国已经建立起比较系统的危机应急体系。但由于我国的危机公关起步较晚,加之社会环境的巨大变迁,制度建设很难跟上时代发展的步伐。尤其是在网络时代,政府法律、法规常常落后于实际的发展。因此,一方面,危机事件是对现有危机应急法律、法规的检验;另一方面,也对新的法律、法规的制定提出了新的要求。例如,我国需要制定统一的《紧急状态管理法》,明确规定紧急状态的确定和宣布、政府的紧急管理权、政府在紧急状态的回应措施及紧急状态下的法律责任等等。

再次,危机事件也是对现有政府机构设置的一次考验。机构的应急响应速度如何,机构之间配合的默契程度如何,现有机构设置能否满足解决危机事件的需要等等问题,都需要在危机事件尘埃落定后加以考量。目前,在政府机构设置方面最大的呼声是成立专门的政府公关机构来应对危机事件。

---

① Pauchant & Mitroff. Transforming the crisis-prone organization: preventing individual, organizational, and environmental tragedies[M]. San Francisco:Jossey-Bass Publishers,1992:28.

在美国、日本等发达国家都设有专门的政府公关机构。我国现有的政府公关机构职能大多分散在信访办、宣传部等部门，还没有形成统一的机构设置。未来可以将这些部门合并到公共关系部，并使其独立于其他各部门而直接对上级行政领导负责，并用以协调各部门和各级政府的危机预警能力和相互之间的协作能力。

最后，将危机应对能力作为政府绩效考核的一部分，全面提升危机应对制度建设。一些政府部门中还普遍流行着多一事不如少一事，见事就躲的逃避责任心理，致使在危机应对中偷懒耍滑。针对这种情况，国家要建立激励机制和惩罚机制并行的政府绩效考核体系，促使地方政府在平时就养成危机预防的意识，锻炼化解危机的能力。在制度上为各级政府的危机公关行为提供相应的正向激励，严格执行重大事故领导责任追究制度；在各级政府绩效考核体系中，增加综合性社会发展要求，减少单纯的经济指标性考核。

第五节 政府网络危机公关

一、政府网络危机公关的内涵和特点

互联网是现代国家出于军事的需要而进行的最新发明，但让人意想不到的是，互联网在社交方面发挥了巨大作用。对于危机事件而言，互联网一方面可以成为危机的策源地，成为恶意攻击者的武器和谣言的传播渠道；另一方面也可以是控制危机进程以及解决危机的辅助工具。因此，政府在危机公关中既要提防网络上负面言论的迅速蔓延，也要善于发挥网络的传播优势，提高危机公关的时效性和针对性。结合网络环境的新特征，政府网络危机公关是指政府作为危机公关的主体将网络传播方式引入危机公关的全过程，包括危机发生前收集各类信息进行预警，危机发生时实时进行信息传播，危机发生后及时公布解决方案，并对危机公关客体，即公众的意见进行监测、吸收以及反馈，力图达到重塑政府公信力的目的。

互联网平台的即时性、开放性、交互性等特点为公众提供了新的交流平台，削弱了政府对信息的垄断优势，使普通民众拥有了发声的机会，为民众监

督政府开辟了新的途径。网络平台的出现赋予了政府危机公关以下新的特征。

第一,网络传播的成本更低,速度更快。尼葛洛庞帝认为:"(互联网)一个个信息各自独立,其中包含了大量的信息,每个信息包都可以经由不同的传输路径,从甲地传送到乙地……正是这种分散式体系结构令互联网能够像今天这样三头六臂。无论是通过法律还是炸弹,政客都没有办法控制这个网络。信息还是传送出去了,不是经由这条路,就是另外一条路出去。"[1]网络的四通八达极大地提高了信息的实效性。危机事件一旦发生,网络可以在第一时间对其进行报道。同时,网络作为一个媒体化和平台化工具,相比于其他传统媒体或平台,还有着信息传播成本低廉的特点。只需要经过简单的剪切、复制、粘贴等拷贝措施,就能将包含文字、声音和图像的信息进行海量转发。尤其是在手机等移动媒体出现的当下,信息传输的速度变得更快,范围变得更广。

第二,网络平台的开放性拓宽了受众获取危机信息的渠道。传统媒体时代,政府掌控着信息的发布权,尤其是危机信息更不能轻易为一般公众所知。就像在唐山大地震发生数十天以后,还有很多人不知道这一消息。而汶川地震发生时期,几乎在几小时之内全国人民都获知了这一消息。正如人们所说,在网络时代是一个没有秘密的时代。个人不需要被动地从政府那里获取信息,而是可以通过网络主动地寻求自己所需的信息。政府对危机信息的遮遮掩掩不会起到任何屏蔽公众的作用,反而会使公众对政府产生更多的质疑。所以,在人们越来越依靠网络获取危机信息的时代,政府加强网络危机信息发布,做好网络危机公关就显得十分重要。

第三,网络平台的互动性增强了政府与公众的沟通。在网络空间,个人的身份、地位、性别等特征都被遮蔽,也就是说,它的离散的、无中心的结构模式和运作特征基本消除了歧视,实现了平等参与,体现了自由开放的理念。网络使信息传受双方的互动交流真正成为现实。普通民众可以自由表达自己的声音。在近年的危机事件中,政府部门都会十分注意网络上公众的呼声,听取公众的意见和建议,并将其纳入总体规划中。以"东方之星"翻沉事

---

[1] [美]尼古拉·尼葛洛庞帝.数字化生存[M].胡泳,范海燕,译.海口:海南出版社,1999:23-24.

件为例，新华网开设了救援专题，并在网民行动栏目下设立了网民互动环节，网民可以在这里发表自己对灾情、救援等各方面的评述和建议。同时，这些建议会有专人给出回复。第四，网络使负面信息的放大效应明显。网络的低门槛在保障公众自由进入的同时，也使传统媒体把关人的角色在网络媒体中趋于淡化。这样一来，虚假信息、诈骗信息和色情信息等负面信息就大行其道。加之，人们对负面信息的好奇和消费心理放大了负面信息的实际影响，因此，在缺乏把关人和负面信息筛选机制的网络空间，在短时间内负面信息很容易被放大和迅速传播，最终加大政府危机公关的难度。目前，政府部门对网络空间的负面信息多采用"敏感词禁发"的方式进行过滤和筛选。显然这种方式存在诸多弊端，网民会想出多种多样的方法改良负面信息以达到躲避屏蔽的目的。针对网络空间对负面信息的放大效应，提高政府危机信息发布的及时性和准确性，不给负面信息以可乘之机才是解决问题之道。

二、政府网络危机公关的新理念

互联网的出现和发展使信息传播的渠道、方式和内容都发生了质的变化，相比传统媒体更加多元化、复杂化，管理的难度也更大。面对新的传播环境，政府危机公关也要转变传统思维，开拓新的公关理念。结合网络给政府危机公关带来的新特征，本书试从以下几个方面总结政府网络危机公关的新理念。

第一，政府姿态由"俯视"到"平视"。相较于传统媒体时代政府高高在上的"俯视"姿态，到了网络时代，政府变得更加亲民，更加强调与公众的平等对话。这里的公众既包括媒体公众也包括普通社会公众。对于危机信息，政府部门向来以慎之又慎的态度加以对待，轻易不对外公布。就像在"非典"期间，面对外界的诸多质疑，北京官方仍然坚持称没有发生重大疫情。这种依靠官方唯一信源获得信息的时代在网络已经基本普及的今天一去不复返。公众可以自行搜索、挖掘、整合网络信息，并在此基础上形成自己对危机事件的看法。传统的指令性的发布和管理模式对于原本就"一无所知"的公众还可以适用，但随着公众自行获知信息能力的增强和民主意识的提升，政府在进行危机公关时更多的是与公众进行协商、对话和互动。政府的角色在网络时代需要也必须做出这种变化才会有利于危机事件的解决和社会的和谐发展。第二，技术手段由印刷到数字化。每一次技术的变革都会带来社会的巨大变迁。网络革命被称为20世纪最伟大的技术革命,它使一切信息以数字化的形式呈现在人们面前,改变了传统的铅字印刷的传统。此举不仅加快了信息的流动、降低了成本,也使危机信息的传播呈现网络化扩散的特点。网络技术的进步要求政府在危机公关中跟上数字化发展的新趋势,在信息传播内容、形式和风格等方面下功夫。同时,政府部门有必要设置专门的网络危机公关部门来随时关注网络舆情、应对网络危机。第三,应对心态从封闭到开放。在网络时代,当公众对危机信息有了初步掌握,遮遮掩掩的做法已经不再适用。相反,政府掌握的信息,包括危机信息,传播的越早、越多、越准确,就能越快的引导民众从错误信息中走出来,从而使民众和政府一起面对危机,解决危机。2003年杭州市政府在处理一所小学爆炸事件中就表现出"开放"的心态。在事件发生伊始,政府就通过网络对事件的发生和原因进行了报道。由于及时通报了情况,家长和居民没有人恐慌,校园很快恢复了平静。① 第四,媒体职能从被动监督到主动监督。监督职能是媒体与生俱来的职能之一。但由于我国的特殊国情,长久以来,新闻媒体是党和政府的喉舌,坚持党管媒体不能变,党管干部不能变,党管舆论导向不能变,党和政府对新闻工作有绝对的领导权。虽然政令在网络平台上仍然发挥着重要作用,但在一定程度上网络空间的言论相对自由和开放。以厦门PX事件为代表的网民自发行动说明了中国网民善于利用网络媒体争取个人权利,也说明网络媒体可以绕开部分传统力量的束缚,对政府和官员发挥主动监督的功能。

网络媒体的新环境要求政府在开展网络危机公关时变"俯视"为"平视",积极与公众对话;政府的技术部门要适应数字化潮流,力争设立专门的公关部门关注网络危机;政府要以开放的心态应对危机,告民以实情;媒体部门也要变被动为主动,积极发挥其监督职能。

三、政府网络危机公关的问题与对策

互联网的迅速发展使危机信息的传播速度更快、传播范围更广,这给政府的危机公关带来了新的挑战。近年来,我国政府也加大了网络危机公关的力度。然而,由于传统思维的转变非一日之功,加之危机公关的发展远远落

---

① 赵志立.新闻传媒在危机管理中的地位和作用[J].当代传播,2005(2):4-6.

后于互联网的发展,因此,我国政府网络危机公关仍然存在着诸多问题。这主要表现在缺乏危机意识尤其是忽视网络公关的作用、政府欠缺回应意识、网络危机公关法制化建设落后等方面。

首先,政府部门的危机意识尤其是网络危机意识不强,进而造成对网络危机公关的轻视。在传统制度和观念下,我国政府对社会各个方面的控制力都比较强,组织架构也十分严密,政府部门及其工作人员已经习惯了主导权,往往失去了高度的警惕性和对危机事件敏锐的辨别力。而网络上发生的危机事件具有突发性、传播快、隐蔽性等特点,如果不是紧密关注便很难发现。在长期"养尊处优"的状态下,政府部门容易对网络危机事件不敏感,进而轻视网络公关的作用。最有代表性的当属 2012 年 2 月 2 日海南三亚的游客被打事件。该事件发源于网络,并很快在网民中引起了强烈反响。但是,三亚市政府却对此不以为然,既不回应也没有采取任何相关措施。直到后来各大门户网站纷纷转载,整个社会都产生出强烈不满情绪,甚至部分游客以抵制三亚旅游的形式进行抗议的时候,三亚市政府才开始采取相关措施。三亚市忽视网络舆论,未及时采取网络公关的做法严重损害了三亚旅游城市的形象,也使当地政府的形象受到严重影响。

其次,在网络危机公关中,政府态度不够积极,被动回应的观念仍占主导。现阶段公民的参与意识不断增强,网络传播的便捷性激发了公众的求知欲,这就要求政府在处理危机事件的同时要将处理过程和处理结果及时更新,做到信息的及时公开。在山西"黑砖窑事件"中,政府的反应迟缓,对公众的质疑迟迟未予回应。甚至在中央都已经介入调查时期,也没有将事件解决进程实时更新,使得公众对事件进展以及处理情况一无所知,导致最后即便山西省省长出面公开向受害者家属道歉,并承诺赔偿,公众仍然不满意,认为"山西部分童工已经被转移"。在"黑砖窑事件"中,公众认为没有得到准确全面的信息,事件的解决只是政府部门的一面之词。由此可见,在网络时代公众对信息的需求是迫切的,政府的及时回应是解决问题的关键所在。因此,加强政府部门对公众关切的回应是网络时代化解危机,重塑政府信任的重中之重。

最后,政府网络危机公关尚属新鲜事物,相关法律法规还处于十分欠缺阶段。2007 年我国颁布的《中华人民共和国突发事件应对法》,虽然涉及了网络媒体信息传播过程中的一些问题,但远远不够具体,只是进行了一些笼统说明,因而可操作性很弱。近几年,我国又陆续出台了《互联网新闻信息服务管理规定》《互联网文化管理暂行规定》《中国互联网行业自律公约》等法律法规,地方政府也加强了与互联网有关的法律法规的建设,但立法的速度仍然远远落后于互联网发展的速度和实际的需要。因此,在未来的一段时间,加大网络监管力度,以法律的形式规范网络和政府公关行为将成为政府网络危机公关工作的重要部分。

网络时代信息传播的新特点对政府危机公关提出了新的要求。政府必须转换观念、强化危机意识,加快危机反应速度、积极回应社会关切,同时完善法律法规、规范网络和政府行为。

第一,要想改善行动,首先需要改善思想和观念。对于政府相关工作人员,要更加有效地应对网络公关危机,必须清醒地认识到网络所具有的巨大影响力以及应对不利将会带来的巨大危害。这就需要政府人员强化自己的危机意识,对危机有高度的敏感性,密切关注舆论动向,及时发现网络危机的苗头,以免在危机发生时产生措手不及之感。只有这样,才能及时地发现危机并将其消灭在萌芽状态做到防患于未然,或者在危机发生后能够更加积极有效地应对。

第二,政府要加强与网民的互动,积极回应网民的关切。据学者的研究发现,互联网已经成为青年一代获取信息的主要渠道。按照目前互联网的发展势头,在未来的几年内,它会逐渐代替传统媒体而成为人们获取信息的最重要的渠道。政府危机公关也要适应这一发展趋势,将注意力转移到网络公关上来。在现有公关部门的基础上设立政府网络公关部门,专门处理和应对网络危机事件,及时回应公众的质疑和意见。这样一方面可以帮助公众及时了解危机事件的情况和处理结构,另一方面可以帮助政府从互动中吸纳建议,提高回应能力,从而彰显政府实事求是为公众办实事的作风,以得到公众的信任和好评。

第三,加快相关法律法规的制定,使政府执法有法可依,网络建设有法可循。在政府网络危机公关方面的法律法规还十分欠缺,仅有的几部也都太笼统、单薄,操作性不强。对于这些问题的解决,一方面需要政府相关部门全面、深入地了解、研究我国公共危机的实际情况和网络发展的新特点,结合我国的特殊国情,并在此基础上组织相关专家通过讨论、分析等手段,制定符合我国实际情况、全面而具体的应对公共危机的法律法规;另一方面也可以借鉴西方发达国家现有的、已被证实且有效的相关法律法规,这样可以在很大程度上提高效率并加快我国法律法规完善的步伐。

思考题

1. 什么是危机公关?
2. 举例说明政府如何进行危机公关。

第九章 政府形象与政府公共关系

政府形象是政府公共关系活动效果的直接体现,提升和塑造政府形象已经成为政府公共关系活动的重要内容之一。本章系统介绍了政府形象的内涵、特征、构成要素、意义及策略。

第一节 政府形象的内涵

政府形象是一个复杂而重要的概念,它由政府系统的各种要素所构成,体现着政府的威信与施政能力。随着行政改革和行政现代化步伐的加快,政府形象问题越来越受到各国政府的关注。因此,对政府形象做出明晰的界定就显得尤为重要。目前,中外学界对于政府形象的研究十分广博,视角不一,由此也导致了学者们对政府形象的界定有很大的差异。本书试从两个方面对政府形象的界定做梳理和阐释。首先是从对于政府形象的不同理解的角度出发,其次是以学科为基础探究不同学科对于政府形象的界定。

一、政府形象内涵的不同界定

目前,学界对政府形象的理解主要有三个维度:一是评价论,二是反映论,三是综合论。

评价论是最为流行也是最为常见的一种对政府形象的界定方式。评价论认为政府形象是社会公众对政府及其行为所产生影响的主观评价,体现了公众对政府的认同感和支持度,是政府获取与维系自身有效性以及合法性的重要来源。这种观点侧重于强调公众对政府形象的认知,将政府实际运作过程所涉及的诸多环节和具体行为纳入社会公众的认识范围,社会公众经由个人观察以及经受大众传媒的熏染主观上逐渐产生对政府行政效能、存在价值的抽象思维认识。现在关于政府形象的界定也多从这个角度进行考量。例如,廖为建认为,政府形象是政府的整体素质、综合能力和施政业绩在国内外公众中所获得的认知。这种认知和评价具体反映政府在国内外公众中的知晓度和美誉度。① 同时,他强调政府形象包括政府形象的本原和实在以及政府形象的认知和评价两部分。首先,政府的素质、能力和业绩,是政府形象的客观内容,是公众对政府认知和评价的客观对象。政府的形象建设应该从提高政府的整体素质、加强政府的综合能力和创造良好的政绩入手。其次,在"做"的基础上,政府形象的构建也需要政府会"说"。即政府要充分与公众沟通,否则传播不力,公众就不能获得正确的认知,就可能得出错误的评价,从而影响政府的形象。学者徐波也认为,政府形象是公众在对政府加以综合认识的基础上形成的关于政府的整体印象和基本评价。公众对政府的综合认识不仅包括公众对政府的静态实体的认识,即对政府组织机构、方针政策、制度、法规等方面的认识,还包括公众对政府的动态行为的认识,即对政府工作人员的言行作风,对政府的工作效率,对政府的权威性和信誉度等当面的认识。政府形象作为公众的认识结果,必然具有明显的主观性,但它又并非主观随意性的产物,就其实质而言,依然体现着主客观的辩证统一性。② 从以上论述可知,评价论强调主客观的辩证统一,但仍是侧重于从社会公众的主观认知角度认识政府形象,把社会公众的主观评价看作考量政府形象好坏的依据。

  反映论强调政府形象是政府的实际运作给社会公众造成的印象,是政府的总体表现过程在社会公众心目中的积聚和映射。相对于评价论而言,反映论意识到了公众的价值偏好、认知能力可能会对其政府形象认知有一定的影响,因此,它更侧重于政府作为客观存在对社会公众的实际影响。然而,这种实际影响最终依然是以公众的观察、认识和思维过程为基础,通过公众的主观认定而表达出来。所以,从一定程度上来看,反映论是评价论的"改良版",试图做到更加客观,更加强调政府与公众的互动。其中比较有代表性的学者有刘然、杜建国等。刘然认为,政府形象是政府在推行国家公务、执行国家意

---

① 廖为建. 论政府形象的构成与传播[J]. 中国行政管理,2001(3):35-36.
② 徐波. 政府公共关系与塑造政府形象[J]. 天府新论,1995(2):38-42.

志或从事专门的国内外公关活动中,其行为表现在公众心目中的反映。[①] 杜建国也曾指出政府形象并非是公众的随意主观评价,它是建基于公众对政府在日常实践中具体而客观的活动的综合认识基础上,所形成的总印象。反映论凸显政府客观行为的主观呈现,公众的个人偏好被暂时遮蔽。也就是说,政府若要提升自己的形象,自身能力过硬才是关键,公众的主观呈现只是政府自身客观表现的投射而已。因此,这种理论有利于时刻向政府敲响警钟,政府形象自身的增量改善才是最重要的。

综合论,顾名思义是指结合了以上两种观点的核心内容。一方面强调作为行政主体的政府及其行为在政府形象塑造中的客观性,另一方面也强调作为行政客体的社会公众在政府形象塑造中的主观能动性。可以说,综合论是做到了主客观的辩证统一。例如在袁曙宏的政府形象定义中就指出,政府形象是指作为行政主体的政府在作为行政客体的公民头脑中的有机反映,是主客观相统一的产物,是政府与公民双向回应的产物,它包括政府、公民及认识过程三个要素。胡宁生也曾指出,政府形象是政府这一巨型组织系统在运作中即在自身的行为与活动中产生出来的总体表现与客观效应,以及公众对这种总体表现与客观效应所做的较为稳定与公认的评价。政府形象包括两个方面:一方面是政府组织系统作为有内在结构功能与行为活动的体系在运作中所产生出来的客观的总体效应,另一方面是政府所服务的社会公众在对政府组织系统的客观总体效应进行评价时所产生出来的综合印象。[②]

在评价论、反映论和综合论的三种观点中,本书比较赞同综合论的观点,即政府形象既是指政府行为的客观效应,也是社会公众对政府行为进行评价时的综合印象。

二、不同学科视角下的政府形象

正如上文所界定的那样,政府形象是公众基于政府行为的客观效应所产生的主观感受。从学科视角来看,政府形象涉及诸多领域。首先,从心理学的角度出发,政府形象的传播要符合公众的主观认知需求,重视感性认知的作用,以鲜明的形象取代概念、数字等抽象内容的传播。其次,在社会学看

[①] 蒋春堂.政府形象探索[M].北京:中国国际广播出版社,2001:79-80.
[②] 胡宁生.中国政府形象战略(上册)[M].北京:中共中央党校出版社,1998:18.

来,政府是一个国家政治、经济、军事、外交活动的最高代表,公众对政府在其中所扮演的角色有很高的期待和认同。最后,从传播学的角度来看,政府形象的树立与大众传媒的舆论宣传密切相关。因此,本书试从心理学、社会学和传播学三个角度分析和阐述政府形象。

第一,政府形象是政府的客观行为表现在公众心目中的反映,体现着公众对政府认知的总体评价。依据涵化理论,当公众与媒体形象的接触逐渐累积起来时,公众的认知就会受到影响。[1] 就个体认知而言,我们通常将认知过程分为注意、感觉、知觉、记忆、想象和思维。其中,注意位于认知过程的首位,是感知形成的最重要的环节。注意体现着对一定对象的选择和集中的心理活动或心理意识。在这个动态的认知过程中,如何唤起个体的注意,进而将这种注意转化为个体更加有意识的思考是成功实现形象塑造的关键。因此,政府形象的传播在信息内容、形式等方面要有可被感知的具象性,以促使人们形象认知和思维的形成。现代技术的发展赋予了政府形象传播的诸多可能性和便利。声、光、电的运用,传统媒体和各种网络新媒体的联合,再配以充分的人物、情节、场景、故事等元素,很容易抓住人们的眼球,唤起人们的注意和情感上的认同。同时,人的认知并非完全以理性为前提,也就是说,很多时候,人的认知是掺杂着复杂的感性经验的复合性心理活动。尤其是当人对认知对象缺乏深入了解时,这种基于感性体验的认知常常起到决定性作用。而人对认知对象的总体印象一旦形成,就会对认知对象的其他方面进行"合理"想象,并融入自己特定的情感体验。所以,最初的具象性的形象认知可能会对人们对政府形象的认知起到关键作用。因此,在政府形象的打造上如何使其既喜闻乐见又具有感染性就显得尤为重要。可见,政府形象的塑造与传播要结合人的心理认知特点,以具象化的形象传播为主,充分发挥现代传媒的优势,重视人们的情感体验,塑造贴近百姓、积极向上、愉悦的政府形象。

第二,政府是一种重要的社会组织形式,它承担着组织和协调社会经济、政治、文化生活的重要职能,可以说,政府是社会生活得以顺利进行的结构性保证。从社会学关于社会结构的论述出发,政府位于社会结构的核心位置,

---

[1] Gerbner G, Gross L. Living with television: the violence profile[J]. Journal of Communication, 1976, 26(2): 173-199.

而政府形象的塑造和传播直接影响着政府职能的发挥和其他社会组织的顺利运转。因此,如何树立良好的政府形象对于社会建构具有重要的意义。当前,政府形象受到越来越多的社会学家的关注,其中一个重要原因是政府行为与政府理念之间的严重偏离,也就是我们常说的言行不一现象。多种宣传方式和宣传技巧的运用使政府形象传播取得了较为丰硕的成果,但政府的实际行政行为却与之不符甚至相左,这在很大程度上影响着公众对政府形象的认知,甚至使最初的良好印象永久地失去。在现实中,很多真实的资料表明,政府理念所描述的许多文明的行政行为正在被政府自己的一些不文明行为所践踏。例如,政府部门极力塑造廉政的政府形象,各种"打虎""拍苍蝇"行动开展得如火如荼,但事实上,严重的官僚主义、无度挥霍公款、贪污腐败现象却仍然存在。政府行为和政府理念的不一致严重破坏了政府在公众心目中的形象,直接导致公众对政府决策采取不合作甚至是抵制反对的态度。最终,政府机构的职能难以得到正常发挥,致使整个社会秩序陷入混乱。由此不难看出,良好政府形象的塑造和传播对于政府这一社会组织的重要作用。尽管政府形象的塑造和传播是一个复杂的工程,涉及诸多要素和变量,同时,政府形象不是一成不变的,会随时间、情境的变化而变化,但保证政府理念与政府行为的一致是亘古不变的真理,也是确保政府形象塑造和传播有效性的重要前提。

第三,政府形象是社会公众借助各种大众媒体所获得的有关政府印象的总和。这其中,大众媒体作用的发挥起到关键作用。按照经典的传播学理论——议程设置理论的观点,大众媒介往往不能决定人们对某一事件或意见的具体看法,但是可以通过提供信息和安排相关的议题来有效地左右人们关注某些事件或意见。也就是说,大众媒体所塑造的政府形象虽然不能直接决定人们对政府形象的看法,但可以间接影响人们关注政府形象。同时,正像李普曼所提到的那样,现代媒体所构建的拟态环境已经成了媒介现实与社会现实高度融合的场域,甚至在某种程度上可以说比现实更现实。在拟态环境中所进行的政府形象传播,可以起到很好的舆论引导作用,促使人们将拟态环境中的信息迁移到现实环境中来,从而影响和改变人们的认知和行为结果。从传播学的角度出发,政府形象的塑造和传播要充分利用大众媒介所营造的拟态环境,发挥舆论的引导作用,尤其重视意见领袖的影响力和号召力。同时,现代传媒技术的发展使现有的传播秩序发生了改变。普通的社会成员不再是单纯的信息接受者,而是能够成为拥有话语权和传播能力的传播者。这也就使得传统的媒介议程让位于公众议程,每一个社会成员都成为政府形象议题的设置者和有效议程的推进者。因此,注重现代媒体议程设置功能的发挥,正确引导舆论,是在新媒介环境下推进政府形象传播的有效途径。

第二节 政府形象的特征与构成要素

一、政府形象的特征

在第三章中,我们提到政府作为特殊的社会组织具有独特性和权威性,具有一定的政治倾向和广泛的服务性。这些有别于其他社会组织的特点决定了政府形象的特殊性。综合来看,政府形象具有以下三个方面的特征。

第一,政府形象具有客观性,它是对政府行为、政府理念、政府的产品与绩效各要素的反映。政府形象不是凭空产生的,而是政府组织依靠自身在结构、职能、政策、效率、权力的公正运用等方面良好行为和绩效,在社会公众心目中形成一个个真实、可靠的印象。如果没有政府日常行政行为的开展,社会公众也就失去了形成主观印象的客观实在。因此,政府形象是基于政府组织的实际运作与行为而形成的,是摸得到、看得见的客观实在,具有本质上的客观性。

第二,政府形象具有主观性,是公众对政府包括政府工作人员、政府行政行为等多方面综合考量后形成的总体印象,是个体在自身感受与思考的基础上在头脑中形成的。从心理学的角度来看,人们经常依据感性经验确立自己对政府形象的认知就是政府形象具有主观性的重要体现。这种主观性主要表现为主体以自身的需求为基础去看待客体、对待客体。也就是说,不同的社会个体或群体,会因其性别、职业、年龄、兴趣、价值取向等方面的不同,对政府的要求和期待不同,从而对政府的形象认知和评价也不同。政府形象的主观性说明整齐划一的政府形象是不存在的,不同个体对于客观存在的内化存在较大的差异。结合政府形象的以上两个特征,我们可以得出政府形象既具有客观性的一面也具有主观性的一面。可以这样说,政府形象是客观性与主观性的统一。

第三,政府形象具有变动性。政府形象的变动性可以从政府和公众两个方面加以解读。一方面,我们所处的世界是永恒变化和发展的。一切事物都处于无休止的运动、变化和发展之中,处于不断的发生、成长和消亡之中。政府作为客观存在的社会组织,作为政府形象的客体,也要随周围环境的变化而变化。这种变化既包括政府内部诸要素的发展、变革,也包括与社会其他组织的互动。政府的结构、效率、政策、权力行使以及理念的变化,必然会导致以此为基础的政府形象的变化。另一方面,政府形象的主观性决定了政府形象永远处于变化不定的过程。不仅不同个体对于政府形象的认知是流动变化的,即使是同一个体在其生命的不同阶段也会对政府形象有不同的认识。这种变化既可能源于个体的知识积累、思想变化,也可能是受政府政策的影响。总之,政府形象在短期内可能具有相对的稳定性,但从较长的一段时间来看,政府形象是处于流动变化之中的。

二、政府形象的构成要素

政府形象是一个由政府诸多要素相互联结、相互作用的形象系统,是处于不断的发展变化和充实丰富之中的系统,是政府与公众双向互动的系统。要明晰政府形象的重要性首先要对政府形象的构成要素做出清晰的界定。现有研究中,学者们从不同角度对政府形象的构成进行了探讨。其中比较有代表性的有胡宁生从政府形象的内在结构出发,认为"政府价值、政府行为和政府的产品与绩效构成了政府形象的基本内在结构"[1]。学者彭伟步在其著作《信息时代政府形象传播》中指出,"政府形象是国家行政机关的活动所引起的人们的思想或感情活动的具体形状或姿态"[2]。政府形象由一系列的指标构成,包括行政体制、领袖人物的人格魅力、工作人员的精神面貌、机关的工作作风、腐败与官僚程度、办事效率、依法行政、创新能力、决策能力、施政方略、履行职能、国民文明程度等等。彭伟步的界定从具体的微观角度入手,使政府形象的测量更具有操作性。结合众多学者的界定,根据企业识别系统(Corporate Identity System),本书试将政府形象构建为"政府识别系统(Government Identity System)",具体包括政府的理念系统、视觉系统以及行

---

[1] 胡宁生.中国政府形象战略(上册)[M].北京:中共中央党校出版社,1998:58.
[2] 彭伟步.信息时代政府形象传播[M].北京:社会科学文献出版社,2005:10.

为系统,从思想、视觉形象和行动三个层面把握政府形象。

(一)政府的理念系统

政府的理念系统主要指政府的价值理念,即政府在制定和实施政府决策、开展政府行政活动时的指导思想和指导原则。政府价值理念是长期文化积淀以及实践总结的产物,虽然它没有具体的形态,但却深深植根于政府形象之中,体现在每一次的政府行政行为上。

政府的价值理念体现在内容上主要包括政府的价值目标、法治观念、道德信仰和文化认同等。不同国家在不同时期,其价值理念会有所不同,但总体上来说都会包括以上基本要素。其中,价值目标是政府行为的指导思想,指引着政府的总体方向,直接决定着政府是为谁而服务的;法治观念限定了政府行为的范围,规定了哪些可为哪些不可为,这也是现代政府十分注重和强调的。目前,政府的一些行政行为之所以受到诟病甚至引起不解,经常是因为法治观念不强,依法治国理念没有完全树立,更没有落到实处。而道德信仰体现着政府对公共权力的使用方式和对社会公共利益的认知。社会个体需要有道德信仰,管理、协调和服务社会公众的政府更应该有道德信仰。政府道德信仰的有无与好坏直接影响着政府的服务水平。最后,文化认同决定着政府对政治文化的态度。

政府价值理念对于政府形象塑造和传播起着关键作用。可以说,政府价值理念是政府形象生成和确立的根基。当政府价值理念能够以全体公众的利益为出发点,并与社会公众的认知相契合,那么政府就比较容易得到社会公众的正面评价,进而获得公众的理解和支持。相反,如果一个政府的价值理念缺失或歪曲,那么它的行政行为就不能得到有效的指导。政府的工作理念不清直接导致实际行动的失败,事倍功半的情况时有发生。因此,政府价值理念的树立和完善是政府形象塑造的关键所在。只有使政府价值理念符合社会公众的利益要求,政府才能得到社会公众的普遍认可,政府才能确立良好的形象。

(二)政府的视觉系统

政府的视觉系统包括政府构建的与之相关的各种视觉形象,包括与政府相关的建筑、各种标识、符号化的实体形象等。这些形象往往呈现在与政府相关的活动、场所、仪式,或者作为一种实体的存在,其本身就成为一个国家或城市的代表性形象。

政府在运用这些视觉形象的时候,往往会通过这些实体建筑形象表达出某种特定的含义。比如,我国会用天安门、长城、人民英雄纪念碑等建筑的形象表达特定的文化价值理念,而美国也会通过白宫、国会大厦、自由女神像等建筑形象表达美国的价值观念。随着时代的变迁,这种实体建筑的形象也会发展变化。比如,从20世纪90年代到当下,上海陆家嘴的高层建筑群整体形象不断发展变化,现在已经成为中国现代化进程或经济发展繁荣的标志,在媒体中的呈现也给人这种直观的印象。除了实体建筑形象,符号化的人物形象和重要标识也成为政府进行公共关系活动的重要方式。比如,各个国家都会使用具有代表性的领袖人物形象、国旗和国徽来表达一个国家和民族的精神意涵。此外,政府在对国内外公众进行公关活动的过程中,也会有意识地营造某种形象,比如友好的公务员形象、文明的公民形象、整洁优美的城市环境形象、幸福的生活画面等,这些被媒体传播的形象也会成为政府构建自身形象的重要基础。

（三）政府的行为系统

如果将政府形象比喻为一棵大树,政府的理念系统是政府形象塑造的根基,那么政府的行为系统就是构成这棵大树的枝枝叶叶。政府形象的树立既需要价值理念的支撑,也需要政府职能的实际发挥。正像美国著名学者普特南所说的"好政府并不仅仅是各种观点相互竞争的论坛,也不仅仅是人民不满情绪的回音壁:它是要实际地解决问题的。一个好的民主政府不仅要考虑它的公民的需求(即,它是回应型的),而且要对这些要求采取有效的行动(即,它是有效率的)"[1]。

从内容上看,政府的行为系统主要包括政策制定、政治协调、政治监督等。首先,政府作为一国政策的制定者,在政策制定过程中能够充分展示其民主、科学、公正的良好形象。这主要体现在政策的制定是否听取广大公众的意见和建议,是否严格按照法定的制定程序,是否充分协调各利益团体的需求等诸多方面。其次,政治协调将政府形象切实地展现在广大公众面前。面对各种各样的社会危机和社会事件,政府部门要以积极的姿态加以协调和

---

[1] [英]罗伯特·帕特南.使民主运转起来:现代意大利的公民传统[M].王列,赖海榕,译.南昌:江西人民出版社,2001:72.

207

处理。既要明确主要问题,确定决策目标,也要全面分析矛盾的各个方面,制定及时有效的解决方案,争取最大限度地保障人民群众的根本利益。最后,政治监督是指政府对包括自己在内的政府部门、机构行为的监察和管理。可以说,政治监督职能发挥的好坏直接影响政府形象的构建。政治监督是权力对权力的监督,能够有效抵御权力的腐蚀性,避免普遍利益受到特殊利益的侵害,以保证政治管理目标的顺利实现。在很大程度上,政府形象的构建也体现在政府是否能够严于律己,是否能够恰当地行使自己手中的权力,做到不以权谋私和贪污腐败。当代政府以法治、高薪养廉等方式构建廉洁政府就是要实践政治监督的职能以及对外树立政府的良好形象。

政府的行为系统是一整套实践手段的结合,体现着政府理念在现实中的贯彻和执行。从根本上说,政府理念系统和政府行为系统是不可分割的整体。行为系统有赖于正确理念的支撑和指导,同时,理念系统有赖于行为系统的实施和践行。二者相互结合才能发挥应有的作用,达到树立政府良好形象的目的。

第三节 政府形象塑造的现实意义

一、政府形象的塑造有利于提升政府公信力

政府公信力一词是中国学者在英文词"公信度"(credibility)的基础上发展而来的,并在"非典"事件之后引起了广泛的讨论,在 2005 年的政府工作报告中得到证实确认。20 世纪中期开始,特别是进入 21 世纪以后,政府公信度的下降逐渐成为各国政府普遍面临的一个问题。但不能据此得出这一时期各国政府的公信力普遍受到了削弱这一结论,因为这一状况的出现在相当程度上是由于公众期望的复杂性、信息全球化、后物质主义价值观、保守主义政治思潮造成的。[①] 面对这样复杂的社会情境,各国政府都将力图通过治理行为及结果的公正、有效、民主、负责等来获取公众的信任,主动提高自己的公信力。而政府公信力是一种政府有效行使其职能进而取得公众信任的能力,

---

① Joseph S Nye, Philip D Zelikow, David C King. Why people don't trust government[M]. Cambridge: Harvard University Press, 1998:1-2.

这种能力的获得既来源于政府的行政理念也来源于政府的行政行为。也就是说,政府公信力与政府形象密切相关。政府形象的好坏与否直接决定着政府在公众心目中的可信度。

2016年2月9日哈尔滨"天价鱼"事件拷问的不仅是中国的旅游服务业,更重要的是暴露出政府部门形象对政府公信力的重要性。江苏市民在微博中爆料他在哈尔滨旅游时,曾在导游的带领下到一家野生鱼饭店就餐。餐后因质疑店主改写鳇鱼斤两问题(将10斤4两改为14斤4两),被宰一万多元,与店家发生争执,随后报警。这个事件本是一个普通的买家与卖家之间的冲突,与此前的海南宰客事件、山东青岛大虾事件区别不大。然而,哈尔滨松北区有关部门成立的调查组却给这个事件增加了新的变量。它不仅加深了人们对旅游服务业规范与道德的质疑,更使当地政府的形象一再"蒙羞"。微博爆料当天,哈尔滨市松北区就成立了调查组。坦白说,当地政府的反应非常迅速,可见其对事件的高度重视。然而,仅经过一天的调查,即2月15日晚,调查组公布了该起消费争端问题的调查情况通报。通报只要有以下几点:(1)店家是明码标价,不属于违规行为;(2)鳇鱼下单时就是14斤,而非10斤;(3)店家最终收了消费者7 000多元,而非消费者所说的一万多元;(4)监控中未见双方有肢体冲突;(5)未见民警有抽烟等不文明执法行为。针对调查组公布的结果,当事人立刻对以上几点逐一提出了质疑。可见,调查小组出具的调查情况"漏洞百出",而且调查小组并没有进行多方取证,仅凭饭店一方的说辞就在一天时间内下结论。事件随后的发展也一再证明,调查小组的调查不够充分、公平,最终造成了"自己打自己的脸"的情况。此次事件除了毁了一个地方旅游品牌,使哈尔滨城市形象受损,同时也使政府形象受损,使公众对政府相关部门的监管能力、办事能力产生不信任,影响了政府的公信力。

政府形象构建与政府公信力之间存在的密切关系使政府形象的塑造变得尤为重要。只有树立良好的政府形象,使公众对政府理念和行政行为有良好的印象,公众才会对政府的执政决策、执政行为等予以信任和支持。

二、政府形象的塑造有利于政府权威的形成

政府作为国家的最高行政和决策机构,必须拥有通过自己的影响力使对

象服从的能力,即通常意义上所说的权威。政府权威,即公众对政府意志的服从可以通过自愿和强制两种途径得以实现。对于前一种情况,如果公众认同政府的价值理念和行为理念,那么就会主动对政府出台的法规、政策予以遵守,对政府的社会管理行为予以配合,即主动地服从政府。而后一种情况经常出现在极权国家中,也就是当公众不认同政府的价值理念和行为理念,但忌惮于政府的强制力时,而做出的不情愿的服从。尽管国家可以以暴力手段达成其树立权威的目的,但千百年来的国家实践一再证明只有社会公众对国家权力的主动认可,才能有效地发挥国家的各项社会职能,维护社会的良好运转。按照李普塞特的说法,任何一个政法系统,如果失去了形成并维护一种使其成员确信现行政治制度对于该社会最为适当的信念,那么其统治的合法性也就不复存在。① 对于现代国家而言,如何树立政府权威并赢得公众的支持,成为其执政合法性和有效性的重要衡量标准。

现代政治学理论通过强调政府权威与建立在政府有效性基础上的良好政府形象之间的密切关系,明确提出政府权威的形成需要加强政府形象的塑造。首先,良好的政府形象有助于树立政府的威望。这种威望的获得将直接使公众更加信任、支持政府,从而使政府的各项政策以及工作得以顺利实施和开展。而这种威望又会反过来推进政府形象的建设,提高政府在公众心目中的美誉度,使政府权威不断加强。其次,良好的政府形象有助于增强政府内部的凝聚力。如果政府在公众中享有较高的声誉,赢得多数公众的信赖和支持,那么政府内部工作人员就会有比较强烈的荣誉感和成就感,进而更加努力工作提高工作效率以维持这种正面的社会评价。工作人员的团结与奋进使政府凝聚力获得大幅提升,全体员工干劲十足,政府职能也能得到更好的发挥,公众也更愿意信赖、服从这样的政府机构。最后,良好的政府形象有助于增强政府的感召力。感召力是一种隐形的力量,它具有从心理上唤起人的顺从和依附的力量。尤其是在面对突发危机事件时,有感召力的政府能够在短时间内实现对社会公众的动员和危机事件的协同处理。相反,如果政府在公众心目中没有树立良好的形象,得不到公众的认同,那么就无法动员社会公众为了公共利益采取任何的集体行动。

---

① Lipset S M. Some social requisites of democracy: economy development and political legitimacy[J]. The American Political Science Review,1959,53(1):69-105.

三、政府形象的塑造有利于社会秩序的稳定

政府作为社会秩序的维护者,承担着组织、管理与协调社会各项事务的责任。进入新世纪以来,特别是随着互联网日益成为人们获取信息的工具,加快了各种社会事件的传播速度,增加了谣言的产生和传播、危机事件发生的风险。面对这种新的形式,世界各国都将维护社会秩序作为他们工作的重中之重。而政府形象作为树立政府权威、增强政府凝聚力的关键要素,维护社会秩序方面必然发挥着举足轻重的作用。良好的政府形象意味着民心所向和公众的信任与支持,在面临危机事件时,公众会主动理解和支持政府的决策,不给政府"添乱",协助政府加快危机事件的解决。相反,如果政府不能在公众心目中树立良好的形象,那么危机事件不仅不会得到顺利、有效的解决,还很可能成为社会公众质询、反对政府的导火索,最终酿成更坏的后果。所以,政府形象的塑造对于整个社会秩序的维护至关重要。

在信息传播速度如此之快的今天,面对危机事件政府部门必须第一时间加以重视和解决,树立负责人政府的形象,进而在最短时间内做出妥善处理并恢复社会秩序。以 2007 年的无锡市蓝藻污染自来水事件为例。5 月 29 日,因为蓝藻暴发,无锡市很多居民家中的自来水水质突然变坏,并伴有难闻的气味。由于这样的水质无法正常饮用,市民纷纷抢购纯净水。此次事件的发生不仅使媒体和公众对无锡市周边工厂的污水排放提出疑问,使部分民众谈"水"色变,更扰乱了民众的日常生活,各种"太湖水致癌物超标"的谣言纷纷传出,社会秩序一度陷入混乱。面对事关人民群众切身利益的危机事件,无锡市委、市政府在 5 月 30 日就启动了应急预案,召开新闻发布会解答民众和记者的提问。无锡市委书记还当众饮用烧开的自来水来打消民众的疑虑。随后,对部分失职官员予以了处分并召开太湖流域水污染防治座谈会,听取各界人士对于治理水污染的意见和建议,制定出污水厂建设、企业达标排放等关键性项目的时间表,以实际行动向市民展示市政府治水的决心。仅仅在三天之内,无锡市政府通过以上的危机公关,在市民心目中树立了负责、有效、廉洁的政府形象,最终控制了局势的发展,使涣散的民心得以安定。

由此不难看出,政府以及时的反应、负责任的态度、透明的决策和民主的施政理念树立的政府形象对于社会秩序的恢复和维持至关重要。良好的政

府形象所发挥的凝聚民心、动员社会公众与政府一起共同抵抗危机事件的重要作用成为社会秩序构建的关键所在。

第四节　塑造政府形象的策略

政府形象的塑造是一个系统工程。目前，国内外学者针对政府形象塑造的策略也提出了很多见解。有学者从提升政府形象的传播方式、传播内容、传播范围等方面进行分析；有学者从政府如何利用和发挥新媒体的优势，通过媒体的力量增加政府的美誉度。本书试从政府机构形象塑造、公职人员形象塑造和公关活动形象塑造三个方面阐述政府形象塑造的策略。

一、政府机构形象塑造

政府机构作为一个国家或地方政府部门的代表，它的形象直接彰显着所在地的经济发展水平、社会繁荣稳定程度以及政治民主建设进程。提升政府机构形象就是树立政府权威以及政府公信力，赢得公众的信任和支持，构建和谐社会。

第一，政府机构形象的塑造要注重工作效率的提高和内在职能的转变。除了政府机构的建筑、文字、图案、色彩等可见的视觉符号以外，政府机构的形象更多地体现在政府机构的办事效率以及其行政职能的实施。近年来，中国政府所开展的转变政府职能、深化行政管理体制改革，大力推行服务型政府建设就是要以实际行动，为人民群众提供良好的公共服务，从而树立政府机构以民为本、为民服务的良好形象。第二，政府机构形象的塑造离不开特定的仪式。以举世瞩目的"九三"大阅兵为例，中国政府以纪念抗日战争暨世界反法西斯战争胜利70周年为契机，在天安门广场举行了隆重的阅兵仪式。有30位国家元首参加了此次阅兵，不仅国内各级电视频道和广播电台对此盛况进行了直播，美国《纽约时报》以及英国《卫报》等多家境外媒体也分别进行了图文直播。此次阅兵充分展示出中国政府国力、军力的强大，维护世界和平的愿望以及在国际社会中的影响力。可以说，通过"九三"大阅兵，中国政府机构向世人展示了其在地区事务中更独立的立场，以及作为大国的宽容与自信。第三，政府机构形象的塑造有赖于灵活、实际的政策的制定。现代社会瞬息万变,政府的政策制定必须适应时代的发展趋势和发展潮流。政府机构要善于接受新事物、新科技、新思想,对能够促进社会发展的新建议持宽容态度。同时,政策的制定要以实际需要为指针,而不是摆"花架子",立形象工程,制定出来的政策要能够切实地应用在实践中,改善民众的生产和生活。只有这样,政府机构才能既把握住时代脉搏跟上时代潮流,又不脱离群众和实际,才能最终赢得民心,树立起良好的政府机构形象。

二、公职人员形象塑造

政府机构的公职人员包括政府部门的领导人以及其他工作人员,他们是政府机构的组成人员,代表着政府的对外形象。政府公职人员的个人形象、品德、办事能力、工作理念、价值观等都会直接决定着社会公众对政府形象的认知。同时,公职人员的形象也是一个多元、复杂的系统。它既包括公职人员的职业形象、社交形象,也包括他们的媒体形象和家庭形象。不论是领导人还是普通公职人员都要严格要求自己,给社会公众留下专业、负责、亲民的形象。尽管领导人在媒体面前出镜更多,参与外事的机会也更多,但本书试将其与普通工作人员平等对待,把他们作为公职人员的一个整体,从以下三个方面分析他们形象塑造的策略。

首先,公职人员的形象塑造要注重不同场合的需要,即日常形象与特殊场合的形象要有所区别。之所以这样做,并非是表里不一。恰恰相反,这正是体现出不同情境的不同要求。在日常工作中,公职人员主要面对本国或者本地区的公众,处理日常事务,这需要体现公职人员的专业素养、亲民精神以及工作效率。此时,公职人员要以严肃、活泼相结合的形象出现在公众面前;而特殊场合的公职人员形象就要加以具体区分,以上文提到的"九三"大阅兵为例,在这样庄严的时刻,公职人员就要体现出崇高的专业精神以及作为中国公民的自豪感。此时,严肃、庄重的公职人员形象更适合。其次,随着社会的发展和进步,尤其是互联网的发展,传统的以标准化、程式化出现在大众面前的公职人员形象逐渐受到挑战。新媒体为公职人员形象的塑造增加了新的变量,卡通形象这一图像符号的运用就是其中十分成功的案例之一。从早期的《领导人是怎样炼成的》到近期的"习近平挥棒打虎"等卡通形象的塑造,以新颖、生动、活泼的方式营造了公职人员的亲民形象。更重要的是,它们将传统的官方教条式的政治说教巧妙地融合到新媒体的平台,以生动的、富有人情味的、多元化的方式展现出来,符合广大观众的接受习惯,真正实现了从"宣传"到"传播"的转变,实现了霍夫兰所提倡的"说服性传播"。最后,公职人员形象的塑造离不开与社会公众的"亲密接触",也就是说,公职人员要积极地融入老百姓之中,而不是避而远之。传统的"官本位"思想严重影响着官民之间的平等沟通。近年来,中国政府提出转换政府职能,创建服务型政府等举措就是要从根本上改变公众与公职人员之间的关系,使公职人员能够俯下身子、沉下心去,坚持"融入式"服务,保持与群众的血肉联系,实现与群众的深度融合。要实践群众路线,一要树立为民服务理念,胸怀满腔真情,在情感上融入公众;二要主动贴近公众,善于倾听公众的呼声,掌握与民相处的方式和方法,在态度上融入公众;三要提升为民服务的能力,解难事办实事,在行动上融入公众;四要树立廉洁清正的公职人员形象,秉公用权,以身作则,在作风上融入公众。只有坚持做到以上几点,公职人员才能真正放下"官架子",充分融入公众,更好地为公众服务,最终赢得公众的信任和支持。

三、公关活动形象塑造

从根本上说,政府形象的塑造要以政府的实际作为为根本考量,也就是说,"行"胜于"言",政府要通过一个个具体的行政行为去影响公众、获取公众的认知和评价。因此,政府部门要在日常的公关活动中下功夫,将政府亲民、负责任、权威等形象透过实际行动传达给广大公众。当前,各国政府部门都在不断加强自身建设,在公关活动中力争给国内外公众以全新的形象。具体说来,政府部门可以在以下三个方面加强公关活动中的形象塑造。

第一,政府公关活动的安排、布置和传播本身能直接映射出政府的形象。政府公关活动是政府部门直接与社会公众接触、让公众全方位了解政府的最佳时机。政府部门要在其公关活动中融入更多的活动策略,以提升活动效果。这其中包括以鲜明的活动主题吸引公众视线;避免空洞的、口号化的宣传模式,寻找贴近百姓、为百姓所喜闻乐见的宣传技巧;组织工作做到系统、周密,对工作人员进行恰当的培训,加强危机管理;活动形式新颖多样,最大限度地迎合公众的心理需求,使众口不再"难调"。成功的公关活动的开展能够让公众真真切切地看到、感受到政府的工作能力、工作理念以及施政权威,良好的政府形象通过完备的公关活动才能得以很好的树立。第二,政府公关活动是塑造和传播政府人员形象的最佳时机。这里的政府人员既包括公关活动组织人员也包括参与公关活动的其他政府公职人员。他们在公关活动中所表现出来的沉着、尽职、严肃、活泼、亲民、随机应变等能力直接影响着公众对所有公职人员的印象。以"8·12"天津港特大爆炸事件为例,在最初举行的6场新闻发布会上,天津市分管安全生产的副市长都未到会,这引起了记者以及社会公众的普遍质疑。主要领导在面临危机事件公关时应该冲到最前面,哪怕不能有效解决事情,也要以积极的姿态勇于承担起应有的责任。另外,对于现场指挥救援以及具体伤亡等基本情况,出席新闻发布会的领导都不能给出明确的答复,很难不让外界对政府部门的工作能力产生怀疑。政府形象在公职人员一句句的"不知道""不了解情况"的回答中轰然倒塌。第三,在新媒体时代,每一次政府公关活动都是对外塑造国家形象、提升国家软实力的良机。互联网时代的到来使一个国家的所作所为无时无刻不暴露在世界各国的视线内。相应地,各个国家的公众也通过网络收看、收听其他国家的公关活动,形成对他国政府形象的了解和认知。从很大程度上来说,我国政府的公关活动可以看作国家对外传播的重要宣传部分。所以,做好政府公关活动的统筹、安排以及实施对政府形象的对内、对外塑造和传播都有很大裨益。

 思考题

1. 什么是政府形象?
2. 举例说明应当如何构建政府形象。

第十章　政府公共关系的工作技巧

政府公共关系活动中涉及一些具体的工作技巧，会影响到与公众的沟通及在媒体中呈现出的形象。本章具体介绍了与政府公共关系直接相关的礼仪、语言表达、接待、谈判等具体工作技巧。

第一节　政府公共关系的着装礼仪

在政府公关活动中，政府公职人员的着装是一国形象的代表，直接体现着公职人员的素质、专业能力和为民服务的水平。世界各国政府都十分重视政府公职人员的着装礼仪建设。国际上有专门的着装规则，简称 TDC(the Dress Code)，这一准则规定了公务人员在公关场合应该如何得体穿着。欧美和日韩国家都十分注重公务员的服装穿着。欧美作为 TDC 规则的发源地，不仅政府公务员乃至每一个社会成员都受其影响。日本提出的 TPO(time, place, object)计划就是对 TDC 进行的本土化、理论化的系统建设。韩国政府制定了公务员着装指南，同时允许公务员在非正式场合可以在不失风度的前提下自行择装。我国政府公职人员的着装礼仪建设相对较晚。随着国际化程度的加深以及中国在世界上地位的提高，从公职人员的着装上赶上时代和国际步伐、展示世界大国应有的风范，是当今政府形象建设和公职人员形象建设的重点。按照 TPO 计划，公职人员的着装要区分时间、地点和对象。本书将以地点为切入点，将政府公职人员的着装礼仪分为日常着装礼仪和特殊场合的着装礼仪两个部分进行阐释。

一、日常着装礼仪

通常情况下，政府公职人员的形象特别是个人的衣着是留给公众最直观、最鲜明的印象。即使是在政府的日常工作中，随意的着装也与政府工作人员的身份不相符，有损政府的整体形象。所以，对政府公职人员的日常衣着做出明细规定和要求是规范政府管理、密切干群关系、构建政府形象的重要举措。

在政府的日常工作中，政府公职人员主要面对的是普通社会公众，总体来说，他们的衣着应符合常规的审美标准，以大方、得体、庄重、朴素为主。具体情况要依据性别、季节、场合而有所区分。通常说来，政府公职人员的日常着装要符合以下基本要求。

第一，衣着整洁。对于政府公职人员的着装来说，最基本也是最重要的要求之一就是整洁干净。整洁的着装可以给人积极向上、值得信赖的形象，也是政府形象的基本体现。衣服不能有污迹和褶皱，上衣挺括、裤线清晰、皮鞋干净光亮。尤其是西装，在穿之前一定要经过熨烫和检查，有开线和裂口的地方要及时缝合好。夏天的着装要特别注意不能留下汗渍，做到及时更换，不能存有异味。时刻给公众一种整洁、清爽、干练的印象。

第二，公职人员着装要规范。我国的公安、工商、海关、司法等部门都有国家统一下发的制服，对于制服的穿着一定要规范，彰显公职人员的专业和气质。制服是正式的着装，要佩戴领带，有的还要佩戴肩章、胸牌。在基层管理人员中偶尔存在着外穿制服，内穿毛衣，下配休闲鞋子这样不规范的情况，有的甚至长发披肩、留胡须、佩戴色泽鲜艳的首饰。以上都是穿制服时不规范的现象，这些被忽视的小细节会给社会公众留下思想涣散、工作作风不严谨、缺乏敬业精神的印象。

第三，服装颜色搭配要适当，不得过分艳丽。一般而言，公职人员衣服的颜色不要超过三个色系。皮鞋、皮带、皮包应属于同一色系，与西装相一致，这也是通常所说的"三一定律"。西装颜色和领带颜色的搭配原则是男性公职人员必须掌握的。通常情况下，略带色彩的深色西装容易给人留下含蓄内敛、沉着冷静、沉稳干练的印象，所以男性西装多以黑色、蓝色或灰色为主，里面配以白色衬衫，领带的颜色一般以蓝色居多，也可以配暗条纹领带，袜子可选择灰色或黑色，鞋子以黑色为宜，如果是休闲场合，棕色的皮鞋也可以。

第四，政府公职人员的着装要体现整体上的和谐，注重全局效果，避免给人不伦不类的感觉。首先，服装整体搭配要和谐。上衣、裤子、衬衫、鞋子、袜子、裙子、皮包、皮带等在颜色、款式等各方面要相互呼应、协调配合。另外，服装要与穿着者本人的年龄、身材相适应。所谓的量体裁衣就是要求服装穿起来不能过紧也不能过松，做到随体而制。

对于公职人员的着装，虽然目前我国还未出台相关的政策法规，但北京、广州等城市已经做出了相关规定。以北京为例，早在2003年颁布的《北京市国家公务员行为规范》就明确规定，办公室工作穿着要整齐、稳重、大方。工作人员上班时不能穿短裤、运动裤，在办公室不得着超短裙。近年，随着我国服务型政府的推行，政府越来越重视公职人员形象和国家形象的建设。而政府公职人员大多数时间是在办公室办公，他们的日常着装能够比较全面地反映出公职人员整洁、大方、得体的个人形象和干练、严肃的专业形象。因此，公职人员要加强日常着装礼仪的意识，在日常工作中彰显政府公职人员形象。

二、特殊场合的着装礼仪

政府公职人员特别是政府领导人经常出席会议、采访、接待等公关场合，他们的衣着得体与否直接影响着自己甚至是政府形象的构建。按照公职人员所在不同场合，本书将特殊场合的着装礼仪分为会议着装礼仪、采访着装礼仪和接待着装礼仪。

第一，会议着装礼仪。这里所说的会议既包括国内会议也包括国际会议。对于国内会议而言，首先要在日常着装礼仪的基础上更加强调其着装的庄重性。例如，对于男性的西装来说，运动西装和休闲西装就不适合在会议场合穿戴，而要穿西服套装，并要根据自己的身材选择适合的版型，是宽松的美国版、合体适中的英国版还是比较紧身的意大利版。同时，在衬衫、领带、皮鞋、袜子、皮带、手表等要素的搭配方面要更加细心和讲究。美国总统奥巴马的会议着装一直为大家所称赞。在重大的会议场合，他总是穿着不变的深色西装，尖领衬衫上搭配红色或者蓝色的领带，以显示出自己"积极热情"或"冷静权威"的一面。因为奥巴马的身材属于高大偏瘦的类型，如果是合身的西装会显得他更加高大瘦削，所以他通常会选择肩宽超过肩膀的西装，脖子配上一个比标准衬衫领高1—3厘米的衬衫，这样可以让脖子暴露的部分不会显得很多。从整体上看，这样的搭配更显得干练和可靠，尤其是在会议上发表演讲时，这样的着装更能象征国家领导人的权威和公正。当然，参加日间会议还是晚间会议,国内会议还是国际会议,经济性会议还是政治性会议,公职人员的着装会有所区别。

第二,采访着装礼仪。政府公职人员在接受采访时,直接面对媒体记者乃至全国公众,他们的衣着能够比较近距离地展现在公众面前。所以,面对媒体采访时,政府公职人员要表现出更多的专业、放松以及亲民形象。美国总统奥巴马在接受媒体采访的时候就特别善于抓住公众的心理。曾有人夸张地说,奥巴马之所以能够竞选成功,是因为其时尚亲民的外表能够吸引20—40岁的所有女性选民。他在参加著名脱口秀节目"晚间秀"时,用黑色单排扣西服代替中规中矩的深蓝色西装,配上标准的白色衬衫和一条窄窄的浅蓝色领带。这套着装为他赢得了众多粉丝。就连好莱坞影后哈利·贝瑞都说:"我喜欢这套西服,我会给他的衣服投票。"由此看见,政府公职人员的媒体形象可以在很大程度上影响公职人员形象和国家形象。

第三,接待着装礼仪。这里面的接待既包括接待普通民众也包括接待上级领导和外宾。首先,通常情况下,在接待普通民众时,政府公职人员会近距离地贴近群众,体现出其亲民形象。自从上任以来,习近平总书记在各地巡视过程中都不系领带,穿着宽松的西服或者休闲西服,给公众一种轻松、亲民的印象。在与公众"打成一片"的方面,奥巴马的表现同样非常出色。他的穿着都非常简单,他钟爱美国老牌西服,符合主流审美又没有炫富的姿态。休闲西服通常只系一个扣子,再加上他标志性的笑容,充分显示出"美国式"的自信和从容。在接待外宾时,公职人员的着装在整洁、大方、得体的基础上,可以适当佩戴首饰、简单化妆,还可以适当加入民族元素。例如,在2014年的APEC峰会上,不仅中国政府公职人员身着具有民族特色的服装,其他各国领导人也纷纷穿上了立领、提花、对开襟、盘扣的中式服装,并在一年一次的"全家福"合影中集体穿"中国风"。这充分体现出中国传统文化的魅力,而且在世界范围内树立了鲜明的中国政府形象。

第二节　政府公共关系的语言艺术

语言是政府机构与社会公众进行沟通和交流的最重要的符号和媒介。语言运用的得体对于政府公共关系活动的开展以及政府形象的塑造具有积极的意义。政府公共关系语言是一个宽泛的概念,有语言学家和传播学家将广义的语言分为五类,即有声语言(言语或自然语言)、书面语言、无声语言(默语和体语)、类语言(说话时的重读、笑声和掌声)和时空语言(不同民族和文化有不同的时间观念和空间观念以及相应的行为方式)。而狭义的语言仅指有声语言。为了分析的条理性和方便,本书将政府公共关系的语言界定为狭义的语言,即有声语言,至于书面语言将在下一节单独讨论。

一、政府公关语言的基本要求

政府公关语言是结合了思维、语言、情境与情感的有机统一体。能够依据环境恰当地使用公关语言,使其言随意遣、情感丰富、风格多变是政府公关人员普遍追求的语言风格。但要求所有公职人员都达到上述要求显然是不现实的,因此对于普通的政府公职人员,设定公关语言的基本要求就变得十分实际和必要了。具体来说,政府公关语言的基本要求要包括以下四个方面。

第一,公职人员在日常工作中要使用规范的普通话。《中华人民共和国国家通用语言文字法》第十三条规定:"提倡公共服务行业以普通话为服务用语。"政府部门作为最大的公共服务部门,应该积极主动地推行普通话。我国有五十六个民族,像粤语、闽南语、上海话等地方语言与普通话有天壤之别。加之,随着现代化进程的加快,人口流动处于空前的活跃状态,各个城市的外地人都占很大的比例。如果政府机关只为自己方便大讲地方话,就很难达成正常的交流,自然影响其为民服务职能的发挥。因此,虽然法规中没有强制要求政府部门人员使用普通话,但很多地方都出台了相应的规定要求公职人员在工作期间必须说普通话,而且对普通话等级做出了具体规定。其中,江苏省就出台了《江苏省县域国家通用语言文字普及情况监测指标体系》,此监测体系明确规定公务员普通话水平应达三级甲等,而政府机关要率先普及普通话;汕头市 2015 年也制定相关推广使用普通话法规,要求政府窗口人员普通话水平达二级乙等以上。尽管各地在具体要求上有所区别,但有一点是一致的,即政府公关语言要以规范的普通话为基础,以实现更好地为公众服务的目标。当然,万事不能搞"一刀切"。我们把普通话作为政府公关的规范语言,并不是说反对使用本地话。在这里,公关主体就要考虑特殊情境的因素,将交往双方的身份、职业、经历、思想、处境、心情、语言行为发生的背景、场所、时间和话题纳入考量。例如,不会说普通话的老人到政府部门办事,那就需要政府人员灵活应变,用本地话接待。

第二,政府公共关系中所使用的语言要充分反映出政府的政治立场。政府公职人员是政府的工作人员,他们的一言一行都体现着忠于政府的政治立场,展现着政府为民服务的宗旨和遵纪守法、廉洁清正的工作作风。也就是说,他们的言论是他们政治立场的体现,这就要求政府公职人员不仅在工作中,即使在日常生活中也要在言行上保持坚定的政治立场,与反党、反社会的言论划清界限,做到立场坚定、认识统一、态度坚决。尤其是在新媒体时代,信息生成方便快捷,信息传播一日千里,政府公职人员更应该注意个人言论,不能在未弄清楚问题原委的情况下,人云亦云发表不当评论。同时,我国实行的民主集中制原则保障党员干部在重大方针政策的制定实施方面有充分的发言权。党员干部应自觉在言行上与中央保持一致,决不能"当面不说,背后乱说""会上不说,会后乱说""台上不说,台下乱说"。

第三,政府公关语言要充分实现"大众化",为公众所喜闻乐见。政府机构是面向老百姓的办事机构,要实现与他们的充分沟通和充分融入,就要在语言上采用为老百姓所熟知和喜闻乐见的语言,避免官腔、文件词汇、术语和故弄高深。例如在"官微"风行的今天,很多政府部门都开设了"官微",但语言枯燥、官腔明显的微博内容让公众很难买账。有报道称,在对北京十个部门"官微"的调查中发现,微博中所使用的语言僵化,官腔重。有些微博几乎就是政务公文的直接摘录,毫无"生气"可言,更不用说"接地气"了。因此,虽然近年"官微"中涉及政治的比重明显提高,但网友们并不买账。① 相反,在2014年"两会"期间,李克强总理所做的政府工作报告中则充分体现了平实、大众化的语言,深得民众认可。当谈到互联网金融等改革问题时,他说:"让金融成为一池活水,更好地浇灌小微企业、三农等实体经济之树。"当谈到雾霾问题时,他说:"我们要像对贫困宣战一样,坚决向污染宣战。"此外,他还使用"力拨千斤""最后一公里""约法三章"等为公众所熟知的词汇,平添了几分亲切。

第四,政府公关语言包括领会能力,即听与理解的能力。政府公关语言

---

① 转引自 http://www.china.com.cn/guoqing/2013-11/04/content_30488875.html。

的产生是源于政府公职人员通过对社会公共事务的解读所做出的言语上的表达,这种表达是以正确的解读为前提。也就是说,政府公职人员的倾听能力和理解能力是做出恰当的语言表达的基础。这也是为什么我国政府特别强调要深入基层、贴近群众,想人民群众之所想、急人民群众之所急的主要原因。增强公职人员的倾听和理解能力需要提高他们的思想政治水平、为人民服务的意识和专业的工作能力。也只有这样,才能使公职人员充分了解民众的需求、理解民众的意愿,从而将这种需求和意愿融入公关语言。也只有这样的语言才能充分体现公职人员为民服务的理念,赢得民众的欢迎,有助于政府形象的树立。

二、幽默与委婉

政府公关活动的成功不仅需要规范的普通话、"接地气"的大众化语言,同时,必要的幽默和委婉对于轻松氛围的营造、策略性地表达本意有着重要作用。可以说,二者都在一定程度上起着润滑剂的作用,在政府公关活动中发挥着"缓冲"和"软化"的特殊功能,体现着公职人员控制对话,协调场面,以迂回曲折的含蓄语言表达本意的能力。

幽默是借助意味深长的诙谐语言来传达信息的一种语言技巧。通常情况下,可以通过类比、夸张、拟人、比喻、假设、模仿等方法实现幽默的目的。例如,在罗斯福出任美国总统之前,曾在海军任职。有一次,一位朋友向他打听海军建立潜艇基地的计划。罗斯福看看四周,并压低声音问道:"你能保守秘密吗?"朋友拍拍自己的胸膛并回答道:"当然能。"罗斯福笑着说:"那么,我也能。"在这里罗斯福运用模仿的技巧,在获知对方"能保守秘密"的同时,也模仿对方的逻辑和回答方式,说自己也是"能保守秘密的"。这种幽默的表达方式既避免了拒绝朋友的尴尬,又巧妙地证明了自己的立场,可以说达到了一举两得的目的。这样的例子在我国政府公职人员中也比比皆是,特别是政府领导干部逐渐意识到幽默的魅力和在特定场合的特殊作用。在李肇星出任中国驻美国大使期间,有一次他在美国的俄亥俄州立大学演讲时,一位老太太问道:"你们为什么要侵略西藏?"李肇星没有直接回答,而是亲切地问道:"夫人,您是哪里人?"老太太回答:"我是德克萨斯人。"李肇星耐心地给她解释:"你们德克萨斯1848年才加入美国,而早在13世纪中叶,西藏已列入中国的版图。您瞧,您的胳膊本来就是您身体的一部分,您能说您的身体侵略了您的胳膊吗?"李肇星的解释让老太太心悦诚服。最后,她热烈地拥抱李肇星,连声说:"谢谢您,谢谢您让我明白了历史真相。"李肇星幽默的回答不仅澄清了老太太的错误认识,也加深了美国人民对中国的了解,改变了它们对中国的印象。

  委婉这种语言修辞方法使主体能够回避或掩饰一些忌讳的词或使人不快的、刺耳的词,以避免产生尴尬、难堪的局面,从而达到较好的语言交际效果。从本质上说,委婉语作用的发挥离不开比喻、借代、双关等修辞方法的运用。首先,比喻这一修辞主要是根据禁忌事物的特点,将其描绘成具有相同特点的、可接受的其他事物,从而在交往中达到避俗的功能。在公关活动中,有的行为不便描述和表达,像表示正常生理现象、死亡等不便直说的情况,应尽量避免使用粗俗直白的语言,以避免交际中的尴尬和唐突形象。例如,恩格斯在马克思墓前的讲话中说:"3月14日上午两点三刻,当代最伟大的思想家停止了思想。……他在安乐椅上安静地睡着了——但已经是永远地睡着了。""死亡"是人们普遍忌讳直接使用的词汇,恩格斯借助"停止了思想"和"睡着了"这样的隐喻委婉表达马克思死亡的事实。其次,借代可以将人们不愿意直接表达的词用委婉间接的方式表达出来。例如,在北京的一次记者招待会上,一位西方记者问周恩来总理:"请问,中国人民银行有多少资金?"周恩来说:"中国人民银行的货币资金嘛,有18元8角8分。"从以上例子中,我们可以看出记者的问题涉及国家机密,但在这种场合周恩来还不能拒绝回答这一敏感问题。他巧妙地将"银行资金"转译为人民币发行的面额总数(10元+5元+2元+1元+5角+2角+1角+5分+2分+1分=18元8角8分)来回答记者的问题。最后,双关利用语音或语义条件,有意使语句同时表达表面和内里两种意思,言在此而意在彼。一方面,双关使表层意思直接显现出来;另一方面,深层含义通过委婉方式表达出来。例如,在第二次世界大战期间,英国首相丘吉尔找罗斯福总统寻求援助。当时,丘吉尔正在洗澡,面对这一局面,丘吉尔不愧为语言大师,他自嘲地说:"总统先生,您瞧,我这个大英帝国的首相,可是什么都没对美国总统隐藏啊!"这句诙谐的双关语,不仅帮助丘吉尔摆脱了尴尬的困境,同时也表明了英美之间亲密的伙伴关系,以及自己此行求援的坦诚态度。

三、语言表达技巧

政府公关语言技巧不仅包括语言使用得规范、灵活,同时在表达时,说话人的语调、语速、手势等表达技巧都会直接反映出言说者的态度、信心和真诚度。本书将从语调、语速、肢体语言和表情四个层面着重探讨政府公关语言表达方面的技巧。

第一,语调。语调是指一句话里声调高低、抑扬、轻重的配制和变化。语调的构成要素较多,一般可以区分为停顿、语句重音和声音升降三个部分。停顿是句子内部以及句子之间的间歇,在什么地方停顿是由表达的需要所决定的。停顿技巧的掌握能够恰如其分地表达言说者的交流意图,达到很好的交流效果。有一次,周恩来总理与国民党的代表谈判时,以自己犀利的语言驳得对方理屈词穷。国民党代表恼羞成怒,说同我方谈判是"对牛弹琴",周总理灵机一动,说:"对,牛弹琴!"在这个例子中,周总理巧设停顿,收到了奇妙的表达效果。语句重音和声音升降都是在说话的过程中有意地把某些词语说得响一些、突出一些,以达到唤起听者对某些词语注意的目的。在2015年的政府工作汇报中,当谈到惩处腐败分子时,李克强总理提高声调说:"……加大行政监察和审计监督力度,推进党风廉政建设和反腐败斗争,严肃查处违纪、违法案件,一批腐败分子得到应有惩处。"特别是最后的几个字"应有惩处",总理不仅放慢了语速而且明显加重了语气,充分传达出中央惩治腐败的决心和信心。

第二,语速。语速是单位时间内人们所呈现的文字或表意符号的速度。语速的变化是表情达意的重要手段,直接影响着交际效果。一般来说,主要发言人语速一般较慢,因为他要回答记者提前准备好的问题,而记者、翻译、主持人等的语速则相对较快。主要发言人的语速要灵活多变,切忌语速太过均匀,因为那样会给人一种官腔十足、照本宣科的感觉。正确的做法是,对于介绍性的内容可以适当加快语速,而对于重要的建议、意见、措施等则要放慢语速,使有价值的信息更好地为公众所注意。

第三,肢体语言。这里的肢体语言包括常见的手势语和人的站姿、立姿及行姿。丰富的肢体语言对于成功的讲话或发言有重要的辅助作用。据美国心理学家艾帕尔的研究证明,在一次成功的表述中,肢体语言的重要程度占比55%左右。它具有突出重点、强化内容、创造共鸣的作用。首先,手势语是人类最早、最原始的交际语言,即使在各种高科技语音设备盛行的今天,手势语依然在交流中占有重要的地位。同样,手势语在政府公关活动中的使用也十分广泛,然而政府公关活动作为庄重、严肃、偶尔涉外的场合,手势语的使用要格外讲究。例如,讲话时食指不能指向对方,中指更不能对外竖起,握手的频率、轻重、时长、方式,挥手的高度、时长等都影响着公职人员的形象和交流的有效性。其次,人在公共场所出现时的站姿、立姿和行姿不仅对个人表达起到辅助作用,同时也是个人形象的基本表征。对于坐姿而言,根据性别和场合的不同,应采取不同的坐姿。男性微微张开双腿而坐,是稳重、豁达的表示;将一条腿架在另一条腿上,是轻松、自信的表示。女性并拢双膝而坐,是庄重、矜持的表示;双腿交叉而又配合交臂的姿势,是一种自卫、防范的表示。同时,在外事谈判、会议、演讲、与公众座谈、庆典等不同场合宜采取不同的坐姿。对于站姿而言,基本要求是抬头挺胸、双目平视,自然站立,给人一种愉悦、自信的感觉,切忌交叉双臂,一般也不要背手,可以左手握右手手腕置于小腹前(女性一般是右手握住左手),不要将身体重心放在一条腿上,这样会给人一种不庄重、不亲民、太随意的印象。对于行姿而言,基本要求是后背挺直,目视前方,双臂自然摆动,双腿以均匀的步伐迈出,不要拖着脚走路制造出刺耳的声响,更不能自顾自地走路不顾及周围人走路的速度。当然,不同的场合需要采用不同的行姿。日常工作场合宜采用上文所说的标准行姿;参加仪式检阅等礼仪性场合,则需要步伐矫健,步率、步伐适中,以示庄重和礼貌;慰问家属或参加追悼会时,步伐宜小且慢,以示沮丧和沉痛。

第四,表情。人类丰富的面部表情是人类展现内心情绪、传达感情、交流思想的重要工具。眼睛、眉头、嘴、鼻子是表情语最集中、最丰富的地区,说话者在说话的时候配合恰当的表情语会使自己的言说更加富有成效。以眼睛为例,炯炯有神的目光和麻木呆滞的目光会向听者和观众传达完全相反的交流信息和情感。在公关场合,政府公职人员的目光和眼神是其心灵和感情的代表,有胜过千言万语的功效。2014年四川鲁甸地震期间,国务院总理李克强亲自到医院慰问受伤者,他俯身在病床旁,不时帮伤员拉拉被角盖严被子,同时,安慰重伤病人并承诺伤员的救治费用由政府负责,一定会让每个伤员得到精心治疗。在与患者的交谈过程中,他一直在用关切、执着、坦诚的目光与他们交流,几位伤者都被总理的真诚与关怀所感动,流下了感激的泪水。

讲话时眼神的交流是重要的,同时也是十分有讲究的。例如,目光注视的时间不能太短也不能太长,应维持在谈话时间的20%—60%之间。眼神交流的时间太短,容易使听话者产生被忽视之感;如果超过这一平均值,又显得唐突、不礼貌,似乎对听话人的关注超过了对谈话内容的关注。目光注视的部位也有相应的要求。一般情况下,对于距离较近的谈话来说,应将视线停留在对方的双眼和胸部之间的三角部位;对于稍远距离的谈话,视线应落在双眼与嘴部之间的位置。最后,还应注意目光注视的方式。在公关活动中,当进行个别交谈时,应采取正视的方式;当公众比较多时,就要以正视和环视相结合的方式,避免使任何人产生被忽视和冷落的感觉。恰当的眼神交流能够营造和谐友好的气氛,帮助讲话者更恰当地传递交流信息,圆满实现公关目标。

第三节 政府公共关系的接待技巧

接待工作是政府公共关系活动中不可或缺的一部分。做好接待工作不仅可以促进政府部门与外部的信息交流,同时也可以展现良好的政府公职人员形象和政府形象。政府公共关系接待技巧包括诸多方面,本书从严格规范公关接待程序、充分关注细微之处的礼仪、着重体现主宾各自的文化特色三个方面展开讨论。

一、严格规范公关接待程序

政府公关接待是政府工作的重要组成部分,在塑造政府形象、加强对外沟通等方面发挥着窗口、桥梁和纽带的作用。因此,依据科学、规范、实用等原则制定政府公关接待程序是十分必要的。目前,我国各级政府依据自己的实际情况都制定了相应的接待方案,但在规范性上还有待加强和改进。一般来说,按照时间的推移,政府公关接待可以划分为以下四个程序。

第一,准备阶段。从接到上级指示到来宾到来之前这段时间属于准备阶段。当接到正式通知以后,政府公关人员就要根据来访目的、活动时间和领导要求等会同其他相关部门一起拟订接待方案。接待方案包括:活动的时间、地点、内容、参加人员、活动承办人、接待人、住宿、餐饮、会议室、旅游参观、接待分工、接待预算、时间进度表等多个部分。然后将拟订方案报送上级领导审阅。经过审阅、修改、批准后的方案可以被视为本次接待活动的指导性方案。方案确定以后,公关部门要将方案及时报送有关领导和部门,并安排相关人员落实方案。方案的落实是其中最重要也是最烦琐的一部分。从会议旗帜、条幅、席位卡的制作到接待用车的安排,从会议室的布置到餐饮菜肴的选择,需要公职人员的耐心、信心和合作。因此,各部门的分工合作、密切配合就变得十分重要。因为接待工作不是公关部门自己的事,它可能涉及很多机关和部门,只有各个部门各司其职、及时沟通才能省时、省力、高效地完成接待准备工作。

第二,迎客阶段。一般应根据来宾的身份、职位等综合考虑由相应领导、部门或职务相宜的人员去迎接。接待人员需要提前了解清楚来宾所乘交通工具的车次/班次、路线以及抵达时间。根据来宾身份的不同决定是否在接待现场举办欢迎仪式。如果是重要的外宾来访,一般都要提前到达机场,准备好红毯、鲜花等,安排好欢迎仪式。如果是一般的接待,也要提前半个小时左右赶到接客地点,携带好接站牌,等待来宾的到来。客人到达后,应主动上前问候并做自我介绍和引见。上车时,应先请来宾上车,并核准人数和所携带的物品。待来宾坐稳后再开车,在车上可以做简单的交谈,以帮助来宾尽早了解本地情况,直至将来宾安全送达会议地点或下榻宾馆,迎客阶段才顺利结束。

第三,待客阶段。在把来宾接到以后至送走来宾这段时间都属于待客阶段。这个阶段持续的时间较长,而且主宾双方会有比较密切的接触,所以规范、有序地做好这个阶段的接待工作可以促进主宾之间的交流以及政府形象的树立。在这一阶段,主要的事宜一般包括会议、茶歇、餐饮、住宿、参观旅游等。对于每一个事项,公职人员都要提前做好安排,依据来宾的个人喜好以及上级指示做好相应的接待工作。限于篇幅,本书仅以待客阶段的会议为例来阐述公关接待规范。来宾参会之前,会议人员要组织来宾到固定地点签到,并将附有会议议程、会务组联系方式、会议地点简介、会议周边的出行信息等情况的会议手册发放到来宾手中。然后,会议人员要做好会场布置,这其中包括:设置会议指示牌,张挂主题横幅,准备笔、水、电脑等会务用品,摆放席位卡,调试电脑和音响设备,准备茶歇,检查会场座椅、灯光等设备,联系摄影、摄像人员等。会议开始以后,会务人员要随时在会场待命,满足来宾的临时需要。在会议结束后,会务人员要将会务用品按序收好,并做好会议的收尾工作。

第四,送客。来宾离开时,应根据需要恰当安排送行。送别地点可以视具体情况灵活安排。既可以到车站、机场送行,也可以在来宾下榻的宾馆送别。对于外国贵宾、远道而来的来宾、关系密切的协作单位负责人、年老体弱的来访者以及携带行李较多的人士宜安排送行到车站或机场。同时,如果是接待外宾等比较尊贵的来宾,在送客时一般都要赠送给来宾礼物。馈赠礼物之前要先了解来宾的身份、爱好、民族习惯、其所在国或地方风俗禁忌等,以免带来不必要的麻烦。另外,在礼品选择方面,要避免礼物过轻,使对方产生不受尊敬的猜疑;也要避免过重,使对方接受礼物有受贿之嫌。一般要根据来宾的兴趣爱好选择比较有纪念意义的,同时在思想性和艺术性上都不落俗套的礼物。

二、充分关注细微之处的礼仪

不同于政府公关谈判,政府公关接待要时时刻刻体现出接待方的热情、礼貌和修养,尤其是在不为人所注意的细微之处更能彰显一个政府的工作能力和良好形象。除了前文所讲的着装、语言方面的礼仪,本书以座位安排、导引、握手为例,简要说明公职人员如何在接待的细微之处体现出接待礼仪。

首先,座位安排。座位安排既包括乘车座位安排、会议座位安排也包括餐桌上的座位安排。乘车时,一般来说,司机后座是领导席或主宾席,后座右侧为陪同席或主人席,司机旁边座位为警卫席或秘书席。所以,最重要的来宾应坐在司机的后座。会议座席的安排一般以右为上,左为下。如果是普通的会谈,通常用长方形桌子,宾主相对而坐。以入门方向为准,主人位于左侧,来宾位于右侧。主谈人居中,其他参与会谈的人员按顺序依次向右排列。如果有翻译人员,应安排在主谈人右侧。记录员可安排在后面,也可安排在会谈桌一侧就座。如果是大型会议,依然是以右侧为上,主席台按照参会领导的级别高低左右顺次排列。就餐时,如果有多张餐桌,那么仍然按照以右为上,内侧为上,居中为上的原则排列餐桌。在一张餐桌上,主人一般面对着餐厅的主门,有两位主人时,第二位主人与第一位主人相对而坐。按照以右为上的原则,主要的来宾坐在主人的右侧,主人的左侧为第二宾客,第二主人的两侧亦同。同时,中国有好事成双的传统,因此,一张餐桌上座位数最好为双数,以示吉祥。

其次,导引。在接待过程中,由于来宾人生地不熟,接待方的导引就显得十分必要和重要。接待方必须安排专门的导引人员,同时根据接待安排可以在不同地点安排不同的导引人员。导引人员要对来宾所要进行的路线十分熟悉,并做到耐心、热心、周到服务。在比较宽阔的走廊等地点,导引人员要走在来宾的左前方数步的位置,这样方便他们不时侧身观察来宾的行走情况,并用右手进行导引。在转弯处或者上楼梯时,要有礼貌地说:"请这边走",并回头用手示意。如果去距离较远的地方,导引人员应与来宾进行比较轻松的交谈,活跃一下气氛。当把来宾送到指定地点时,导引人员应明确告诉来宾"这里就是",并把来宾交给在场的其他负责人员。如果此时房门是关闭的,导引人员应敲门,等房间内有回声再推开门。如果房门是往里开的,导引人员要自己先进去,扶住门,做出请的手势,请来宾进入;如果房门是往外开的,导引人员拉开门并扶住门,请来宾先进入,然后自己再进入。

最后,握手。主人与来宾第一次见面时,主人将来宾引见给其他人时,都会涉及握手。因此,了解并熟知握手的礼仪对于一次热情、周到的接待十分必要。握手礼仪首先要注意握手双方的性别。如果是同性之间的握手应当有力,以示热情友好;反之,蜻蜓点水式的握手会使对方产生冷淡、疏远的感觉。如果是异性之间的握手则无须用力,只需要轻轻握一下就好。从握手顺序上看,主宾之间,主人要主动伸手;异性之间,女方伸出手后,男方才能伸手相握。多人相见时,不能交叉握手,也就是说,当两人握手时,第三个人不要把胳膊从上面架过去,急着和另外的人握手。从握手的时间上看,握手的时间以 1—3 秒为宜,不可一直握住别人的手不放。当与身份高于自己的人握手以及异性之间握手时,时间不宜超过 1 秒。如果要表示自己的真诚和热情或者已经是比较熟识的关系,也可以较长时间握手,并上下摇晃几下。握手的同时,要双眼注视着对方,微笑并向对方问候致意,此时不能将头转向第三方或显得心不在焉。

三、着重体现主宾各自的文化特色

对于接待方来说,接待工作不仅意味着为来宾做好服务工作,同时,也可以透过接待工作使来宾对接待国或地区有更好的了解,深化他们对接待方的感情,以达到更好的交流和沟通。如果在接待工作中,恰当融入本国或本地区的特色文化,既能起到宣传本国或本地区文化的作用,与此同时,用深具民族特色的方式接待来宾,也能展现他们对来宾的重视,提升其在来宾心目中的形象。尤其在现代的国际交往中,各国都十分注重用具有本国文化的礼仪来接待外宾。以在韩国首尔举行的第五次 G20 峰会为例。不仅会场内外随处可见穿着民族服装的工作人员,首尔还举办了大型服装秀活动以迎接各国嘉宾的到来。现在我们在很多国际赛事上都能看到工作人员通常都穿着具有本民族特色的服饰为到场的来宾服务。这其实起到了一举两得的效果。一方面,接待方不失时机地对自己的本国文化进行了宣传,达到了一定的传播效果;另一方面,来宾也设身处地地感受到了异域的文化,对其有了更加深入的了解。另外,对于到访的嘉宾,主办方一般会赠送具有地方特色的礼品。例如,我国领导人对于到访的外国嘉宾一般会赠送剪纸、苏绣、京剧卷轴画、景泰蓝陶瓷、茶具等具有中国特色的礼品。这也是在接待活动中注重体现接待方文化特色的重要表现。

另一方面,对于来宾而言,他们是政府公关接待的对象,一切接待活动都是围绕着来宾而展开的。因此,充分了解来宾的需要,时刻以来宾为重,在接待工作中体现来宾所在国或地区的文化特色是拉近主宾关系,体现主办方尊重和重视来宾,提供周到服务的有效方式。以为来宾准备的餐饮为例,接待方会根据来宾的特点、喜好以及其所在国传统为来宾准备饮食。例如,如果来宾是沙特阿拉伯人,由于他们大多数都信奉伊斯兰教,日常饮食习惯有很多禁忌,当然他们在饮食上也有一些偏好。在了解了沙特阿拉伯人的饮食禁忌、喜好的基础上,接待方就会在餐饮方面按照他们的口味准备饮食,避免他们禁食的东西出现在餐桌上,造成不必要的尴尬。

政府公关接待工作是接待方与来宾的双向互动活动,双方的文化背景是其互动的基础。因此,在交流中充分体现主宾双方的文化特色十分必要,也是达成顺畅沟通的基本要求。

第四节　政府公共关系的谈判技巧

谈判是政府公共关系中经常使用的解决争端、协调利益的沟通方式。特别是在社会生活日益复杂、各国联系越来越紧密的今天,国家内部以及国家之间的利益冲突不能简单地以武力方式加以解决,而是应回到谈判桌前,通过协商加以解决。按照不同的标准,谈判可以划分为不同的种类。按照谈判内容可以将谈判分为政治性谈判和经济性谈判;按照谈判主体以及其双方的关系可以将谈判分为双边谈判和多边谈判、水平谈判和垂直谈判;按照谈判模式可以将谈判分为传统式谈判和互惠式谈判。但不论哪种类型的谈判都要经历前期的准备、谈判的实施和协议的达成这三个基本步骤。本书试从谈判前的知己知彼精心准备、谈判中的讲究策略沉着应对和谈话后的适当让步达成协议三个方面对政府公共关系的谈判进行分析。

一、知己知彼,精心准备

政府公共关系谈判是在对谈判事宜、对象等各个方面充分了解的基础上展开的智力竞赛,需要谈判者对谈判中可能遇到的情况进行全面的估计,做到知己知彼,百战不殆。在谈判开展之前,谈判者要在以下四个方面做好准备。

第一,对谈判事宜有充分了解。谈判事宜是谈判开展的缘由和基础,要想在谈判过程中表现自如,不成为对方的笑柄,把握谈判节奏,以致最后赢得谈判,对谈判事宜的充分掌握是十分必要的。谈判事宜首先应包括所要谈判的事情本身,但绝不仅限于此。事物之间存在着普遍的联系,一场经济性的谈判背后一定存在着更深层次的政治原因。谈判者要将谈判事宜所涉及的其他方面因素尽可能全面地考虑进去。以2018年以来的中美贸易争端为例,中国在与美国进行贸易领域的谈判时,不仅需要了解美国在国际贸易领域的想法,更重要的是要了解美国在国际贸易领域采取如此咄咄逼人的态势,其背后有着重要的国内政治考量,涉及执政党及在任总统如何获得更高的国内支持率,同时,这也涉及国际地缘政治,美国需要在全球维持自己的霸权,经济打压是实现政治意图的重要途径。因此,中美贸易争端涉及许多其他领域的问题,这些都是需要谈判者深刻了解的。

第二,对谈判对象有充分了解。谈判对象要区分为国内民众还是国际公众。面对国内民众的谈判是主体利益一致基础之上的人民内部矛盾;而国际公众则要区别对待,各个国家的公众性格差异较为明显。如果谈判对象是美国人,他们的历史文化传统决定了他们较为外向型的性格特征。在谈判过程中通常表现为自信、直率、果断、幽默等特点,且善言辞。他们对时间要求比较苛刻,珍惜时间,重视最后期限;重视合同,法律意识比较强;谈判方式灵活多样,善于变化。只有了解了美国人的谈判特点,才能有针对性地制定谈判策略。例如针对美国人珍惜时间这一点,中美双方的谈判一般时间不宜过长,传统的想从生理上、精神上瓦解对方斗志的"拖"的策略在与美国人的谈判中不太适合。除了对对方谈判者的性格有充分了解之外,他们的文化程度、专业知识、兴趣爱好,甚至是他们的家庭情况都要尽量掌握。另外,对方组织的基本情况、谈判的目标、对方的优势和弊端也是需要了解的重点。

第三,对谈判目标有充分了解。谈判双方在进行正式谈判之前都会制定出自己的谈判目标。一般情况下,为了应对谈判形势的变化和给自己留有余地,谈判双方都会制定出几个不同的谈判目标。这一般包括最优期望目标、可接受目标和最低目标。最优目标是对谈判者最有利、最理想的目标。实际上,最优目标只是为谈判指明了方向,实际的谈判结果可能距离这个目标会有一定的差距。但最优目标能够起到鼓舞士气、提高谈判起点的作用。最低目标是谈判者在谈判中所要达到目标的最低限度。这一目标是谈判的底线,可以说越过这一底线就毫无讨价还价的余地。如果不能实现,那么谈判就只能破裂,没有可能再做出退让。可接受目标是在综合考量谈判双方的主客观因素的基础上,经过科学论证、预测之后所确定的目标。可接受目标不是一个固定不变的点,它是指一个滑动的区间。这个区间就是在最优目标和最低目标之间。可接受目标是在谈判过程中经过双方的努力或适度的让步才能够达成的。谈判目标是根据自己以及对方的实际情况制定的,是在实用、合理的基础上制定的,但谈判目标并非是一成不变的,它是要随着谈判进展做出适当调整的。谈判目标既是谈判的出发点,也是谈判的归结点,只有充分地了解这些目标,才能恰当地在谈判过程中把握谈判的节奏,选择谈判策略,指导谈判活动。

第四,对谈判中可能出现的所有问题有充分的心理准备。谈判会场就如同战场一样,形势随时都有可能发生变化,机会也可能稍纵即逝。因此,在谈判开始之前,谈判者就需要对可能出现的情况进行一一的分析和研判,商量出恰当的对策。一般情况下,谈判者针对每一个可能出现的问题都会设想出几套不同的解决方案以应对形势的变化。为了更好地应对谈判时特殊问题的出现,谈判者通常会在正式谈判开始之前举行一些模拟谈判。也就是说,按照正式谈判的形式,将人员分成两组,进行对抗性的谈判,然后根据模拟谈判提供的参数,设立分析模型,最终找出对方"底线"和让步幅度,并以此确定一种既能保持公平,又不会使自己吃亏的最佳方案。[①]

二、讲究策略,沉着应对

正如前文所说,谈判会场就如同战场。在战场上要讲究战术,同样,在谈判中也需要谈判策略的运用。也就是说,谈判开始以后,谈判者要针对谈判的具体情况采用不同的策略,而且这些策略的运用要有一定的系统性、灵活性。所谓系统性是指策略往往成龙配套,一技多策;所谓灵活性是指策略的行使要依据不同的情况、不同的对象、不同的时间和地点,即使是固定的策略模型在不同的情境下也要进行适当的重新排列组合。除了上文中介绍的着装技巧和语言技巧以外,政府公关谈判还要注意以下策略的综合运用。

首先,既要有耐心又要懂得抓住时机。一场谈判通常都要耗费几个小时,偶尔还要进行多轮谈判才能最终达成协议。因此,耐心和忍耐是十分必要的。有时候谁先失去耐心,谁就丧失冷静,从而轻易做出让步,使谈判结果低于自己的最初目标。这里所说的耐心不仅包括谈判桌上的耐心,同时也指谈判人员不受外界尤其是媒体舆论的影响,掌控自己谈判的节奏,耐心等待时机的出现。说到时机,谈判中的时机可能稍纵即逝。这就要求谈判人员有敏捷的思维、善于观察的眼睛和灵活的头脑。一旦机会出现就要立刻把握住,不能犹犹豫豫,优柔寡断。其次,善于利用出其不意的策略打破僵局。每个谈判可能涉及很多方面的内容,尤其是在外事谈判中,各国利益至上,分毫不让。所以,谈判中的僵局局面时有出现。当谈判陷入僵局时,既要适当坚持自己的立场,让对方做出让步,同时也要集思广益、开动脑筋寻找打破僵局的方法。因为,长时间僵局局面的持续对谈判双方都没有好处。这时,如果有一方能够暂时跳出原有的框框,另辟蹊径,突发奇兵,那么

---

① 陈耀春.中国政府公共关系[M].北京:中国经济出版社,1998:270.

就会使对手感到出其不意，措手不及。如果在没有其他更好的解决办法的情况下，对方就不得不接受你的提议，做出让步。这样既打破了僵局也使双方达成了协议。20世纪80年代中期，在美苏冷战期间中，两国曾因高级导弹的裁减问题僵持不下。时任苏共总书记的戈尔巴乔夫毅然抛弃"一揽子"裁军立场，提出先就欧洲中远程导弹达成协议的零点方案，使美国及其同盟国耳目一新，从而打破了谈判僵局，推动了谈判的进程。再次，谈判者之间要注意配合。谈判团队一般由两人、三人或者四人组成，最多的一般不会超过五人。团队成员之间由于长期的了解和合作已经达成了某种默契，使他们在谈判过程中能够知晓各自所应扮演的角色。例如，在谈判中，如果团队中的一人表现得比较咄咄逼人、立场强硬，让对方产生畏惧甚至反感，团队中的其他成员就可以表现得谦和、诚恳、温文尔雅，要抓住对方心理，从心理或情感上使对方产生共鸣，达到以退为进的目的。以我国的信访条例为例。《中华人民共和国信访条例》第一章第三条规定：各级人民政府、县级以上人民政府工作部门应当做好信访工作，认真处理来信、接待来访，倾听人民群众的意见、建议和要求，接受人民群众的监督，努力为人民群众服务。这一条款只规定工作人员要接待来访，为人民群众服务，但对于怎样接待、怎样服务却没有具体款项。试想，情绪激动、满腹怨气的老百姓来到信访部门投诉，如果政府公职人员能够热情、诚恳地接待他们，并耐心听取他们的意见，承诺尽快解决问题，并将问题的处理结果主动通知他们。那么即使问题的解决令他们不是很满意，也会在情感上感叹政府的尽职尽责，甚至主动放弃自己的部分诉求。

三、适当让步，达成协议

谈判的最终目的是达成协议，必要的让步不是示弱的表现，而是为了达到既定目标的策略调整。从本质上来说，谈判的过程是一个求同存异、协商合作的过程。那种输—赢的谈判模式早已被赢—赢的谈判模式所取代，应把谈判看作合作，是双方共赢的一场合作。中国古代谚语中有"人至察则无徒，水至清则无鱼"的说法，应用于政府公关谈判中就可以理解为在双方或多边谈判中，存有不同看法，甚至协议达成后，双方对一些问题的看法仍存有歧义也是正常的。政府公共关系中的谈判是要尽量使自己的观点、利益向对方靠拢,尽量求同存异,这样才有助于最终协议的达成。可以说,在任何一场谈判中都不是以一方的完全取胜、另一方的完全失败而结束的。谈判双方在求同存异、互利共赢的基础上,都会做出适当的让步。

思考题

1. 政府公共关系的工作技巧有哪些方面?
2. 举例说明政府如何与公众进行沟通。

第十一章 政府公共关系的传播效果

政府公共关系活动效果的评估是积累工作经验、提升政府公共关系水平和能力的基础。本章主要介绍了政府公共关系效果评估体系、评估方法以及改善的途径。

第一节 政府公共关系的传播效果评估体系

一、我国政府公共关系传播效果评估现状

现有的文献显示，目前我国对互联网公关传播效果评估、政府新闻发布特别是突发事件政府新闻发布传播效果评估有一些研究，设定了评估指标和操作化定义。但将政府公关传播作为一个整体，制定其传播效果评估体系的尝试尚未发现。与此同时，为适应政府公关工作规范化、科学化的要求，从政府层面到媒体层面再到受众层面，对建立政府公关传播效果评估体系的呼声越来越高。首先，从政府层面来说，近些年，由于转变政府职能的需要和适应传播国际化的需要，政府公关活动的数量逐年增多。然而，虽然政府的公关活动开展得有声有色、如火如荼，但对于受众是否知晓、是否接受、是否赞同就不甚了了，很容易造成政府和公众沟通的脱节，使政府公关活动成了政府自己的"自演自看"，无法实现其公关目标和传播效果。其次，在网络化、信息化时代，受众已经不再是传统的信息接受者，他们希望自己也能够积极地参与到信息的传播和生产过程中。所谓的"人人都有麦克风"的时代赋予了每个受众发言的权利和能力。对于政府公关活动，受众不仅可看、可参加，同样可以进行积极的评价，提出自己的意见和建议。他们发声的愿望十分迫切，逐渐增强的民主参与意识和技术的便利使受众对政府公关传播效果有更多

的发言权。最后，媒体作为政府公关活动的传播渠道直接决定着传播效果的好坏。媒体不是简单的传声筒，媒体具有对公关信息进行再加工、再生产的能力。可以说，媒体对公关信息的传播力度、报道倾向对于公关信息的传播十分重要。但如何掌握"度"的问题，做到既满足政府公关传播的需要，又迎合受众的收看、收视兴趣是问题的关键所在。对于媒体而言，如果有相应的评估体系作为参考，就会增强媒体宣传的针对性，提高媒体的工作效率。

目前，我国政府公共关系传播效果评估体系处于严重缺位的阶段。究其原因，一方面，这与我国现行的政治体制有关。我国的政府机构既是制度的制定者也是制度的执行者，这在很大程度上影响着自我评估的专业性和公正性。另一方面，寻求第三方权威机构对政府公关传播效果进行评估仍在探索之中。在第七章中，我们曾谈到我国的政府新闻发布在评估反馈环节为保障评估的客观性和权威性，委托第三方的学术研究机构清华大学新闻传播学院和复旦大学新闻学院进行评估。与此同时，一些发达的城市，如广东、江苏等省也尝试邀请第三方效果评估机构对新闻发布效果进行评估，但目前各级政府新闻发布效果评估机制的全面建立还远未启动。政府新闻发布是政府公共关系的重要组成部分，其完善程度在一定程度上代表着政府公关传播效果评估体系的完善程度。也就是说，我国的政府公关传播效果评估体系还尚未建立。

从政府、媒体、受众对建立政府公关传播效果评估体系的迫切要求以及目前我国公关传播效果评估体系的缺位两个角度来看，加快推进政府公关传播效果评估体系的制定和建立势在必行。

二、建立政府公共关系传播效果评估体系的重要性及意义

在第三章政府公关活动评估的意义中，本书论述了政府公关活动评估有助于总结公关活动的缺点和不足，有助于政府公关目标的优化，有助于加强公关活动的完整性和系统性。政府公关传播效果评估属于政府公关活动评估的一部分，也就是说，效果评估具有同政府公关活动评估相同的意义。此外，效果评估也具有其本身的特殊性，因此，单列一个小节讨论建立政府公关传播效果评估体系的重要性及意义。

第一，对于公关活动的实施者即政府而言，政府公关传播效果评估体系

的建立使其公关活动变得"有章可循""有的放矢"。科学合理的评估体系的建立使政府公关活动有了方向和指针,便于政府部门依照体系的各项要求开展工作,而不是盲目地进行。有了指标体系的指导,政府公关活动不再是"拍脑袋"想主意,公关活动能够依据各地的具体情况在统一的体系中灵活运作。这也在很大程度上减轻了政府公关部门的工作量,节省了人力、物力和财力,在很大程度上提高了政府公关部门的工作效率。公关传播效果评估体系十分注重受众对公关活动的反馈,有助于政府部门及时做出相应的调整和改进。当然我们也要看到,指标体系不是静止的,它也应处在不断的丰富和发展之中。一方面,指标体系对政府公关活动起到指导作用;另一方面,公关活动也在不断地检验和丰富指标体系。

第二,建立政府公关传播效果评估体系是提升我国在国际社会中的地位,构建国家形象的需要。进入21世纪以来,我国的经济和社会地位不断提高,我国对世界政治、经济以及军事格局的影响不断凸显。尤其在各种外交活动中,中国的身影不仅频繁出现,而且是其中重要的一部分。对外公关次数增多的同时也要求公关质量的不断提升,以适应我国的大国地位。政府公关传播效果评估体系的建立,不仅能够使国内的公关活动有参照的标准,规范公关活动的传播,同时也使对外公关活动更加规范。即在倾听公众声音的基础上,以公众的要求为指导,制定符合国际公众口味的公关策略,增强向世界准确说明中国、客观介绍中国的能力,满足国际社会对中国信息的多层次、多样化需求,引导各方面客观理性地看待中国的发展和国际作用,营造客观友善、于我国有利的国际环境,展现我国文明、民主、开放、进步的形象。

第三,建立政府公关传播效果评估体系是应对国际传播格局深刻变化的迫切需要。政府公关传播是现代传播体系的重要组成部分,是展现中国形象和国力的主要方式。当今时代,传播全球化时代的趋势越来越明显,信息传播覆盖范围全球化、信息内容来源全球化、传播受众全球化、传播影响全球化。任何的传播活动要想在激烈的国际舆论竞争中赢得一席之地,在深刻变化的国际传播格局中占据主导,就必须在全球范围内拓展传播空间。从根本上说,使传播活动融入国际传播体系的最有效方式就是倾听国际公众的声音,将他们对公关活动的认知、态度和行为融入公关传播效果评估体系,力争使我国的政府公关活动适应国际传播市场的新趋势,树立全球传播的观念,拓展国际视野,统筹国内传播与国际传播,开拓我国政府公关传播的新局面。

三、政府公共关系传播效果评估体系的内容

政府公关传播效果评估体系是一个复杂的系统,它所包含的内容涉及政府公关的各个部门、各个流程、各个层面。学者侯迎忠在系统梳理政府新闻发布制度建设现状及问题的基础上,提出了新闻发布效果的五大内在要素:传播者、传播过程、传播内容、传播对象、传播策略及其相互关联;以及新闻发布效果评估的外在要素:传播元动力、传播执行力、传播扩散力、传播影响力。[1] 其他学者也从多个角度对影响公关传播的因素进行了分析。本书从政府行为、媒体效能和受众接受三个方面归纳政府公关传播效果评估体系的内容。由于这三个层面所包含的内容非常庞杂,本书将着重探讨操作性较强的几个因素。

首先,从政府行为的角度评估公关目标的科学性和可操作化,是从政府公关传播的出发点进行评估。政府行为贯穿政府公关传播过程的始终,从公关目标的制定、公关活动的开展到公关活动的评估等多个方面。其中,公关目标的制定是政府公关行为中的重要一环。因为政府公关目标的科学化程度高低、操作性强弱直接决定着传播效果的好坏。对于公关目标的评估主要以公关目标的现实性、灵活性和可操作性为基本标准。现实性主要指公关目标的制定要符合政府公关活动的现实情况,既不能为了讨上级欢心而制定好高骛远的目标,也不能因为方便实施而轻易降低标准。灵活性是指政府公关目标的制定要有一定的调试范围,不能僵化不变。可操作性强调公关目标要在实际的公关活动中能够具体化为可实现的指标,而不是空头理论。

其次,从媒体效能的角度评估公关活动传播的效果,是从政府公关传播的"中介"出发进行评估。大众媒体是政府公关传播的渠道,但它并不是简单的传输器,而是由一个个具备主观再造能力的个体所组成,不仅个体与个体之间存在着相互影响,机构本身的性质也影响着个体对信息的收集、整理和

---

[1] 侯迎忠.政府新闻发布效果评估要素初探[J].新闻与传播研究,2010(4):98-104.

采纳。可以说,媒体是信息的过滤器、加工器,其对信息有巨大的解释力。因此,要充分重视媒体在政府公关传播效果中的重要作用。从现有的研究来看,影响政府公关传播效果的媒体因素可以包括以下几个方面:第一,媒体本身的性质。传统媒体还是新媒体,权威媒体还是非权威媒体,媒体的社会声誉高低等媒体自身的性质将影响其对政府公关的传播效果。第二,媒体的传播频率与质量,即媒体对政府公关活动的报道数量、转载数量、版面安排、受众吻合度等。第三,媒体的报道内容,主要指媒体报道的信源和报道性质。具体包括信息的来源(政府主导还是媒体主导)、信息的品质(信息报道对政府的立场)。

最后,从受众接受的角度评估受众需求满足的效果或程度,是从政府公关传播的终点进行评估。受众是政府公关传播的对象,受众对信息的接受与理解程度直接影响着政府公关的传播效果。一般情况下,从受众角度判断政府公关活动传播成功的标准是受众对公关活动的关注度和理解程度。但很多时候受众收听、收看到的公关信息并非是他们所需要的信息。政府部门与受众之间对于此类信息的理解存在一定的分歧。正如史辜费尔所认为的那样,受众会以自身的态度、观点和行为来接受某些特定的框架。[①] 因此,政府不能妄自尊大,用自己的喜好去揣测受众的喜好,而是应该站在受众的角度,深入受众之中,听取受众的意见,了解受众的真正需求。评估受众的接受效果可以主要从受众的媒介接触、认知、态度和行为四个方面入手。媒介接触包括受众对传播媒介及信息的注意、兴趣、理解等心理活动的反应程度,接触媒介及信息人数的多寡,受众对媒介的接触频率和信赖程度。认知指的是受众对政府部门、政府公职人员以及政府公关信息的认知。态度包含受众对公关事件性质的判断和对政府公关行为的评价。行为包括受众在公关活动前的应对行为和公关活动后的应对行为。

第二节　政府公共关系的传播效果评估方法

在第三章政府公关活动评估方法中,有涉及机构内部评估、外部机构监

[①] Denis McQuail. McQuail's mass communication theory(4ed.)[M]. London, Sage Publications Ltd, 1999:454.

察、专家评估和民意调查四种方法。在政府公关传播效果评估中仍然可以采用这四种方法。为了分析的条理性，本书将多种评估方法归结为量化方法和质化方法。

一、量化方法

对于政府公关传播效果评估来说，量化方法就是将影响公关传播效果的各个因素转化为可以操作的变量，通过对一定数量样本的收集获得初步的数据，然后对这些数据进行分析得出相关结论的方法。目前，在政府公关领域所说的量化方法多是指民意测验法，即通过选择一定数量的调查对象，用问卷、表格等方式，征求他们对公关活动的意见、态度、倾向，再加以分析、统计、说明，借以表示公共关系活动的效果。其优点在于，样本数量较大，一般都在数百份以上，能够比较广泛、全面地代表公众的意见。最终得出的结果是建立在对数据分析的基础上，具有比较强的客观性。其缺点在于，人的思维、行为是理性与非理性、有序与无序的统一体，而且是不断变化的，有些无法量化为具体的问题是无法通过量化的方式获得答案的。正像很多研究者所指出的那样，在问卷中经常见到这样的选项：非常满意、比较满意、满意、一般、不满意、比较不满意、非常不满意。每个人对"满意"的理解是不一样的，但只能在给出的选项中做出选择就很难代表受众的真实观点。

量化方法样本的来源主要包括普通受众和媒体的报道。其中，对受众调查的方法有电话调查、在线调查和面访调查三种。第一，电话调查。电话调查就是通过随机拨打电话的方式来展开问卷调查。目前，国内的调查机构所使用的电话调查系统多为CATI系统，即一种借助计算机和电话等终端设备进行调查的系统。由于CATI的运作程序与一般的电话访问和网上调查存在较大差距，而且随着手机使用率的普及，固定电话使用率越来越低，因此，电话调查中存在较高的拒答和断线现象，严重影响问卷回收的数量和质量。电话调查的优点在于，调查者和被调查者可以进行一对一的问答，避免漏答，也使被调查者不好意思拒绝回答问题，可以在一定程度上保证调查数据的有效性。第二，在线调查。网络调查以其省时、省力、省钱的优势成为当下最受欢迎的调查方式。为适应当前信息化的飞速发展以及公关工作现代性的要求,现在网上适时开发了很多问卷调查系统。例如问卷星、调查派、问道网、网题等,都是比较常用的调查网站。同时,也可以通过电子邮件的方式向目标群体发送问卷调查。不论哪种方式的在线调查都对问卷设计有一定要求,例如问卷设计要尽量简单、简洁,题目量不宜过多,并且多以封闭性的形式出现,以免引起答题者的疑虑。第三,面访调查。面访调查就是指调查员直接将问卷发放到被调查者手中的调查方式。这种方法能够保证调查问卷的发放率和回收率,方便被调查者对于某些调查问题进行咨询。面访调查一般分为两种形式,一种是入户调查,另一种是当街调查。入户调查是调查者进入随机抽中的家庭中进行调查。入户调查的样本比较具有代表性,但入户的限制因素也比较多,从时间、人力、经费等方面难以达成。相对而言,当街调查的难度要小得多。调查人员可以根据公关活动的性质,选择特定人群聚集的场所,按照一定的甄别条件,对公众进行拦截访问。这种调查方式的样本获得相对较容易,费用较低,但样本也并非严格意义上的随机。

另外,内容分析也是比较经常采用的一种量化分析方法。内容分析主要以政府公关活动开展过程中,相关媒体的报道为样本进行分析。首先,样本的选择对内容分析至关重要。样本来源于哪一家或哪几家媒体,选择他们的标准是什么,都要在选择样本时加以考虑。例如,一般在选择媒体时都倾向于选择纸媒,因为其便于事后的分析;至于选择哪些媒体就要根据政府公关活动的性质进行仔细推敲,一般可以兼顾媒体的属性(党报、都市报)以及地域(中央、地方)的特点。涉及具体的分析部分,可以根据公关活动的具体情况,列出相关的变量,逐一进行分析。同时,在对一个公关活动进行内容分析时,也可以将其与同类型的其他公关活动进行比较,以取长补短。

二、质化方法

采用质化方法对政府公关传播效果进行评估也是评估中经常用到的方法。这里的质化方法主要指深度访谈。深度访谈是社会学领域一种常用的方法,现在它已经广泛应用于人类学、历史、新闻传播等领域。它是一种无结构的、直接的、一对一的访问形式。深度访谈的优势在于通过深入细致的访谈,获得丰富生动的定性资料,并通过研究者主观的、洞察性的分析,从中归纳和概括出某种结论。由于深度访谈是在自然情境下进行的,所以被访谈者处于比较放松的状态,有利于谈话的展开。同时,深度访谈通过连续询问的方式,使被访谈者对访谈事宜进行深入的思考,并做出相应的解释,将问题不断推向深入。因此,如果说量化方法得到的答案更多的是"是什么",那么质化方法所获得的答案更倾向于解释"为什么"。这也是质化方法对政府公关传播效果评估的重要所在,它不仅能够帮助公关部门意识到他们的公关传播活动存在哪些问题,同时也明确指出应该如何进行改进。所以,尽管质化方法所获得有效数据相对于量化方法而言很少,但其对问题的深入探讨和解释力对于政府公关传播效果评估至关重要。

对于政府公关传播效果评估来说,深入访谈的对象主要是政府部门的官员、媒体工作者以及普通受众。访谈政府官员尤其是政府公关部门的官员主要是期望获得他们在公关活动传播中采用了哪些策略、操作的流程如何、预期达到的效果为何等;访谈媒体工作者是想了解他们对公关信息的生产过程以及对政府公关活动的直接评价;访谈普通受众主要是了解他们通过媒体获知公关信息的基本情况以及对政府公关活动的直接评价。

通常来说,深度访谈还可以细化为个别访谈和小组访谈。二者各有优缺点,对于政府公关传播效果评估来说,要根据具体的情况决定选择哪种访谈方法,当然也可以两种方法同时使用。个别访谈比较适合对特定专家或者有代表性的公众的访谈。这种方法的优点在于能够比较深入地了解个人对公关传播效果的真实看法。因为在这种没有外界影响的情况下,个人能够放下戒备心理,比较容易表达自己的真情实感。当然,个别访谈的缺点也十分明显,那就是比较费事费力。小组访谈也称为焦点小组访谈。相对于个别访谈来说,小组访谈就大大节省人力和物力,能够在较短时间内收集到所需要的信息。并且,多人之间的交流互动容易激发谈话者的表达欲望,访谈气氛热烈,信息来源广,涉及范围较大。但由于人数较多,被访谈者在真实想法表露方面可能存在一定的顾忌,尤其是涉及评价性的言论。另外,由于被访谈者性格、性别、爱好、知识水平等存在很大的差异,难免在对公关活动的认识上存在分歧,致使部分被访谈者容易受到他人言论或观点的影响,而无法表达自己的真实想法。

第三节　如何改善政府公共关系的传播效果

现有学者从多个层面和角度对改善政府公关传播效果进行了研究,有的根据传播对于受众可以达到四种程度,即四个层次传播效果(信息层次、情感层次、态度层次、行为层次),逐个层次地提出改善传播效果的策略。有的从影响政府公关传播效果的因素入手,如传播媒介、受众接收信息的条件、信息的内容与表现形式等分析如何改善政府公关传播效果。为保证分析的延续性,本书依据上文所列举的政府公关传播效果评价体系的内容,从制定科学的政府公关目标、提升媒体效能以及满足受众需求三个方面进行分析。

一、制定科学的政府公关目标

制定公关目标是政府公关活动的起始点,是公关活动的核心和能力方向。可以说,整个政府公关活动的过程就可以理解为制定公关目标和实现公关目标的过程。因此,如何制定出合理的公关目标对于政府公关工作十分重要。在上文中提到政府公关目标的制定要保证其现实性、灵活性和可操作性,使公关目标的各项指标来源于现实,具有适当的调试范围,又能回到实际中去指导公关活动的开展。要完成此类公关目标的制定需要做好以下几个方面的工作。

首先,目标明确。这里所说的目标明确包括三个方面。第一,责任明确。政府公关活动需要政府各部门的通力合作,责任明确是实现各司其职,最终达到通力合作的基础。也就是说,公关活动的各项安排要具体到部门、个人,避免出现交叉和重复的现象。第二,时间明确。目标明确也指时间上的明确。公关目标必须能严格规定每一项小目标以及总体目标的时间期限,并结合各部门的工作计划,限定时间期限。同时,时间期限要具有一定的弹性,不能搞"一刀切"。第三,约束条件明确。政府公关目标是由有主观意识的个人来执行的,这就难免会在执行过程中由于个人的主观意愿出现偏差,影响政府公关活动的顺利进行。因此,政府公关目标要明确一些必要的约束条件,使政府公职人员的行为受到合理的限制,避免其任意行事。

其次,信息完备。合理目标的制定是在获得充分、准确的信息基础上才能得以实现的。要获得完备的信息,政府部门要对以往的、与此次政府公关活动相关的材料进行仔细的研读,从中找出其优点和缺点。在此基础上,研究和设计本次公关活动的目标。另外,公关目标不是理论的堆积,它需要丰富的实践材料作为基础。因此,到群众中去,到基层中去,通过实践的走访和调研了解群众对公关活动的真实需求,将群众的意见和建议融合到公关目标的制定中。

再次,多方合议。政府公关目标是指导政府公关活动的目标,但这并不意味着要由政府一家来完成公关目标的制定。政府公关活动关系着政府、媒体、公众多方的利益,是社会多元力量综合作用的结果。因此,政府公关目标的制定要发挥多方智慧、集思广益,力求做到兼听则明。第一,政府部门主导。这里的主导是指政府部门在公关目标的制定过程中发挥组织、协调的功能,发动社会各界群众参与到决策的制定中来。第二,相关专家主持。公关活动需要公关学专家、传播学专家以及相关领域的专家共同商讨,指出大体的方向和思路。第三,广大公众献策。公众的智慧是无限的,公关目标的制定要充分发挥公众的力量,以问卷、访谈、调研等方式多渠道地听取公众的声音,补充和修正公关目标的具体事项。

最后,公开透明。受限于传统的科层制政治运作,政府的事务一直处于秘而不宣或不甚可知的领域。事实上,公关活动是关系社会民生、老百姓切身福祉的大事,普通老百姓有权利知道公关目标的具体情况。而且,正如上文所述,老百姓也有权利参与到公关目标的制定中来。同时,公关活动的公开透明、公关目标的对外公开也展现了我国政府作为透明型政府的公信力,是缓解社会矛盾、塑造政府形象的关键所在。公开透明的含义包括以下几点:一是制定流程要透明,二是公关目标的内容要及时向公众公开,三是公关目标的最终实施情况也要让公众知晓。

二、提升媒体效能

媒体在政府与公众之间的桥梁作用使媒体在政府公关活动中的地位不可小觑。尤其是在新媒体迅速崛起和发展的时代,如何充分发挥新媒体的作用,提升媒体效能成为当今公关学和传播学重要的研究议题之一。

媒体效能的概念最初由台湾学者吴宜蓁针对危机管理而提出,她用此概念来代表沟通效果。她最初设计了媒体效能的三项指标,分别是:"危机管理机构被引为主要消息来源的程度、媒体报道给予危机管理机构的正面或负面评价以及媒体记者个人对危机管理机构的整体评价。"[1]近年来,媒体效能测量的指标不断得到完善和丰富,在原来的基础上增加了媒体对消息来源的肯定与质疑的态度、组织的议题建构能力等。其中,媒体效能由组织的议题建构能力、新闻评论和记者个人对组织的评价所决定;而组织参与议题建构的能力则与组织被引为消息来源的程度和媒体对消息来源的肯定与否有直接关系。由此不难推断出,要想提升媒体效能需要在两个方面下功夫:一是提升政府机构的议题建构能力,二是引导媒体及记者做出积极的报道或评论。

第一,提升政府机构的议题建构能力。公众对政府公关活动的知晓主要通过媒体机构的宣传报道而获得。我国媒体的性质和媒体报道的客观性、平衡性使得在一般情况下,新闻报道都会尊重消息来源。有研究在关于媒体对钱云会事件的报道中发现,七大媒体(人民日报、南方日报、都市快报、华西都市报、中央电视台、上海电视台、凤凰卫视)对钱云会事件报道中的消息来源的肯定指数为87.91%。也就是说,媒体对其所引用的绝大部分的消息来源是持肯定或者中立的态度的。在对政府机关所告知的消息持保留态度的媒体中,如何消除他们的疑虑,转怀疑为肯定,是未来改善政府公关传播效果的关键所在。综合来看,媒体对消息来源的不信任主要源于政府对信息公开的不充分,致使媒体可能从其他渠道获得与政府所提供的信息相左的信息。因此,政府部门要向媒体提供足够的信息,不掩饰,不托词,并主动接受媒体的采访和质询,才能保证媒体对政府信源的信赖。

第二,引导媒体及记者做出积极的报道或评论。与消息来源的充分可见相反,媒体或记者的态度通常是隐藏在报道的字里行间,尤其是在新闻评论中体现得更为明显。新闻报道比较强调客观性,一般很少有评论的部分,不允许记者带有感情色彩;而新闻评论的主观性较强,记者可能在嬉笑怒骂间流露出自己的态度。因此,引导媒体和记者在新闻评论部分做出积极的报道和评论是政府公关活动的重点所在。也就是说,政府部门要积极建立媒体对其的信任,减少负面报道和评论的出现。这一方面需要政府部门在不涉及国

---

[1] 吴宜蓁.危机传播:公共关系与语艺观点的理论与实证[M].苏州:苏州大学出版社,2005:235.

家机密的情况下,尽量向媒体部门公开信息,用全面、准确的信息减少谣言和不实信息对媒体的影响。同时,政府部门需要以诚恳的姿态接受媒体的监督和质询,对媒体的疑虑做出解答。另一方面,媒体部门也要加强自身专业素养和政治素养建设,不道听途说,坚持从正规渠道获取信息。当对信息有质疑时,不妄下结论,坚持在多方核实的基础上做出公正、客观、负责任的报道和评论。

三、满足受众需求

广大受众是政府公关传播效果的最终评判者,但长久以来,受众作为评判者的主体地位一直被忽视。直到20世纪90年代,政府的服务质量和以公众为导向的理念才逐渐在政府公关中凸显。例如1992年英国政府开始实施的公民宪章运动和1993美国政府开始推行的"顾客至上"。顺应这一思潮,"新绩效测量"学派迅速兴起,这一学派的核心观点是政府绩效评估应从传统的产出和结果转向服务质量和顾客满意度。政府公关是政府工作中重要的一部分,自然其传播效果的衡量也应遵循政府绩效的评估方法,引入顾客满意度这一重要指标。

首先,了解公众所需是满足公众需求的前提。迈克尔·韦克(Michael H. Walker)认为,更好地了解公众所需是提高政府服务能力的关键,将公民调查结果纳入政府服务评估过程可以为政府提供服务呈现一个更为明了和准确的目的,只有当政府对公民期望和满意度有更多了解的时候,他们才有可能从实质上提高政府管理。[1] 因此,经常性的、形式多样的公民调查是提升政府公关传播效果的重要手段。公民调查既要在公关活动开展前进行,也要在公关活动开展后进行。通过公众自我报告的形式,政府可以较为准确地了解公众的媒介接触、认知、态度和行为变化。同时,在进行公众满意度调查的时候,信息的流向也不是单向的。公众可以利用调查的机会向政府部门反映自己的利益诉求,政府部门也可以利用调查与公众交流表达他们很重视公众关于服务质量的感觉。这样,即使政府提供服务的效率没有改变,更多的群众参与也可能会使政府更受公众的欢迎和支持。因为,高参与度意味着公众对

---

[1] Wang X H. Assessing performance measurement impact: a study of U. S. local governments[J]. Public Performance & Management Review,2002,26(1):26-43.

政府运作的了解的提高,对政府机构的批评意见的相对减少,对政府信任和支持程度的提高。

其次,协调多方利益,尽量以公众利益为重。在前期对公民调查的基础上,政府部门已经大致了解公众对政府公关工作的满意度以及对以后公关工作的基本利益诉求。在接下来的公关目标制定和公关活动执行过程中,政府部门要恰当地将公众的诉求融入实践中去,而不是相反,等到公众对政府活动不满意甚至出现群体性事件了,政府才开始公关。厦门的 PX 事件就是其中十分典型的案例,试想如果政府部门在上马 PX 项目之前,事先将项目的利弊向公众宣传和普及,然后大范围地征求公众的意见,在权衡多方利益的基础上再做出决策,相信也不会出现后来的大范围反对声音。政府公关活动事关政治、经济、民生、文化等,牵涉政府、媒体、公众多方利益,本身就是一个利益多元体的汇合,各方意见的不一致是正常现象。政府部门应该沉着、灵活地面对这种情况,不能一味地掩盖、逃避,做好各方的协调才是解决问题的关键。

最后,及时对公众需求做出反馈和解释。后期的反馈工作包括两种情况,一是公众利益得到基本满足,二是公众利益没有得到基本满足。面对第一种情况,政府部门要做好后续的调查工作,分析公众的满意程度以及对未来公关工作的期望。如果政府公关工作没能满足公众的需求,政府部门应在第一时间对公众做出解释,说明原因,争取公众的谅解。目前来看,一些政府部门最缺乏的就是承认错误和失败的勇气,在公众面前很难低下头来。试想失败的公关活动加上逃避责任的态度怎能换来公众的信任和支持。因此,真诚的沟通与适时地承担责任是获取公众理解和谅解的基础,也是人民公仆应有的本色。同时,只有在争取公众理解和支持的基础上,政府公关工作才能顺利开展,公关传播效果也才能逐步达成。

思考题

1. 什么是政府公共关系活动的传播效果?
2. 如何对政府公共关系活动进行科学的评估?